kritik & *utopie* ist die politische Edition im
mandelbaum *verlag*.
Darin finden sich theoretische Entwürfe
ebenso wie Reflexionen aktueller sozialer
Bewegungen, Originalausgaben und auch
Übersetzungen fremdsprachiger Texte,
populäre Sachbücher sowie akademische und
außeruniversitäre wissenschaftliche Arbeiten.

Nähere Informationen zu Beirat,
Neuerscheinungen und Terminen unter
www.kritikundutopie.net

D1729988

Peter Alexander, Thapelo Lekgowa,
Botsang Mmope, Luke Sinwell, Bongani Xezwi

DAS MASSAKER VON MARIKANA

Widerstand und Unterdrückung von
Arbeiter_innen in Südafrika

übersetzt von Werner Gilits
herausgegeben von Jakob Krameritsch

mandelbaum *kritik* & *utopie*

Gedruckt mit Unterstützung durch

MA 7 – Kulturabteilung der Stadt Wien, Referat Wissenschafts- und
Forschungsförderung

Die englische Originalausgabe erschien bei Jacana Media (Pty) 2012
Die Übersetzung folgt der überarbeiteten Neuauflage 2013:

Peter Alexander / Thapelo Lekgowa / Botsang Mmope /
Luke Sinwell / Bongani Xezwi
Marikana. A View from the Mountain and a Case to Answer
(Jacana, Auckland Park, Johannesburg 2013)

Lektorat: Michael Baiculescu, Martin Birkner
Satz & Umschlaggestaltung: Michael Baiculescu
Umschlagbild: Greg Marinovich
Druck: Primerate, Budapest

Inhalt

7   Vorwort des Herausgebers zur deutschen Ausgabe

18   Danksagung der Autoren

27   1. Einführung
Begegnungen in Marikana
*Luke Sinwell, Thapelo Lekgowa, Botsang Mmope
und Bongani Xezwi*

39   2. Das Massaker
Ein Bericht auf Aussagen von Arbeiter_innen beruhend
Peter Alexander

71   3. Hintergrundinterviews
Geführt von Thapelo Lekgowa und Peter Alexander

91   4. Ansprachen

102   5. Interviews mit Minenarbeiter_innen
*Geführt von Thapelo Lekgowa, Botsang Mmope,
Luke Sinwell und Bongani Xezwi*

169   6. Analyse und Schlussfolgerungen
Peter Alexander

204   7. Die Menschen, die in Marikana getötet wurden

206   8. Marikana ein Jahr danach – ein Wendepunkt
und anhaltende Ungerechtigkeit
Peter Alexander

225   9. Skizze zum historischen Hintergrund
von Marikana
Peter Alexander

240   Glossar

257   Die Autoren

Vorwort des Herausgebers zur deutschen Ausgabe

Am 16. August 2012 wurden in Marikana, einer Platin-Mine unweit der südafrikanischen Metropole Johannesburg, 34 Minenarbeiter, die im Streik für die Anhebung von Mindestlöhnen waren, von der Polizei ermordet. Viele von ihnen starben durch Schüsse in den Rücken, einige wurden von Polizei-Panzern überfahren. Viele von ihnen hätten überleben können, wäre es der Rettung erlaubt worden, sofort – und nicht erst eine Stunde später – zum Ort des Massakers zu fahren.

Der Mainstream der Massenmedien übernimmt daraufhin die Darstellung des Minenmanagements, der Polizei und des südafrikanischen Innenministeriums weitestgehend unkritisch: Die Streikenden werden darin kriminalisiert, es heißt, die Polizei habe aus Notwehr gehandelt. Das Massaker wird zu einer „Katastrophe", zu einer „Tragödie" naturalisiert und so zu einem scheinbar täter_innenlosen Schicksalsschlag, einem traurigen aber hinzunehmenden, zyklisch hereinbrechenden Unheil normalisiert.[1] Ein Sprecher der Polizei lässt einige Tage nach dem Massaker, ganz in dieser Linie, verlautbaren: „This is not the time to blame, this is

---

[1]   Einer der ersten Berichte, der sich gegen diese Kriminalisierungsstrategie zur Wehr setzt, stammt von Mitgliedern der außerparlamentarischen Oppositionsbewegung „September National Imbizo (SNI)" vom 19. August 2012 unter dem Titel: *Bloody Marikana: What the media didn't tell you!* unter: http://septembernationalimbizo.org/bloody-marikana-what-the-media-didnt-tell-you. Siehe dazu: Lonwabo Kilani, *Das Massaker von Marikana.* unter: http://www.malmoe.org/artikel/verdienen/2500. Der Text von Kilani ist im Wesentlichen die deutsche Übersetzung des oben genannten Berichtes von SNI.

the time to mourn" – es sei eine Zeit der Trauer, nicht die Zeit für Beschuldigungen.[2]

Dieses Buch beschuldigt, es klagt an, es benennt Verantwortliche, es setzt den massenmedial vorherrschenden Bildern erstmals die bisher marginalisierte Sicht der Arbeiter_innen[3] entgegen. Die hier versammelten Interviews der Arbeiter_innen und deren Analysen liefern dichtes Beweismaterial dafür, dass das Massaker nicht einfach eine menschliche Tragödie war, sondern vielmehr ein geplantes Unterfangen. Das Minenmanagement, die Polizei und die führende Gewerkschaft haben in Verbund mit der Regierung bewusst die Ermordung von Arbeitern organisiert, die sich für einige Zeit geweigert haben, unter Tage zu gehen, um das wertvollste Metall der Welt zu schürfen – Platin. Dieses Metall hat zahlreiche Verwendungsbereiche, so etwa in der Herstellung von Schmuck, Laserdruckern und Herzschrittmachern, bis hin zu Verkleidungen für Raketen und Fahrzeugkatalysatoren. Letztere sorgen für weniger Schadstoffemissionen, der Abbau ruiniert jedoch die Gesundheit der Minenarbeiter_innen, wie viele in diesem Buch zu Protokoll geben. Nahezu 80 Prozent des weltweiten Platins wird in Südafrika gefördert. Lonmin, in dessen Besitz die Minen rund um Marikana sind, ist der weltweit drittgrößte Platinproduzent. Hauptabnehmer des Platins von Lonmin sind Mitsubishi und der deutsche Chemiekonzern BASF.

Am 16. August 2012 ereignet sich in Marikana das größte staatliche Massaker an Bewohner_innen Südafrikas seit dem formellen Ende der Apartheid. Allein schon die brutale Vorgehensweise der Polizei lässt das Massaker in die Reihe der gewalttätigsten Erinnerungsorte der Apartheidzeit rücken: Sharpeville 1960* und Soweto 1976*. Aber nicht bloß deshalb markiert dieses Massaker einen Wendepunkt in der Geschichte Südafrikas. Das Ereig-

---

2   vgl. South African Police Service, „Media Statement: General Phiyega Pronounces on Mine Unrest", 17. August 2012: http://www.saps.gov.za/_ dynamicModules/internetSite/newsBuild.asp?myURL=2103.

3   Zu dieser Schreibweise und ihrer Begründung: Gegen die „Illusion zweier sauber geschiedener Geschlechter" wird vorgeschlagen „einen anderen Ort von Geschlechtlichkeit zu setzen, einen Ort, den es zu erforschen gilt und um den wir kämpfen sollten, er sieht so aus: _." (s_he, *Performing the Gap*. unter: http://deu.anarchopedia.org/Performing_the_Gap.)

nis läutet das Ende der revolutionären Post-Apartheid-Ära Süd-afrikas ein.[4] Das Massaker ereignet sich im Jahr des 100jährigen Bestehens des African National Congress (ANC)*, der Partei, die zum Inbegriff des Kampfes gegen die „weiße Vorherrschaft" (white supremacy) und der damit meist eng verwobenen kapitalistischen Ausbeutung wurde. Seit dem Wendejahr 1994* stellt der ANC mit großer Mehrheit die Regierungspartei, maßgeblich dazu beigetragen haben seine historisch-symbolische Bedeutung und moralische Autorität. Letztere, die er durch seine Rolle im Widerstand gegen das Apartheidregime und in der nachfolgenden Post-Apartheid-Transformation lange Zeit genoss, ist nun durch das Massaker von Marikana schwer beeinträchtigt. Dazu kommt eine generelle Frustration angesichts der Wirtschaftspolitik des ANC: So stieg etwa die offizielle Arbeitslosenrate von 20 Prozent im Jahr 1994 auf heute mehr als 25 Prozent. Das spielt auch bei den Protesten der Minenarbeiter_innen von Marikana eine Rolle: Bekämpft werden von den Streikenden und Protestierenden nicht lediglich Kontinuitäten des Apartheidregimes, sondern effektive Verschlechterungen für die Mehrheit der Bevölkerung seit dem formalen Ende der Apartheid – und diese Kämpfe sind massiv. Seit 2005 wurden pro Kopf mehr und größere Streikaktivitäten und community-Proteste in Südafrika verzeichnet als sonstwo auf der Welt.[5] Die Streikbewegung der Arbeiter_innen von Marikana war und ist für viele folgende Streiks explizites Vorbild. Ein Jahr nach dem Massaker steht „Marikana" bereits für zweierlei: Es ist Vergrößerungsglas auf die miserable soziale und ökonomische Situation der Mehrheit der Gesellschaft sowie Bezugs- und Ausgangspunkt landesweiter Streiks und Proteste gegen ökonomische und politische Weichenstellungen der Post-Apartheidpolitik.[6] Die großen

---

4   Vgl. Peter Cole, No Land! No House! No Vote! Voices from Symphony Way. In: *Equid Novi: African Journalism Studies* (34/1, 2013) S.140-42.

5   Peter Alexander, Barricades, Ballots and Experimentation: Making Sense of the 2011 Local Government Elections with a Social Movement Lens. In: Marcelle C. Dawson/Luke Sinwell (Hrsg), *Contesting Transformation: Popular Resistance on Twenty-first-century South Africa* (Pluto Press, London 2012) S. 63.

6   Für einen ersten, umfassenden Bericht in deutscher Sprache über Marikana, dessen Ursachen und Folgewirkungen, der nicht zuletzt auf

Hoffnungen, die in sie gesetzt worden sind, scheinen nun, mit und nach Marikana, endgültig enttäuscht zu sein. Das vorliegende Buch kontextualisiert die Ereignisse vor und nach dem Massaker in seinen komplexen Kontinuitäten mit Geschichte und Gegenwart von Versklavung, (Neo-)Kolonialismus, Rassismus, Apartheid und kapitalistischer Ausbeutung in Südafrika.

Das Buch ist zudem rares Beispiel für eine politisch engagierte Sozialwissenschaft, die Beforschte nicht als Objekte und Empirielieferant_innen vorführt, sondern diese als widerständige, politisierte und reflexiv analysierende Subjekte ins Zentrum rücken lässt. Dabei bricht es nicht nur mit der massenmedialen Kriminalisierung der Arbeiter_innenschaft, sondern führt, ganz im Gegensatz dazu, deren Arbeits- und Lebenswelt, deren selbstorganisierte Kommunikationsstrukturen und Widerstandsstrategien vor Augen und wird so zu einem Manifest ihrer Stärke und ihres Mutes. Die Ermordung der Arbeiter_innen konnte den Streik nicht brechen. Im Gegenteil: Ausgehend von Marikana kam es zu landesweiten Protesten.[7] Wie in Marikana wurden stets signifikante Lohnerhöhungen und profunde Verbesserungen sozialer Standards gefordert; protestiert wurde auch gegen die hohen Gewinnmargen der Konzerne, von denen die Arbeiter_innen nicht profitieren. Wie in Marikana entzogen die Streikenden den korrupten, mit dem Kapital und der Regierung eng verbündeten Gewerkschaften ihr Ver-

---

Erkenntnissen der englischen Originalvorlage dieses Buches beruht, siehe: Hier gibt es keine Parteien, nur Arbeiter. Marikana und die Streikwelle in Südafrika. In: *wildcat* (94/Frühjahr 2013). S. 10-21. Viele Presseberichte und Statements aus Südafrika, die kurz nach dem Massaker erschienen, finden sich in deutscher Übersetzung unter: http://akkrise. wordpress.com. Zur laufenden Berichterstattung darüber in südafrikanischen Medien siehe: *Daily Maverick* unter: http://www.dailymaverick. co.za und *mail & guardian* unter: http://mg.co.za. Die Website der *Marikana Support Campaign*: http://marikana.info.

7   Der Bergbau ist Südafrikas wichtigster Wirtschaftssektor, er macht 60% des Exports aus; 500.000 Menschen sind darin direkt angestellt, 840.000 weitere vom Bergbau – in Zulieferbetrieben und ähnlichen Sektoren – unmittelbar abhängig, insgesamt werden etwa 13,5 Millionen Menschen davon ernährt. Kommt es in diesem Bereich zu Verwerfungen, hat dies Auswirkungen auf das ganze Land. Die Streikwelle im Nachfeld Marikanas und anderer Minen ist aus dieser Perspektive wenig überraschend.

trauen und organisierten sich autonom. Die Autoren dieses Buches kommen zu dem Ergebnis: „Dieser Streik war eine der bemerkenswertesten und mutigsten Taten innerhalb der bisherigen globalen Arbeiter_innengeschichte."[8] Nicht nur deshalb ist von diesem Buch zu lernen – für künftige Formen militanter Forschung, aber auch für aktivistische Theorie und Praxis im Kontext internationaler Arbeiter_innenkämpfe. Das Herausgeberteam der vorliegenden deutschen Ausgabe versteht das Buch somit als Beitrag zu zeitgemäßen Formen des Internationalismus.[9] Das Buch trägt zum Einen dazu bei, das Wissen um die selbstorganisierten Kämpfe der Arbeiter_innen im globalen Süden zu erhöhen; dies nicht zuletzt im Bewusstsein darum, dass die Metropolen des globalen Nordens von den billigen, weil in (neo-)kolonialen Verhältnissen ausgebeuteten und entrechteten Arbeitskräften weiterhin profitieren. Zum Anderen geht es auch darum, vom Wissen dieser Arbeiter_innen zu lernen, ihre Strategien in die eigenen Praxen zu integrieren, mit ihren Analysen Theorie zu erweitern. Dies muss einhergehen mit der Dekonstruktion von Romantisierungen und/oder Inbesitznahmen vermeintlich „authentischer Stimmen"[10], denen durch die Zuschreibung von „unvermittelter, gelebter Erfahrung" immer auch das Recht auf Diskurse abgeschnitten wird. Nur so können auch die binären, patriarchalen und eurozentristischen Stereo-

---

8   Siehe Kapitel 6, Seite 202.

9   Für Literatur zur Geschichte und Theorie des Internationalismus siehe exemplarisch: Josef (Moe) Hierlmeier, *Internationalismus. Eine Einführung in seine Ideengeschichte – von den Anfängen bis zur Gegenwart* (Schmetterling Verlag, Stuttgart 2006). Niels Seibert, *Vergessene Proteste. Internationalismus und Antirassismus* (Unrast Verlag, Münster 2008). Einen kritischen Überblick über rezente Debatten zum Thema Internationalismus bietet die Zeitschrift: *arranca! für eine linke strömung* (Nummer 46/Winter 2012).

10   Sara Suleri, Woman Skin Deep: Feminism and the Postcolonial Condition. in: *Critical Inquiry*, (18/4, Sommer 1994). Seite 756-769. Siehe dazu auch Patricia Putschert und ihre Auseinandersetzung mit dem Begriff und der Rolle des „native informant" bei Gayatri C. Spivak: Patricia Putschert, Postkoloniale Philosophie. Die westliche Denkgeschichte gegen den Strich gelesen. in: Julia Reuter/Alexandra Karentzos (Hrsg.), *Schlüsselwerke der Postcolonial Studies* (Springer VS, Wiesbaden 2012) Seite 343-354.

typenregime eines „revolutionären Südens" und eines „unterstützenden Nordens" aufgebrochen werden.

Historische Kontextualisierung: zur deutschen Übersetzung

1948 gewann die National Party in Südafrika überraschend die Wahlen und begann daran anschließend ihr Programm der Apartheid, das vielfach schon bestehende koloniale Gesetzgebungen lediglich systematisierte, umzusetzen.[11] Das grundlegende Gesetz, der „Population Registration Act" von 1950, zielte darauf ab, jede Person entsprechend des rassistischen Kategoriensystems als „weiß", „schwarz", „indian" bzw. „coloured" zu klassifizieren. Hunderte von weiteren Gesetzen regelten den Alltag der so konstruierten Gruppen und gossen die systematische wirtschaftliche, soziale und politische Privilegierung der sich als „weiß" markierenden Minderheit in Gesetze. Intention des Apartheidregimes war es auch, die Bevölkerung in sogenannte „national groups" aufzuteilen und dann voneinander zu trennen, was zu Beginn der 1960er-Jahre zur Etablierung von „Homelands" bzw. „Bantustans" führte: Diese machten lediglich 13 Prozent der Fläche Südafrikas aus, waren aber für mehr als 80 Prozent der Bevölkerung vorgesehen. Denn nur in diesen zersplitterten, unterfinanzierten und infrastrukturärmsten Regionen durften sich die als „schwarz" klassifizierten und retribalisierten Bevölkerungsgruppen frei bewegen. In den anderen 87 Prozent des Territoriums Südafrikas durften sie sich nur mit einer Arbeitsgenehmigung aufhalten. Die von den Befreiungsbewegungen verhassten „Homelands" dienten der Apartheidregierung als Reservoir billiger Arbeitskraft. Diese sollte in Minen, Farmen, in Fabriken und im Bereich der Hausarbeit den Reichtum der sich als „weiß" markierenden Minderheit sicherstellen.

Die Kontinuitäten der Apartheid sind in Südafrika bis heute allerorts zu sehen, viele von ihnen werden an unterschiedlichen Stellen des Buches problematisiert. Da die Apartheid tiefe Spuren in der südafrikanischen Gesellschaft hinterlassen hat, bleiben

---

11   Für einen kompakten Überblick zur Geschichte Südafrikas siehe etwa: Robert Ross, *A Concise History of South Africa* (2. Auflage, Cambridge University Press, Cape Town 2008).

die mit ihr verbundenen Klassifizierungen ein wichtiger Bezugspunkt für die Beschreibung, Analyse und – nicht zuletzt – den
Kampf für eine Veränderung der sozialen Realitäten in Südafrika.[12] So auch in der Sprache der Autoren und Arbeiter_innen
des englischsprachigen Originaltextes, der dieser Übertragung ins
Deutsche zu Grunde liegt. Eine Klassifizierung in „black" und
„white" wird in unterschiedlichsten Kontexten vorgenommen.
Diese Klassifizierung entspricht keinen biologischen Tatsachen,
sondern wird diskursiv hergestellt, ist dabei jedoch grundsätzlich
nicht frei wählbar.[13] Sie gründet auf der „Fantasie der sichtbaren
Wahrheit einer absoluten Andersartigkeit"[14], wie Kobena Mercer
schreibt.[15] Diese Fantasie zeitigte und zeitigt gewaltvolle gesellschaftliche Realitäten. Diese Realität rassistischer Markierung
innerhalb von Machtverhältnissen darf nicht verschwiegen, nicht
verschleiert werden.[16] Dies gilt im Speziellen für Südafrika, in
dem diese Fantasie bis 1994 gesetz- und verwaltungsmäßig organisiert war. Angesichts dessen stellt sich die Herausforderung, eine
Sprache zu finden, die auf Effekte dieser rassistischen Fantasien
und sozialen Konstruktionen aufmerksam macht. Diese Aufgabe
bezeichnet die Gratwanderung zwischen der Notwendigkeit, über

12   Siehe zu den Kontinuitäten von Kolonialismus und Apartheid in Südaf-
      rika den äußerst erkenntnisreichen Sammelband: Jens Erik Ambacher /
      Romin Khan (Hrsg.), *Südafrika. Die Grenzen der Befreiung* (Assoziation
      A, Berlin/Hamburg 2010). Hier: S. 257f. Für diesen Kontext siehe insbe-
      sondere den darin enthaltenen Beitrag von Achille Mbembe, Whiteness
      nach dem Ende der Apartheid, S. 191-201.

13   Siehe: Maureen Maisha Eggers / Grada Kilomba / Peggy Piesche / Susan
      Arndt (Hg.), *Mythen, Masken und Subjekte. Kritische Weißseinsforschung
      in Deutschland* (Unrast Verlag, Münster 2009). Vgl. dazu auch: Katharina
      Röggla, *Critical Whiteness Studies* (Mandelbaum *kritik & utopie*, Wien
      2012) S. 19ff.

14   Kobena Mercer, *Mirage. Enigmas of Race, Difference, and Desire.* (Insti-
      tute of Contemporary Arts / Institut of International Visual Arts, London
      1995). S. 25f. zit. bei und übersetzt von: Johanna Schaffer, Ambivalenzen
      der Sichtbarkeit. *Über die visuellen Strukturen der Anerkennung* (transcript
      Verlag, Bielfeld 2008) S. 100.

15   Mercer, *Mirage*, S. 25f.

16   vgl. Araba Evelyn Johnston Arthur / Andreas Görg, *Campaigning
      against racism.* unter: http://www.beigewum.at/wordpress/wp-content/
      uploads/021_araba_evelyn_johnston_arthur_und_andreas_garg.pdf

rassistische Herrschafts- und Gewaltverhältnisse präzise zu sprechen, und der Gefahr, diese durch die eigene Sprache neuerlich
wieder herzustellen – anstatt sie zu bekämpfen. Insofern haben
wir den Begriff „black" mit „Schwarz" in Großschreibung übersetzt und folgen damit einer deutschsprachigen Schreibweise, die
vor allem von Schwarzen Aktivist_innen entwickelt wurde, um
eine politische Dimension des Begriffs zu unterstreichen, die weit
über Herkunft und/oder Hautfarbe hinausreicht.[17] In Anlehnung
an die Black-Power-Bewegung in den USA und die Black-Con-
sciousness-Bewegung* in Südafrika ist die Bezeichnung „Schwarz"
mittlerweile ein Symbol für den Widerstand gegen Rassismus und
verweist auf die gesellschaftliche Konstruktion von Hautfarbe als
Differenzierungsmerkmal. Die Großschreibung weist nicht zuletzt
auf die politische Selbstbezeichnung und Strategie der Selbster-
mächtigung hin, ohne diese allerdings zu romantisieren, sondern vielmehr als Versuch mit der pejorativen Konnotation des
Begriffs zu brechen.[18] Wir, das Team der deutschen Ausgabe,
entschieden uns für die Kursivierung und Kleinschreibung von
„*weiß*", um ebenfalls „den Konstruktionscharakter markieren zu
können und diese Kategorie ganz bewusst von der Bedeutungs-

17 Siehe dazu die Begründung für die Großschreibung von „Schwarz"
    von Belinda Kazeem und Johanna Schaffer: „Wir verwenden in unse-
    rem Text das Wort Schwarz in Großschreibung und folgen damit einer
    deutschsprachigen Schreibweise, die entwickelt wurde, um eine politische
    Dimension des Begriffs zu unterstreichen, die weit über Herkunft und
    Aussehen hinausreicht. Diesem Gebrauch des Begriffs folgend bezeichnet
    Schwarz den mehrheitlichen Teil der Weltbevölkerung, die sich als nicht
    weiß und nicht (ausschließlich) in europäisch-westlich-christlichen Kul-
    turen und damit verbundenen Vorstellungen und Ideologien verwurzelt
    fühlt." Belinda Kazeem/Johanna Schaffer, Talking back. bell hooks und
    Schwarze feministische Ermächtigung, In: Julia Reuter/Alexandra Kar-
    entzos (Hrsg.), *Schlüsselwerke der Postcolonial Studies* (Springer VS, Wies-
    baden 2012) S. 177-188, hier: S. 177.
18 Vgl. Berliner entwicklungspolitischer Ratschlag, *Von Trommlern und Hel-
    fern. Checklisten zur Vermeidung von Rassismen in der entwicklungspoli-
    tischen Öffentlichkeitsarbeit*, unter: http://ber-ev.de/download/BER/09-
    infopool/checklisten-rassismen_ber.pdf. Vgl. dazu auch: Susan Arndt /
    Nadia Ofuatey-Alazard (Hrsg), Wie Rassismus aus Wörtern spricht. (K)
    Erben des Kolonialismus im Wissensarchiv der deutschen Sprache. Ein
    kritisches Nachschlagewerk (Unrast Verlag, Münster 2011).

ebene des Schwarzen Widerstandspotenzials, das von Schwarzen und People of Color dieser Kategorie eingeschrieben worden ist, abzugrenzen."[19] Wir wollen damit auch an die spezifische Politisierung, die vor allem von People of Color, Schwarzen Aktivist_ innen und Theoretiker_innen für den deutschsprachigen Raum geleistet worden ist, anknüpfen.[20] Wir denken, dass wir mit dieser Schreibweise auch der politischen Positionierung und generellen Politisiertheit der Autoren wie der Arbeiter_innen innerhalb unserer Übertragung ins Deutsche, die nie nur Text sondern auch Kontext zu übersetzen hat,[21] gerecht werden.

Die englischsprachige Originalausgabe des hier vorliegenden Buches erschien unter dem Titel „Marikana. A View from the Mountain and a Case to Answer" im Dezember 2012 in Südafrika. Die überarbeitete Neuauflage, die im April 2013 in Südafrika erschien,[22] liegt dieser Übersetzung zu Grunde. Wie das Autoren-Kollektiv an anderer Stelle noch genauer erläutert, wurden die Interviews mit den Arbeiter_innen in Xhosa* und Fanakalo* geführt und direkt ins Englische transkribiert. Die Ergebnisse der Transkription wurden im Anschluss daran innerhalb einer Referenzgruppe besprochen und überarbeitet. Aus nachvollziehbaren Gründen wurde den Arbeiter_innen Anonymität zugesichert, so dass es uns aus datenschutzrechtlichen Gründen nicht möglich

---

19 Maureen Maisha Eggers / Grada Kilomba / Peggy Piesche / Susan Arndt (Hg.), *Mythen, Masken und Subjekte. Kritische Weißseinsforschung in Deutschland* (Unrast Verlag, Münster 2009). S. 13.

20 Siehe zu den bereits genannten und stellvertretend für viele weitere: Kien Nghi Ha / Nicola Lauré al-Samarai / Sheila Mysorekar (Hrsg.), *re/visionen. Postkoloniale Perspektiven von People of Color auf Rassismus, Kulturpolitik und Widerstand in Deutschland* (Unrast Verlag, Münster 2007) und AntiDiskriminierungsBüro (ADB) Köln von Öffentlichkeit gegen Gewalt e.V. / cyberNomads (cbN) (Hrsg.), *The BlackBook. Deutschlands Häutungen* (IKO-Verlag für Interkulturelle Kommunikation, Frankfurt 2004).

21 Vgl. Rada Iveković, *Über permanente Übersetzung (Wir werden übersetzt)*, übersetzt von Hito Steyerl unter: http://eipcp.net/transversal/0606/ivekovic/de

22 Peter Alexander / Thapelo Lekgowa / Botsang Mmope / Luke Sinwell / Bongani Xezwi, Marikana. A View from the Mountain and a Case to Answer (Jacana, Auckland Park, Johannesburg 2013)

war, direkt von den Audiomitschnitten der Interviews ins Deutsche zu übersetzen. Dieses Manko wurde jedoch dadurch abgefedert, dass wir bei der Übersetzung eng mit den Autoren zusammenarbeiten konnten. Wir waren beeindruckt, wie schnell und präzise sie unsere vielen kleinen und größeren Fragen zu Begrifflichkeiten und Formulierungen beantworten konnten.

Die hier vorliegende deutschsprachige Ausgabe ist um einen Beitrag zur historischen Kontextualisierung der Ereignisse in Marikana sowie ein Nachwort erweitert; beide Texte wurden von Peter Alexander, Co-Autor und Initiator der Originalausgabe, verfasst: Die „Skizze zum historischen Hintergrund von Marikana" analysiert Entwicklungen innerhalb der Arbeiter_innenbewegung in Südafrika. Gerade für ein deutschsprachiges Publikum, das die Ereignisse vor und nach 1994 nicht aus der Nähe verfolgen konnte, wird dieses historische Panorama, so denken wir, von Nutzen sein. Das Nachwort, geschrieben im Nachfeld der Ereignisse zum ersten Jahrestag des Massakers, bietet eine fundierte Einschätzung der historischen Bedeutung des „Wendepunktes Marikana". Darüber hinaus beschreibt es unterschiedliche Folgewirkungen, die bis heute andauern und noch lange andauern werden. Das Glossar soll das Textverständnis für Leser_innen, die mit spezifischen südafrikanischen Begrifflichkeiten und historischen Referenzpunkten noch nicht vertraut sind, erleichtern. Alle Begriffe, die im Glossar erläutert werden, sind bei ihrem ersten Auftreten im Buch mit einem * gekennzeichnet. Zusätzliche Anmerkungen im Text erläutern möglicherweise nicht verständliche Begriffe oder Sachverhalte; sie sind in den Fußnoten als Anmerkungen des Übersetzers (AdÜ) oder des Herausgebers (AdH) gekennzeichnet.

Gedankt sei hier an erster Stelle dem Autorenkollektiv Peter Alexander, Thapelo Lekgowa, Botsang Mmope, Luke Sinwell und Bongani Xezwi. Ohne ihr Einverständnis, das Buch für eine deutsche Ausgabe zu erweitern, und ohne ihre Unterstützung bei der Übersetzung wäre dieses Projekt nie zu Stande gekommen. Zusätzlicher Dank gebührt Peter Alexander für die Arbeit an den beiden Texten, die er speziell für diese Ausgabe auf sich genommen hat. Unser Dank gilt auch dem Verlag Jacana und insbesondere der Verlegerin Maggie Davey, die für rasche und unbürokratische verlagstechnische Rechteabwicklung gesorgt hat. Dank gilt all jenen, die uns die für dieses Buch so wichtigen Fotografien und Graphiken reproduzieren ließen: Peter Alexander, Asanda Benya, Thapelo Lekgowa, Greg Marinovich, Joseph Mathunjwa und John McCann. Nicht zuletzt möchten wir den Arbeiter_innen, die uns in den Interviews an ihrem Wissen teilhaben lassen, danken.

Persönlich möchte ich mich bei Werner Gilits für seine einfühlsame Übersetzung des Buches bedanken. Es freut mich sehr, dass dieses Buch bei mandelbaum und innerhalb der dort angesiedelten, aufregenden Edition *kritik & utopie* erscheinen kann; es war die erste Wahl. Der Dank an den Verlagsleiter Michael Baiculescu und dem Leiter von *kritik & utopie* Martin „Pyrx" Birkner ist nicht lediglich ein obligatorischer. Die stets konstruktive Zusammenarbeit und ihr umsichtiges und aufmerksames Lektorat trugen nicht unwesentlich zur Qualität des Buches bei. Mein Dank gilt ebenso Janine Blignaut, Eva Egermann, Anette Hoffmann, Glyndwr Kaplen, Lonwabo Kilani, Margret Lammert, Paula Pfoser, Ruth Sonderegger und Johanna Schaffer, die das Projekt der hier vorliegenden deutschen Ausgabe von Beginn an unterstützt haben und an unterschiedlichen Stellen zu dessen Gelingen beigetragen haben.

Jakob Krameritsch, Wien, August 2013

PS: Die Arbeit der Autoren und Arbeiter_innen an diesem Buch, die dabei gesammelten Erfahrungen und das dabei geteilte Wissen waren Ausgangspunkt für die Etablierung der „Marikana Support/Solidarity Campaign". Diese setzt sich für die Familien der getöteten Arbeiter, für die vielen Verletzten und die hunderten Verhafteten ein. So finanziert sie etwa deren juristische Vertretungen bei der staatlich eingerichteten Farlam-Kommission*, die die Ereignisse um das Massaker zu untersuchen hat. Sie unterstützt die Arbeiter_innen generell in ihrem Kampf für bessere Arbeits- und Lebensbedingungen und mehr Verteilungsgerechtigkeit.

All dies kostet Geld. Bitte beachten Sie den Spendenaufruf am Ende dieses Buches.

Weitere Informationen finden Sie unter: marikanabuch. wordpress.com.

Danksagung der Autoren

Dieses Buch beinhaltet Zeug_innenaussagen von Streikenden, die während des Massakers in Marikana am 16. August 2012 vor Ort waren. Es bietet einen „Blick vom Berg"[23], von dem Hügel, auf dem die Arbeiter_innen saßen, als die Polizeioperationen stattfanden, und wo viele unserer Interviews später stattfanden. Es bietet „einen Fall, der nach Antworten ruft", kein abschließendes Wort; die richterliche Untersuchungskommission wird zweifellos neue Beweise dafür erbringen, was geschehen ist. Aber angesichts der Vorherrschaft offizieller Diskurse, die die Streikenden für die Morde verantwortlich machen, ist es wichtig, dass ihre Stimmen gehört werden.

Die Finanzierung unserer Forschungen erfolgte durch die Raith Foundation und durch den South African Research Chair in Social Change, der von dem Ministerium für Wissenschaft und Technologie finanziert wird, von der National Research Foundation verwaltet und an der Fakultät für Humanwissenschaften an der Universität von Johannesburg angesiedelt ist. Wir danken Prof. Rory Ryan, Dekan der Humanwissenschaften, Prof. Lionel Posthumus, Vizedekan der Fakultät, und Lucinda Landen, zuständig für die Verwaltung des Research Chair, für ihre Unterstützung des Projekts.

Die Interviews wurden von Bridget Ndibongo, Mbongisi Dyantyi, Andisiwe Nakani sowie den Feldforschern selbst übersetzt. Mamatlwe Sebei half uns mit früher geführten Interviews. Weiters erhielten wir Unterstützung von Marcelle Dawson, Shannon Walsh, David Moore und Fox Pooe.

---

23   AdH: „Ein Blick vom Berg und ein Fall, der nach Antworten ruft." – so der Untertitel der südafrikanischen Originalausgabe des vorliegenden Buches.

John McCann stellte die Karten zur Verfügung, die wichtiger Bestandteil des Buches sind. Wir danken auch Joseph Mathunjwa, Asanda Benya und Greg Marinovich, die freundlicherweise Fotos zur Verfügung stellten.

Das Buch wurde von Expert_innen überprüft, die neben Korrekturen auch unterstützende Berichte und wertvolle Ratschläge beisteuerten. James Nichol, Crispen Chinguno und Rehad Desai lasen und kommentierten ebenfalls Teile des Manuskripts, wie auch Mitglieder von Peter Alexanders Familie. Ermutigendes Feedback erhielten wir bei Lesungen in Johannesburg, Detroit, Oxford und London.

Die Mitarbeiter_innen vom Verlag Jacana, allen voran die Lektorin Maggie Davey, leisteten unter hohem Zeitdruck großartige Arbeit.

Unser größter Dank gilt den Streikenden in Marikana und den Mitgliedern der community, die wir interviewt haben. Sie halfen uns trotz des Traumas, trotz der stets wachsamen Augen der Polizei und trotz des Hungers, unter dem sie zuweilen litten. Wir wurden auch von Joseph Mathunjwa sowie anderen Führer_innen der Association of Mineworkers and Construction Union (AMCU)* unterstützt, denen wir ebenso sehr zu Dank verpflichtet sind. Viele der von uns interviewten Menschen nahmen an einer Referenzgruppe teil, die uns half, Fehler zu korrigieren. In dieser überarbeiteten Ausgabe haben wir weitere Fehler korrigiert, die uns zur Kenntnis gebracht worden sind; verbleibende weitere Fehler sind unsere eigenen.

Wir haben, so gut es uns gelang, die Perspektive der Arbeiter_innen, die in das Massaker involviert waren, zu stärken versucht. Wir hoffen, diesem Anspruch gerecht geworden zu sein. Wir haben uns sehr bemüht, genau und gründlich zu arbeiten, entschuldigen uns aber bereits im Voraus für jeden Fehler, den wir dabei gemacht haben.

Karte 1: Südafrika vor 1994

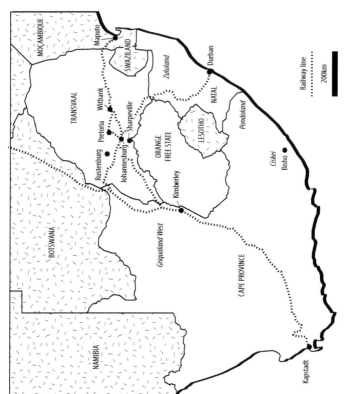

- MOÇAMBIQUE
- Maputo
- SWAZILAND
- Zululand
- Durban
- NATAL
- Witbank
- TRANSVAAL
- Pretoria
- Sharpeville
- Rustenburg
- Johannesburg
- ORANGE FREE STATE
- LESOTHO
- Pondoland
- Ciskei
- Bisho
- Kimberley
- Griqualand West
- BOTSWANA
- CAPE PROVINCE
- NAMIBIA
- Kapstadt

Railway line
200km

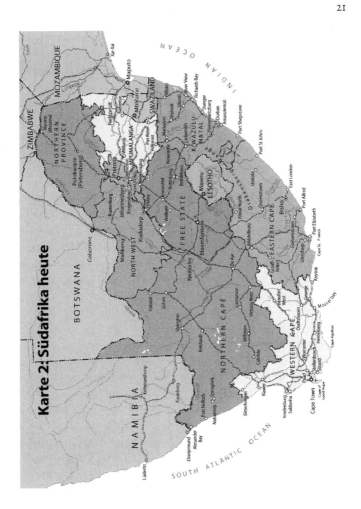

Karte 2: Südafrika heute

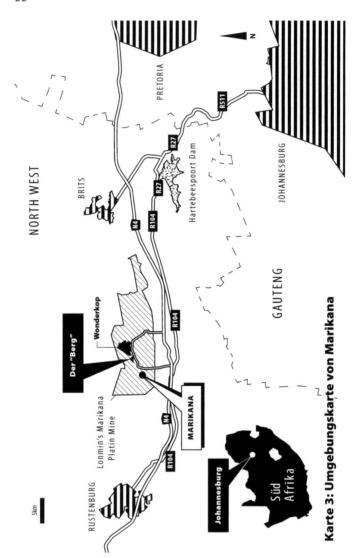

Karte 3: Umgebungskarte von Marikana

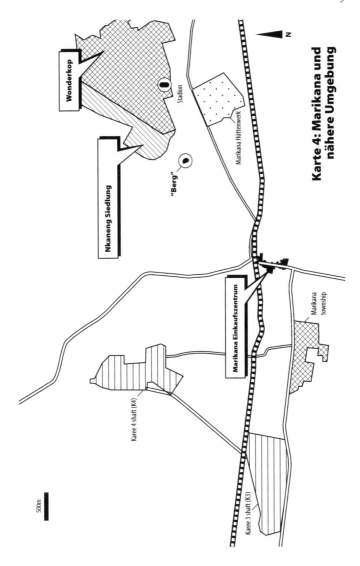

23

Karte 4: Marikana und nähere Umgebung

Wonderkop

Nkaneng Siedlung

"Berg"

Stadion

Marikana Hüttenwerk

Marikana Einkaufszentrum

Marikana township

Karee 4 shaft (K4)

Karee 3 shaft (K3)

500m

N

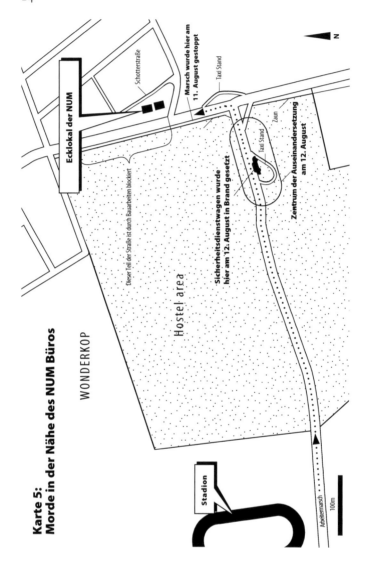

24

Karte 5:
Morde in der Nähe des NUM Büros

WONDERKOP

Ecklokal der NUM

Schotterstraße

Marsch wurde hier am 11. August gestoppt

Taxi Stand

N

Dieser Teil der Straße ist durch Bauarbeiten blockiert

Hostel area

Sicherheitsdienstwagen wurde hier am 12. August in Brand gesetzt

Taxi Stand

Zaun

Zentrum der Auseinandersetzung am 12. August

Stadion

Arbeitermarsch

100m

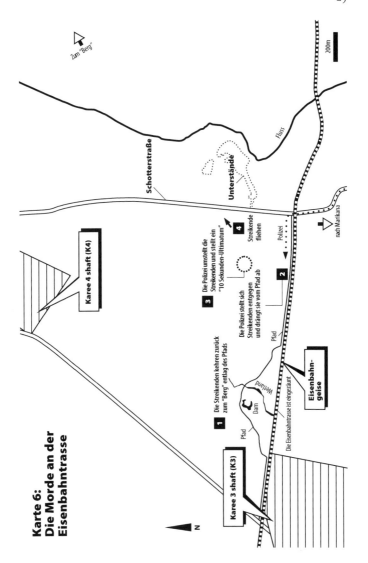

25

**Karte 6:
Die Morde an der
Eisenbahntrasse**

N

Karee 4 shaft (K4)

Karee 3 shaft (K3)

Schotterstraße

Zum "Berg"

Unterstände

Fluss

200m

nach Marikana

**Eisenbahn-
geise**

Die Eisenbahntrasse ist eingezäunt

Pfad

Weiland

Dam

Pfad

Polizei

Streikende
fliehen

1 Die Streikenden kehren zurück
zum "Berg" entlang des Pfads

2

3 Die Polizei umstellt die
Streikenden und stellt ein
"10 Sekunden-Ultimatum"

Die Polizei stellt sich
den Streikenden entgegen
und drängt sie vom Pfad ab

4

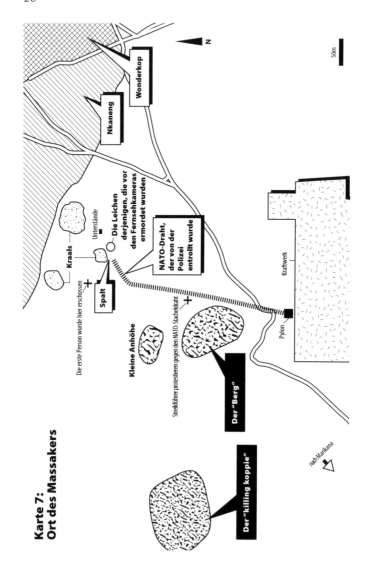

26

Karte 7: Ort des Massakers

Nkaneng

Wonderkop

N

50m

Kraals

Unterstände

Die Leichen derjenigen, die vor den Fernsehkameras ermordet wurden

Spalt

NATO-Draht, der von der Polizei entrollt wurde

Die erste Person wurde hier erschossen

Kleine Anhöhe

Streikführer protestieren gegen den NATO-Stacheldraht

Der "Berg"

Der "killing koppie"

nach Marikana

Pylon

Kraftwerk

1. Einführung

Begegnungen in Marikana

Luke Sinwell, Thapelo Lekgowa, Botsang Mmope
und Bongani Xezwi

Ein glühend heißer Nachmittag, nur wenige Wochen nach dem brutalen Massaker vom 16. August 2012. 10.000 streikende Arbeiter_innen, ausgerüstet mit knobkerries* und langen Stöcken, warteten geduldig unter der Sonne in Marikana. Vier von uns, Forscher der Universität Johannesburg, befanden sich inmitten der Menschenmenge. Die Stimmung war für uns nicht klar einzuschätzen, schien uns aber explosiv. Die Arbeiter_innen sangen „makuliwe" [isiXhosa für „lasst es zum Kampf kommen"]. Wir konnten die Kraft der Menge spüren. Eine falsche Bewegung der Polizei hätte diesen friedlichen Augenblick in ein weiteres Blutbad verwandeln können.

Nach dem Massaker hatten Arbeiter_innen damit begonnen, sich in festgefügten Formationen zu bewegen, die sie selbst, vor allem aber die Streikführer_innen schützen sollten. Was nun folgte, war bereits zu einem Markenzeichen dieser Widerstandsbewegung von Arbeiter_innen geworden: rund 20 Meter vor den Polizeifahrzeugen hielt die Menge an und kniete nieder. Jetzt traten fünf madoda [Männer] vor, um zu verhandeln. Wie die Arbeiter_innen erklärten: „Wir alle können zwar gemeinsam singen, aber wir können nicht alle gleichzeitig sprechen." Die fünf madoda sind die Stimmen der Massen hinter ihnen. Je nach Verhandlungsgeschick und abhängig davon, mit wem sie sprechen, können sie jederzeit ausgetauscht werden. Ihr Plan ist es, zur Schmelze (in der das Platin verarbeitet und verfeinert wird) zu gelangen und zu fordern, dass die Arbeit dort eingestellt wird. Zu diesem Zeitpunkt befanden sich 95 Prozent der Arbeiter_innen bei Lonmin im Streik. Die Schmelze war die einzige Anlage, die noch in Betrieb war. Die Protestierenden wollten, dass die dort Arbeitenden sich dem Streik anschließen.

Marikana erlebte tatsächlich einen nicht ausgerufenen Ausnahmezustand. Auf der einen Seite standen die Polizei und Lonmin, auf der anderen die Arbeiter_innen. In der Woche darauf wurden an die 1.000 Ordnungskräfte hierher verlegt; die Polizei ordnete an, dass die Menschen sich von der Straße fern zu halten hätten. An diesem Tag, dem 12. September, machten sich die lokalen und internationalen Medien, die hier campiert hatten, rasch aus dem Staub. Es wirkte wie eine Evakuierung. Wir fragten uns, ob wir zur falschen Zeit am falschen Ort waren. Zwei von uns meinten, es sei hier nicht sicher, und wollten gehen. Die beiden anderen meinten, dass wir eher bleiben und beobachten sollten. Zum Schluss hatten wir kaum eine Wahl. Denn plötzlich knieten sich die meisten der Arbeiter_innen nieder. Es gab keinen Platz mehr, mit unserem Auto wegzufahren, also knieten auch wir nieder. Später lernten wir von den Arbeiter_innen, dass das geschah, um für die fünf Verhandler eine beruhigende Umgebung und Stille zu schaffen. Die Arbeiter_innen waren sehr vorsichtig. Sie hockten da, ihre traditionellen Waffen* an ihrer Seite zu Boden gerichtet, so wie sie es am 16. August gemacht hatten, als sie angegriffen wurden. Gleichzeitig waren sie bereit, sie aufzunehmen und zu kämpfen; aber nur für den Fall, dass es notwendig würde, sich selbst zu verteidigen.

Für die Erfahrungen, die wir an diesem Tag und an anderen Tagen davor und danach machten, gab es keine universitäre Vorbereitung. Jeder Tag bot uns neue Herausforderungen, als Forscher, und wichtiger noch, als Menschen. Als wir von den Arbeiter_innen und von Augenzeug_innen mehr über dieses erbarmungslose und blutige Massaker erfuhren, wurde uns klar, dass dieses nicht nur vermeidbar gewesen war. Es war im Voraus geplant worden. Im Gegensatz zur vorherrschenden Ansicht, die von den Medien, der Regierung und der National Union of Mineworkers (NUM)* verbreitet wurde, und die suggeriert, dass die Arbeiter_innen ein widerspenstiger und gefährlicher Mob seien, der kontrolliert und eingedämmt werden muss, lernten wir, dass die Arbeiter_innen diszipliniert, friedlich und sehr gut organisiert waren und bleiben. Das Bewusstsein der Südafrikaner_innen und anderer ist durch Medienberichte in die Irre geführt worden. Die Medienberichte erweckten den Anschein, als hätten die Arbeiter_

innen die Polizei angegriffen und als hätte diese sich gegen „die
Wilden" verteidigen müssen. Wie mehrere Augenzeugenberichte
von Arbeiter_innen, die während des Massakers auf dem Berg
waren, belegen, waren die Arbeiter_innen nicht zum Angriff über-
gegangen, sondern rannten am 16. August wortwörtlich um ihr
Leben. Einigen wurde, während sie davonrannten, in den Rücken
oder in den Hinterkopf geschossen.

Das ist das erste Buch, das versucht, das Massaker vom 16.
August zu verstehen. Es kann nur einen Ansatzpunkt für zukünftige Forschungsarbeiten liefern; es versucht nicht zu erklären, was
aus der Perspektive aller Involvierten geschah. Wir sind, als wir den
konzeptionellen Rahmen für die folgenden Interviews entwickelten, über die oberflächlichen journalistischen Berichterstattungen
hinaus gegangen, indem wir versucht haben, auch die Erfahrungen und Lebensbedingungen der Minenarbeiter_innen zu integrieren. Das war nur möglich, weil wir uns in einer tumultartigen,
wenn auch sehr kurzen Periode bemüht haben, ein Vertrauensver-
hältnis aufzubauen. Allzu oft begeben sich Forscher_innen ohne
allzu großes Engagement an einen Ort, um schnell an Informationen zu gelangen, und das war es dann auch schon; sie kommen nie wieder zurück. Das kann zu einer Situation beitragen, in
der die ortsansässige Bevölkerung gegenüber künftigen Forscher_
innen skeptisch wird und sich weigert, ihr Wissen mitzuteilen.
Wir haben zu vielen Arbeiter_innen andauernde Beziehungen; im
Rahmen unserer beschränkten Möglichkeiten haben wir uns entschieden, uns solidarisch mit ihnen zu verhalten. Natürlich wäre
es naiv anzunehmen, dass dieses beschränkte Engagement, das
sich über wenige Monate hinzog, ethnographische Tiefe schaffen
könnte, aber wir hoffen, dass es der Beginn eines länger andauern-
den Engagements sein wird.

Auch wenn der Hauptfokus unserer Recherchen auf den
Interviews mit den Männern lag, die sich am Berg befunden
haben, waren unsere berührendsten Erfahrungen oft jene Gespräche mit den Familienangehörigen, den Frauen und Kindern der
Opfer. Interviews und andere Formen der Recherche können
sowohl auf Seiten der Interviewten als auch der Forscher_innen
starke Emotionen auslösen. Für uns, Thapelo und Luke, waren
die schmerzlichsten Erfahrungen die Besuche der Familien von

Verstorbenen im Eastern Cape[1], wo wir damit begannen, Biographien der 34 ermordeten Männer zu erarbeiten. Wir nahmen an zwei Begräbnissen teil und besuchten sieben Familien in ihren kleinen Dörfern in der ärmsten Provinz von Südafrika, aus der die meisten Arbeiter_innen migriert waren. Die Familien befanden sich in ihrer Trauerphase, trotzdem öffneten sie uns ihre Herzen.

Wir beobachteten sechs kleine Kinder beim Spielen – keines von ihnen wusste, dass sein Vater tot war. Eher wurde ihnen, wie es Tradition ist, erzählt: „Papi wird nicht mehr heimkommen". Erst wenn sie älter werden, werden sie herausfinden, dass ihr Vater von der Polizei umgebracht wurde; dass er umgebracht wurde wegen des „Verbrechens", für sein Recht auf ein besseres Leben gekämpft zu haben. Für diese Kinder war alles ganz normal. Wir fühlten uns hilflos, als uns die Familien um sofortige Hilfe baten. Die Leute breiteten ihre Probleme vor uns aus und erzählten uns, wie eine Lösung aussehen könnte, in der Hoffnung, dass wir diese Nachricht an die Mächtigen weiterleiten würden. Ihre Worte spuken immer noch in uns herum: „Fragt die Regierung und Lonmin, wer diese Kinder ernähren wird."

Spät nachts befanden wir uns einmal in Marikana West, der township*, in dem viele Arbeiter_innen leben. Bongani und Luke interviewten einen der Arbeiter, die am 16. August verhaftet worden waren; er aber wollte uns ohne Zustimmung seines Anwalts keine Informationen geben. Er forderte uns auf, mit ihm durch die dunklen und verlassenen Straßen zu seinem Haus zu gehen, wo er die Visitenkarte seines Anwalts aufbewahrte. Als wir ankamen, erkannten wir, dass er ein Hinterhofbewohner[2] war, der in einer

---

1   AdH: Das Eastern Cape ist die infrastrukturschwächste Provinz Südafrikas und weist die höchste Arbeitslosenrate auf: laut der Volksbefragung von 2011 über 50% (siehe: http://www.statssa.gov.za/census2011/Products/Census_2011_Census_in_brief.pdf; [15. August 2013]). Die Mehrzahl der Arbeiter_innen bei Lonmin kommt aus dieser Provinz, so auch 26 der 34 Arbeiter, die am 16. August 2012 ermordet wurden.

2   AdH: „Backyard dweller" ist der südafrikanische Ausdruck für landlose Menschen, die in Hinterhöfen von (formellen) Siedlungen in (informellen) Baracken leben. Einige von ihnen sind als solche in Gruppen organisiert, so etwa die „Mandela Park Backyarders" in der Nähe von Cape Town; siehe unter: http://mpbackyarders.org.za [15. August 2013]

winzigen Blechhütte lebte. Als wir an seiner Haustür standen, kam seine Frau sehr aufgebracht heraus; ruhig, aber selbstbewusst und mit zornigem Unterton sagte sie: „Meine Brüder, kommt herein! Ich will wissen, warum seid ihr hier?" Als wir hinein gingen, verlangte sie unsere Personalausweise. Dann erklärte sie:

„Ich frage, weil sich in unserer Gegend Leute herumtreiben, die behaupten, zu recherchieren. Die zu uns nach Hause kommen und unsere Männer zu Interviews mitnehmen. Und das ist dann das letzte Mal, dass wir unsere Ehemänner sehen. So geschah es in der Bop Mine [Western Platinum], als ein Ehemann von einem Interviewer mitgenommen wurde; er tauchte nie wieder auf."

Wir versuchten, den Zweck unserer Untersuchung zu erklären, zu erläutern, warum wir in Marikana waren. Wir zeigten ihnen unsere ID-Karten der Universität Johannesburg. Nach einigen Minuten wurde sie ruhiger und ließ unsere Absichten gelten. Erst als wir diese Blechhütte verließen, wurde uns der Druck richtig bewusst, mit dem die community umgehen musste. Niemand fühlte sich sicher; die Menschen glaubten, dass Leute von außerhalb ihre Angehörigen sogar kidnappen und umbringen könnten. Das war die Situation in Marikana nach dem Massaker. Wir beschlossen, es so gut es ging zu vermeiden, des nachts mit Leuten zu sprechen, denn wir fürchteten um unsere eigene Sicherheit, und wir wollten die Bewohner_innen nicht noch mehr verunsichern.

Am späten Nachmittag kam Botsang nach Nkaneng, eine informelle Siedlung* in Marikana, von der aus der Berg zu sehen ist, bei dem die Arbeiter umgebracht worden sind. Er erinnert sich noch sehr klar an das, was folgte: Ich fühlte mich unbehaglich und begann zu zittern. Ich war in dieser Siedlung nie allein herumgegangen, und ich wusste nicht, wie die Menschen hier auf mich reagieren würden. Es schien, als würden alle mich beobachten; mit meiner gelben Tasche der Uni Johannesburg war offensichtlich, dass ich ein Fremder war. Ich wurde von einem Mann in eine Hütte mit nur einem Raum geführt, in der eine Frau auf dem Bett saß. Sie war die Witwe eines der am 16. August ermordeten Minenarbeiters. Ein junges Mädchen im Raum kochte Tee. Dieser eine Raum wurde zum Schlafen und als Wohnzimmer genutzt sowie zum Baden und zum Kochen.

Eine Baracke in der informellen Siedlung Nkaneng, Wohnort vieler Minenarbeiter_innen und deren Familien. (Peter Alexander)

Die Witwe und ich wurden allein gelassen und ich erklärte ihr den Zweck der Untersuchung, die wir durchführten – damit die nächste Generation verstehen könne, was hier beim Massaker geschehen war. Sie fasste Vertrauen zu mir. Ich fragte sie, ob ihr Mann während des Streiks jemals mit ihr diskutiert hätte. Sie erklärte, dass ihr Mann rund 4.000 Rand* verdient hatte, ehe er umgekommen war. Der Rücken ihres Mannes, so sagte sie, war von Narben übersät. Er war ein Bohrhauer (rock drill operator, RDO)* und damit aus der Gruppe, die ursprünglich den Streik in Lonmin angeführt hatte. Steine seien ihm während der Arbeit auf den Rücken gekracht und hätten ihn verletzt. Sie berichtete, dass er am 16. August, während er mit den anderen für eine bessere Entlohnung streikte, von der Polizei verhaftet und umgebracht worden war. Die Familie fand ihn in einer Leichenhalle in Rustenburg. Es sah so aus, als sei sein Schädel von etwas wie einem panga[3] eingeschlagen worden. Ihr und ihrer Familie wurde der

3   AdÜ: Machete

Zutritt ins Leichenschauhaus verwehrt, als sie auch den Rest seines Körpers sehen wollten. Dann fragte sie mich:

„Wer hat eigentlich der Polizei den Auftrag gegeben, unsere Männer umzubringen? War es Lonmin? Oder war es die Regierung, die anordnete, dass die Polizei unsere Männer umbringen muss? Wegen der Polizei werde ich heute eine Witwe genannt und meine Kinder sind vaterlos. Ich mache die Mine verantwortlich, die Polizei und die Regierung, denn das sind diejenigen, die unser Land kontrollieren."

Dann fragte ich sie über die Zukunft ihrer Kinder, und sie antwortete:

„Unsere Zukunft gibt es nicht mehr. Ich bin völlig hoffnungslos, denn ich weiß nicht, wer meine Kinder erziehen wird. Mein Mann fügte uns niemals Leid zu. Er sorgte immer für uns. Die Regierung hat versprochen, dass sie uns drei Monate lang mit Lebensmitteln unterstützen wird, aber sie haben uns nur drei Sachen gegeben: 12,5 kg Maismehl, 12,5 kg Mehl und 12,5 kg samp[4]. Das wars. Mein Mann hat uns jeden Monat Geld geschickt; wir hatten genug zu essen. Jetzt hat ihn die Mine umgebracht. Die Kinder der Polizisten, die ihn erschossen haben, bekommen jeden Morgen Brot und Eier während meine Kinder Brei mit Tee essen."

Ihre Familie besteht aus sechs Kindern, von denen fünf zur Schule gehen und eines Arbeit sucht. Eines Tages fragte der jüngere Sohn seine ältere Schwester: „Wieso kommt Papa nicht nach Hause?" Er hatte gehört, dass sein Vater und andere am Fuß des Berges mit der Polizei kämpften. „Wo ist er?" fragte er weiter. Ein neunjähriges Mädchen fragte ihre [Mutter]: „Mama, wieso bringt die Polizei unsere Väter um, wo wir doch noch so jung sind?"

Diese Begegnungen zeigen, dass wir nicht nach Marikana gingen, ohne dass uns die Erfahrungen der Menschen mit Leben, Tod und Kampf nicht berührt hätten. Die_der neutrale Beobachter_in, die oder der abseits steht und von den Erfahrungen dessen, was stattfindet, nicht betroffen ist, ist eine Illusion. Der Aufruf zur Beendigung des Streiks und die Erklärung, dass die Arbeiter_innen die Wirtschaft bedrohen, oder den Wert des

---

4   AdÜ: Grob gehäckselte, getrocknete Maiskörner. Mais ist in Südafrika das wichtigste Stärkemittel, meist wird er in breiiger Form gegessen.

Rand, Dinge, die wir täglich in der Zeitung lesen, zeigen nur eine Geschichte. Aber es gibt eine andere Geschichte, nämlich die von Arbeiter_innen, die im Interesse der kapitalistischen Produktionsverhältnisse umgebracht werden, wenn sie bescheidene 12.500 Rand Lohn – so ihre Forderung – verlangen. Während die erste Geschichte die strukturellen und aktuellen Lebens- und Arbeitsbedingungen der Minenarbeiter_innen ignoriert, hat die letztere nie Eingang in Mainstream-Analysen gefunden.

Vielleicht war der Konflikt zwischen der Arbeiter_innenklasse und den Kapitalinteressen nirgendwo schärfer ausgeprägt. Selten ist dabei mehr Blut geflossen. Die richterliche Marikana-Untersuchungskommission (Farlam-Commission*), die am 1. Oktober 2012 ohne Wissen der Familien der Opfer eingerichtet wurde und an der nur sehr wenige Arbeiter_innen teilhaben, mag zu anderen Schlüssen kommen. Sie soll „Wahrheit und Gerechtigkeit" auf Basis von Beweisen schaffen, die die Mitglieder sammeln. Aber sie hat die Arbeitsbedingungen unter Tage nicht untersucht; sie arbeitet in einem Gerichtssaal und ist allein schon dadurch den einfachen Menschen entfremdet. Tatsächlich wurden führende Köpfe des Arbeiter_innenkomitees verhaftet, eingeschüchtert und gefoltert, während zur gleichen Zeit die Kommission eingerichtet wurde. Deshalb bezweifeln wir, dass die Kommission fähig sein wird, einen Raum zu schaffen, der der Perspektive der Arbeiter_innen gegenüber nicht voreingenommen ist. Eines der wichtigsten Ziele dieses Buches ist es, diese Lücke zu schließen. Was immer die offiziellen Schlussfolgerungen sein werden: wir bestehen darauf, dass Marikana nicht einfach eine menschliche Tragödie war, sondern dass es sich vielmehr um ein nüchtern geplantes Unterfangen von mächtigen Agent_innen des Staates und des Kapitals gehandelt hat, die bewusst die Ermordung von Arbeiter_innen organisiert haben, die sich für einige Zeit geweigert haben, unter Tage zu gehen, um das wertvollste Metall der Welt zu schürfen – Platin.

Aber es war nicht alles bloß trostlos. Während wir getrauert haben, sind wir auch inspiriert worden. Der Streik bei Lonmin symbolisierte mehr als alle anderen die ungeheure Stärke der Arbeiter_innenklasse – ungetrübt von den Lehren der Kollek-

tivvertragsverhandler_innen⁵ und der Mittelklassenpolitik. Die
Arbeiter_innen entwickelten ihre eigene Klassenanalyse der Situation bei Lonmin. Anstatt ruhig zu bleiben und zurück zu weichen,
als der stählerne Arm des Staates auf ihre 34 Kollegen niederging,
wurden sie nur noch entschlossener: Noch mehr Arbeiter_innen
vereinigten sich, bis ganz Lonmin zum Stillstand kam.

Die Arbeiter_innen erkannten, dass die NUM zu sehr mit
den Bossen verbandelt war und dass sie ihren Kampf behinderte;
sie erkannten, dass die andere involvierte Gewerkschaft, die Association of Mineworkers and Construction Union (AMCU), kein
formales Recht auf Kollektivvertragsverhandlungen hatte, mit
dem sie ihre Forderungen vorbringen hätte können. Um Stärke
zu entwickeln, mussten sie sich selbst vereinigen. Es hatte bereits
zuvor mehrere Treffen von Vertreter_innen verschiedener Schächte
gegeben. Am 9. August wurde dann das erste allgemeine Treffen
abgehalten, das alle Bohrhauer von Lonmin zusammenbrachte,
um ein Memorandum zu formulieren, das die Forderungen der
gesamten Belegschaft widerspiegelte – 12.500 Rand als Monatslohn. Es wurde ein unabhängiges Arbeiter_innenkomitee gewählt,
das die drei Segmente von Lonmin repräsentierte – das Östliche,
das Westliche und das Karee. Dieses Komitee hatte sich direkt den
Arbeiter_innen gegenüber zu verantworten.

Die Führer wurden wegen ihrer früheren Führungsrollen
bei der Freizeitgestaltung, in der community und am Arbeitsplatz
gewählt. Mambush oder „der Mann in der grünen Decke", einer
der Führer, die beim Massaker umgebracht wurden, erhielt seinen
Spitznamen von einem Fußballer der Sundown's, der „Mambush
Mudau" heißt. Er wurde gewählt, weil er Fußballspiele organisiert und immer wieder kleinere Probleme am Arbeitsplatz gelöst
hatte. Er war vor allem für seine ruhige Art und seine Fähigkeit,
Konflikte zu lösen, bekannt, sowohl am Arbeitsplatz als auch zu
Hause, im Eastern Cape. Andere wurden gewählt, weil sie bereits
früher gezeigt hatten, dass sie mit Notfällen gut umgehen konnten, die sich in den communities, aus denen die Minenarbeiter_
innen stammen, ereignet hatten, im Eastern Cape, in Lesotho,
Swaziland, Mosambik und anderswo. Wenn jemand in Wonder-

---

5 AdÜ: Kollektivvertrag (in Österreich) = Tarifvertrag (in Deutschland)

kop stirbt, zeigen die Arbeiter_innen oft ihre Führungsqualitäten, indem sie die Verantwortung übernehmen, die Familie der_s Minenarbeiter_in zu benachrichtigen; indem sie dafür sorgen, dass der Leichnam nach Hause überstellt wird und dass Arbeiter_innen zum Begräbnis fahren können. Darüber hinaus organisieren und sammeln sie Spenden von ihren Kolleg_innen, um sie der Familie der_s Verstorbenen zukommen zu lassen. Die Zusammensetzung des Arbeiter_innenkomitees wurde mehrere Male verändert – einige gaben auf, andere wurden umgebracht, während wieder andere vom Beginn am 9. August bis nach dem Streik im Komitee blieben.

Diese Form der Führung basiert auf keiner obskuren, radikalen Rhetorik oder Theorie von Akademiker_innen in ihren Elfenbeintürmen oder von NGOs. Vielmehr ist dies die uneingeschränkte Praxis der Arbeiter_innenklasse – die nicht unter Kontrolle gebracht werden konnte, nicht einmal von den Sicherheitsbehörden, dem ANC, der NUM und der Ideologie, die die herrschende Klasse gegen sie in Stellung brachte. Dieses Buch bietet eine Geschichte von unten – eine Geschichte einfacher Menschen, die bereits davor an den Rand der Gesellschaft gedrängt worden waren. Wir würdigen sie wegen ihres Engagements in dem Streik und wegen ihrer Tapferkeit in einem außerordentlichen und tragischen Moment. Das Leid der Arbeiter_innen wird in ihren Geschichten und Erzählungen erfahrbar. Es ist fühlbar, manchmal herzzerreißend. Wir hoffen, dass ihr das Massaker durch die Augen der Opfer verstehen könnt, derjenigen, die weiterhin den Tod ihrer Lieben und ihrer Kollegen betrauern.

Im zentralen Teil des Buches lassen wir die Arbeiter_innen von Marikana für sich selbst sprechen. Führer_innen der NUM leugnen bestimmte Aussagen dieser Zeug_innen. Wir haben mehr als 30 formelle Interviews geführt, haben Vertreter_innen der Arbeiter_innen und der communitiy zu ihren Treffen begleitet, haben an Protesten teilgenommen und unzählige Gespräche geführt, die wir nicht aufgenommen haben. Schließlich hatten wir das Privileg, uns mit einer Referenzgruppe von 14 Streikenden, von denen viele Teil der Führung sind, mit sechs Vertreter_innen der community und mit zwei Führern der AMCU treffen zu können. In dieses Buch haben wir Interviews aufgenommen, die für die Stimmen der Arbeiter_innen repräsentativ sind. Die Interviews, die wir nicht aufgenommen haben, widersprechen der Erzählung in diesem Buch nicht, vielmehr bestätigen sie diese.

Eine große Anzahl von Interviews wurde an jenem Fuß des Berges geführt, an dem die Arbeiter_innen unter freiem Himmel ihre Treffen abhielten, andere auf der Straße, und einige in den Häusern der Menschen. Einige Interviews enthalten Material, in dem es um persönliche Biographien von Minenarbeiter_innen geht, damit die Leser_innen besser verstehen, wie und warum die Menschen nach Marikana kamen. Wir führen dies jeweils nicht weiter aus, sondern wollen es vielmehr den Leser_innen selbst ermöglichen, sich ihre eigenen Eindrücke zu verschaffen.

Anfangs haben wir fast mit jeder und jedem gesprochen, die oder der mit uns zu sprechen bereit war. Später gelang es uns, die Streikführer_innen zu interviewen. Die Menschen, die wir befragten, sind von der sehr realen Gefahr bedroht, von der Polizei oder Lonmin verfolgt zu werden; deshalb haben wir sie anonymisiert. Diese Anonymität haben wir unseren Interviewpartner_innen zugesichert, und damit vermutlich dazu beigetragen, dass wir ungeschminkte Zeugnisse erhalten konnten. Der größte Teil unserer Forschungsarbeit war bereits fertig, ehe Mitglieder [der Farlam-Kommission, AdÜ] begannen, Aussagen aufzunehmen, denn ab diesem Zeitpunkt hätten die Erzählungen formalisiert und weniger spontan werden können. Wir wissen von keinen davor geführten wissenschaftlichen Interviews so knapp nach dem Massaker; wir hoffen, dass dies zum einzigartigen Charakter dieses Buches beiträgt.

Der Platzmangel im Buch zwang uns dazu, eine Auswahl unter unseren wichtigsten Interviews zu treffen. Sie werden von drei Hintergrund-Interviews eingeleitet. Das erste wurde mit dem Präsidenten von AMCU geführt, einer Gewerkschaft, die mit den Streikenden sympathisierte und der viele von ihnen angehörten. Wir glauben, dass dieses Interview wichtig ist, denn die Stimme dieser Gewerkschaft wurde von den Medien kaum und manchmal bösartig verzerrt wiedergegeben. Das zweite Interview wurde mit einem Bohrhauer geführt, der über seinen Job spricht; das dritte mit der Frau eines Minenarbeiters. Anschließend drucken wir Auszüge aus drei Ansprachen ab, die in den Tagen unmittelbar nach dem Massaker gehalten wurden. Die ersten beiden stammen von Streikführern, die dritte vom Generalsekretär von AMCU. Zehn Interviews mit Minenarbeiter_innen folgen diesen Ansprachen.

Vor den Interviews und Ansprachen findet sich eine Übersicht über die Vorfälle, die zu dem Massaker geführt haben. Die fünf – sowie die beiden für die deutsche Ausgabe hinzugefügten – Karten sollen den Leser_innen dabei helfen, die Ereignisse besser verorten zu können. Die Referenzgruppe ermöglichte es uns, wichtige Details zu korrigieren, aber alle Fehler in diesem Buch gehen ausschließlich auf unser Konto; wir entschuldigen uns, vor allem bei den Arbeiter_innen, für jeden Fehler. Die Erzählung ist der Beginn einer Geschichte von unten; sie wird erweitert und verändert werden, wenn die Beweise der Untersuchungskommission vorliegen (die wertvoll sein werden, selbst wenn die Kommission sie in einer Weise interpretiert, die wir und die Arbeiter_innen ablehnen). Unser vorrangiges Ziel mit diesem Buch war es, darauf hinzuweisen, was geschehen ist und Erklärungen anzubieten. Eine tiefer greifende Geschichte, die eine bessere Darstellung der Motive und Soziologie bietet, benötigt vor allem die Einbeziehung der Lebensgeschichten. In der Analyse und in den Schlussfolgerungen des Buches versuchen wir das Massaker historisch einzuordnen und umfassend zu bewerten.

Wir hoffen, dass die Leser_innen am Ende des Buches ein klareres Verständnis dessen haben werden, was in Marikana geschehen ist, und warum es geschehen ist. Wir hoffen, dass ihr mit uns das Gefühl für die Belastungen und die Leiden im Leben und in der Arbeit der Minenarbeiter_innen teilt: Ihren Mut im Kampf; die Grausamkeit ihrer Bosse, die von Profitgier getrieben sind; die Korruption der NUM – und, am schrecklichsten: Die unnötige Polizeibrutalität, die zum größten staatlichen Massaker an Bewohner_innen Südafrikas seit dem Aufstand von Soweto 1976 geführt hat.

2. Das Massaker

Ein Bericht auf Aussagen von Arbeiter_innen beruhend

Peter Alexander

Am 16. August 2012 massakrierte die südafrikanische Polizei 34 Streikende, die sich an einem friedlichen Treffen auf öffentlichem Grund in der Kleinstadt Marikana beteiligten. Die Forderung der Arbeiter_innen war einfach. Sie wollten, dass ihr Arbeitgeber, Lonmin, ihre Forderung nach einem angemessenen Lohn anhört. Das aber bedrohte ein System von Arbeitsbeziehungen[1], das die Profite von Lonmin hoch trieb, und das die Privilegien der dominierenden Gewerkschaft, der National Union of Mineworkers (NUM) sicherte. Es wurde beschlossen, gegen die Arbeiter_innen „maximale Gewalt" anzuwenden. Unser Bericht beinhaltet eine kurze Schilderung der Vorfälle vor dem 16. August, als zehn Menschen starben; er gibt aber auch Hinweise darauf, warum die Arbeiter_innen bereit waren, für ihre Sache zu sterben. Der Bericht beruht hauptsächlich auf Interviews mit Streikenden, die in den sechs Wochen nach dem Vorfall gemacht wurden. Eine Auswahl dieser Zeug_innenaussagen folgt später in diesem Buch.

Einige Hintergründe des Streiks

Die Armut trieb unsere Interviewpartner_innen zu Lonmin; die Angst, ihre Jobs zu verlieren, lässt sie die härtesten und gefährlichsten Arbeitsbedingungen akzeptieren, die mensch sich vorstellen kann. Das zweite Hintergrundinterview in diesem Buch bietet einen Blick auf die Arbeit der Bohrhauer, derjenigen Gruppe von Beschäftigten, die den Streik anführten. Andere unter-Tage-Arbeiter_innen verrichten ebenfalls schwere körperliche Arbeit, die oft noch durch die Gefahr von herunter stürzenden Felsbrocken und Unfällen mit den Maschinen verschärft wird. Was diese Umstände

---

1   AdH: siehe dazu Kap. 6, Analyse und Schlussfolgerungen, ab Seite 169.

noch verschlimmert, ist, dass die Luft unter Tage „künstlich" ist, voll Staub und Chemikalien. Tuberkulose ist hier weit verbreitet, Erkrankungen an der Tagesordnung. Natürlich gibt es Sicherheitsbestimmungen, aber Minenarbeiter 8, der auch als Sicherheitsbeamter ausgebildet ist, gibt zu Protokoll: „Wir arbeiten unter starkem Druck unserer Bosse, denn die wollen Produktion; deshalb gibt es auch Einschüchterungen. Sie wollen, dass du unter dem [Sicherheits-]Standard arbeitest; wenn du das nicht möchtest und dich an die Regeln hältst (…) sagen sie, werden sie dich rauswerfen oder sie schlagen dich. So geht es hier zu."[2] Er erinnerte sich an einen Arbeiter, der ein Bein verloren hatte, weil er mit der Drohung von „Abzügen" gezwungen worden war, an einem gefährlichen Ort zu arbeiten. Auch der Druck seitens der Kolleg_innen ist ein Faktor. Minenarbeiterin 7 erzählte uns: „Wenn du damit beginnst, ‚Sicherheit, Sicherheit, Sicherheit' zu sagen, werden sie nervös und sagen ‚was sollen wir tun? Sollen wir den stof[3] nicht herausholen und einfach hier sitzen bleiben, bloß wegen Deiner Sicherheit?'" Für die Streikenden in Marikana war die Todesangst, die am 16. August präsent war, keine neue Erfahrung.

In Südafrika dauert ein typischer Arbeitstag acht Stunden, aber Lonmin-Arbeiter_innen, mit denen wir sprachen, sagten, sie könnten nicht „abbrechen", ehe sie ihr Ziel erreicht hätten, und das bedeute oft 12 Stunden Arbeit, manchmal noch mehr (Minenarbeiter 8 erwähnte eine 15-Stunden-Schicht). Minenarbeiterin 7 beschwerte sich: „Sie lassen dir nicht mal Zeit für ein Mittagessen. Sie sagen einfach, dein Essen muss oben bleiben". Minenarbeiter 5 bezog sich auf den Druck, das Ziel zu erreichen, als er protestierend meinte, dass „die Bedingungen in den Minen Schinderei sind". Weiters steht fest, dass auch die Arbeitszeiten sozial unverträglich sind. Die Schichten beginnen um 5:30 Uhr und um 21 Uhr, Arbeit am Samstag ist obligatorisch. Eine Gruppe von Frauen, mit der ich sprach, war sich einig, dass ihre Männer immer völlig erschöpft nach Hause kommen. Mein Eindruck

---

2   Wenn ich mich auf eine_n bestimmte_n Minenarbeiter_in als Informationsquelle beziehe (zum Beispiel Minenarbeiter 8), kann der_die Leser_in das betreffende Interview weiter hinten im Buch nachlesen.

3   AdÜ: gesprengtes, erzhaltiges Gestein

ist, dass die Lonmin-Arbeiter_innen von heute oft mehr Stunden in der Woche arbeiten als die Kohlebergarbeiter_innen in den 1920er Jahren, die ich untersucht habe, und dass sie vermutlich auch schwerer arbeiten.[4]

Welchen Lohn erhält ein_e Arbeiter_in für eine derart gefährliche und anstrengende Tätigkeit? Abgesehen von wenigen Ausnahmen sagten die, mit denen wir gesprochen haben, dass sie zwischen 4.000 und 5.000 Rand im Monat bekommen. Das sind die Netto-Summen, mit denen mensch „nach Hause geht"; enthalten sind hierin, so sagten sie uns, bereits eine Standard-Mietbeihilfe oder „Existenzsicherung".[5] Die Zahlen variieren und die Kalkulationen werden von den Wechselkursen beeinflusst, aber Minenarbeiter_innen in Australien oder in Großbritannien können damit rechnen, ungefähr das Zehnfache dieses Betrages zu verdienen. Die Arbeiter_innen beklagten, dass Bonus- und Überstundenzahlungen vernachlässigbar gering seien. Hilfsarbeiter_innen behaupteten, dass sie weniger als 4.000 Rand erhielten, und ein Abteilungsleiter sagte, er verdiene nur knapp über 5.000 Rand. Derartige Beträge sind rasch ausgegeben. Viele Arbeiter_innen sind pendelnde Wanderarbeiter_innen, die eine Familie am Land, eine andere in Marikana haben. Daraus ergeben sich zusätzliche Ausgaben, vor allem, wenn die Frauen arbeitslos sind, was oft vorkommt.[6] Die hauptsächlichen Ausgaben beinhalten die Miete für eine Baracke[7] (rund 450 Rand), Lebensmittel (deren Preise rasch

4   Peter Alexander, "Oscillating Migrants, 'Detribalised Families' and Militancy: Mozambicans on Witbank Collieries, 1918–1927", *Journal of Southern African Studies* 27(3) (2001), S. 522.

5   Das Wohngeld wurde nicht an Arbeiter_innen bezahlt, die in hostels* wohnten (in denen laut Minenarbeiter 9 ein Raum von acht Bewohner_innen geteilt werden muss). Es gibt Widersprüche hinsichtlich des Lohns von Bohrhauern und anderen Arbeiter_innen.

6   In unserer Referenzgruppe fragte ich: „Stimmt es, dass viele Arbeiter_innen zwei Familien haben?" Ich erntete kollektives Glucksen sowohl von den Männern als auch von den Frauen. Ich interpretierte das als Verlegenheit, gepaart mit einer freundlichen Warnung, die vermitteln sollte: „Na selbstverständlich, wusstest du das nicht?" Später bestätigten Teilnehmer_innen, dass die meisten Arbeiter zwei „Ehefrauen" hätten.

7   AdÜ: Im Text werden selbstgebaute Hütten oder Häuser, die für informelle Siedlungen typisch sind, als „Baracken" bezeichnet. Die englische

steigen), Schule und Medizin, sowie Zinszahlungen für Kredite.[8]
Neben diesen Niedriglöhnen sorgt grundsätzliche Ungerechtigkeit für zusätzlichen Unmut. So merkte etwa Minenarbeiter 4 an:
„Ihr werdet feststellen können, dass die Aktienkurse steigen, aber
wir nichts davon kriegen." Den weiterhin bestehenden Rassismus
betonend fügte er hinzu: „Die *weißen* maßregeln uns, wenn wir
unserer Arbeit nicht richtig nachgehen oder einen Fehler machen.
Es wäre schon besser, gemaßregelt zu werden, wenn wir dafür
immerhin eine angemessene Bezahlung erhielten."

Mehrere Arbeiter_innen beklagten sich ausgiebig über ihre
Gewerkschaft, die NUM, wegen deren Versagen, sie in kritischen
Punkten zu unterstützen, wie etwa in Sicherheitsbelangen oder
bei ihren Lohnforderungen. Minenarbeiter 8 meinte, dass „die
NUM, wenn ich ehrlich bin, immer auf der Seite der Unternehmer steht." Er fügte hinzu: „Wenn hier unter Tage jemand verletzt
wird, ändern der Arbeitgeber und die NUM die Geschichte. Sie
sagen: ,Diese Person wurde in ihrer Baracke verletzt'." Ein anderer,
Minenarbeiter 4, beschwerte sich: „Wir haben gekämpft, während
es die Gewerkschaftsführer bequem hatten, Tee tranken. Wenn
die ein Problem haben, hilft ihnen das Management sofort. Sogar
ihre Handys werden immer mit Guthaben geladen, für 700, 800
Rand."

Ende Mai 2011 spitzte sich die Situation zu, nachdem die
NUM ihren populären Führer der Zweigstelle Karee, einer der drei
Minen von Lonmin in Marikana, suspendierte. Minenarbeiter 8
beschreibt die Vorfälle. Nach ihm haben die Mitglieder den Vorsitzenden, Steve, „geliebt", weil er sich weigerte, Bestechungsgelder
des Managements anzunehmen und „immer ganz klar rüberge-
kommen ist mit (…) Dingen, von denen die NUM nicht wollte,
dass wir sie erfahren."[9] Die Suspendierung kam nach einer Aus-

---

Bezeichnung dafür lautet „shack". Baracken werden oft aus Abfällen wie
Holz oder Blech gebaut und verfügen weder über Wasser-, noch (meist)
Stromversorgung.

8   Siehe Malcolm Rees, "Credit Regulator swoops on Marikana micro-len-
ders", MoneyWeb, 9. Oktober 2012.

9   Wir hörten Beschwerden, wonach manchmal Schmiergeldzahlungen
nötig seien, um Beschäftigung zu finden; dies könnte zum Auffüllen der
NUM-Kassen beitragen. Für Frauen war Sex als Bezahlung möglich. Das

einandersetzung über die Auszahlung aus einem Treuhandfonds, der eingerichtet worden war, um die Arbeiter_innen an den Profiten, die in den letzten fünf Jahren erzielt worden waren, teilhaben zu lassen. Die Arbeiter_innen antworteten auf die Entlassung von Steve mit einem „ungeschützten Streik"[10]. Nach einer Woche intervenierte die NUM, indem sie der Entlassung aller 9.000 Mitarbeiter_innen von Karee zustimmte, von denen die meisten wieder eingestellt wurden.[11] Weil sie „neu eingestellt" wurden und nicht „wiedereingestellt", mussten die Arbeiter_innen erneut der Gewerkschaft beitreten. Verständlicherweise weigerten sich einige, wieder der NUM beizutreten; so verlor die Gewerkschaft (ironischerweise) einen erheblichen Teil ihrer Basis in Karee.

Laut Minenarbeiter 8 war während der nächsten drei Monate „die Lage übel". Dann erklärte er: „Es war echt schlimm, denn wenn du keine Gewerkschaft hast, kann der Arbeitgeber von dir verlangen, was er will." Trotzdem trafen sich die Arbeiter_innen weiter in halbklandestiner Weise, einzelne beriefen anonym Treffen ein, indem sie einen „Zettel" an einem Notizbrett anbrachten. Obwohl die NUM diskreditiert war, erwogen einige Arbeiter_innen, sie zurückzuholen. Sie glaubten, dass jede Gewerkschaft

wurde von Minenarbeiterin 7 erwähnt. Siehe auch Minenarbeiter 8 und Asanda P. Benya, „Women in Mining: A Challenge to Occupational Culture in Mines", MA dissertation, University of Witwatersrand, 2009, vor allem S. 84 – 86.

10   AdÜ: „Ungeschützt" bedeutet, dass ein Streik stattfindet, ohne dass davor ein bestimmtes Verfahren abgeschlossen worden ist. Das bedeutet, dass auch eine Gewerkschaft einen ungeschützten Streik führen kann. Bei einem ungeschützten Streik können die Arbeiter_innen entlassen werden, was bei geschützten Streiks nicht der Fall sein darf. Auch „ungeschützte" Streiks sind in Südafrika als solche nicht „illegal" in dem Sinn, dass sie „gegen das Gesetz verstoßen" würden. Die Versammlungsfreiheit ist nur dadurch eingeschränkt, dass Teilnehmende „unbewaffnet" zu sein haben. Siehe dazu auch Kapitel: Analyse und Schlußfolgerungen, ab Seite 169.

11   Minenarbeiter 8; Reuters Africa, „Lonmin starts sacking 9,000 Marikana strikers", Reuters Africa, 24. Mai 2011. Die NUM sagt: „Wir bestreiten strikt, dass wir Lonmin empfohlen haben, 9.000 streikende Beschäftigte zu entlassen" (Brief von Frans Baleni an Peter Alexander, 5. Dezember 2012). Wie auch immer, angesichts der mangelnden Unterstützung durch die Gewerkschaft kann mensch Arbeiter_innen verstehen, die glauben, dass die NUM nichts gegen die Entlassungen unternommen hat.

besser wäre als keine. Aber die Mehrheit war gegen dieses Szenario und an diesem Punkt liefen die meisten der Karee-Arbeiter_innen zur Assocation of Mineworkers and Construction Union (AMCU) über. Anfang 2012 hatte die AMCU die Vertretungsrechte in Karee errungen, einige Unterstützung in der Ostmine gewonnen und einige wenige Leute in der Westmine.[12] Die Anwesenheit von AMCU in Marikana ist ein neues Phänomen, das – wie bereits die Gründung der Gewerkschaft 2001 – durch die Suspendierung eines populären Führers der NUM ausgelöst wurde.[13]

Im Juli 2012 weitete sich die Unzufriedenheit ob der geringen Lohnzahlungen aus.[14] Besonders akut war sie unter den Bohrhauern der Karee-Mine, die sich darüber beklagten, dass sie, seit sie (im Gegensatz zu ihren Kollegen in der Ost- und Westmine) ohne Helfer_innen arbeiten mussten, zwei Jobs zu erledigen hatten, und deshalb entsprechend besser entlohnt werden müssten. Deshalb forderten sie eine Lohnerhöhung der bisher rund 4.000 Rand auf rund 7.500 Rand.[15] Nach einem Massenprotest bei Karee am 1. August gewährte der dortige Geschäftsführer eine monatliche Bonuszahlung von 750 Rand.[16] Anderswo erhielten Bohrhauer, die mit Helfer_innen arbeiteten, zusätzlich 500

12 Minenarbeiter 8. Obwohl an der Londoner Börse gehandelt, befindet sich der operative Hauptsitz von Lonmin in Johannesburg. Die gesamte Produktion findet in Südafrika statt und davon wiederum ein Großteil in Marikana, wo es zusätzlich zu den drei Minen eine Prozessabteilung gibt, die Konzentratoren, einen Schmelzofen und eine Raffinerie für das Rohmaterial hat. Insgesamt gab es in Marikana elf Schachte, die in vier operative Bereiche aufgeteilt waren: Karee, Ost, West und Mittelkraal. 2011 hatte Lonmin insgesamt 27.796 Beschäftigte. Lonmin Plc, *Building for the future* (Lonmin Plc, London, 2011), S. 1 – 2. Lonmin Plc, website, www.lonmin.com [17. März 2013]

13 Siehe Interview mit Joseph Mathunjwa, Seite 71ff.

14 Siehe Rede von Jeff Mphahlele, Seite 97ff.

15 Zusätzlich zu unseren Interviews bezieht sich diese Erzählung auf Beiträge von Mitgliedern einer Referenzgruppe, die sich am 15. Oktober an der Universität Johannesburg traf. Die Gruppe umfasste 16 Arbeiter_innen, von denen einige den Streik geführt hatten, sowie sechs Ehefrauen und Freundinnen. Joseph Mathunjwa und Jimmy Fama, Schatzmeister von AMCU, nahmen ebenfalls teil. Wir sind all diesen Teilnehmer_innen sehr verbunden.

16 Referenzgruppe

Rand und die Helfer_innen erhielten 250 Rand zusätzlich. Deshalb war niemand mit diesen Angeboten zufrieden. Die Männer bei Karee fühlten sich weiterhin unterbezahlt und Bohrhauer in anderen Minen forderten ebenfalls höhere Löhne.[17] Hinzu kam, dass die Bohrhauer bei Karee einen Teilsieg errungen hatten, ohne die NUM mit einzubeziehen, wodurch das Vertrauen in sie gesteigert wurde, während sie sich gegen die NUM-Führung stellten. Und als nun Bohrhauer verschiedener Schächte zu protestieren begannen, beschloss das Management, dass ihre Forderungen an das zentrale Lonmin-Management zu richten seien, als – wie bisher – dies jeweils lokal zu bearbeiten.[18] Das schuf zusätzlichen Ansporn für eine koordinierte Aktion. Am 6. August wählten Vertreter_innen quer durch das Unternehmen ein informelles Komitee. Diese Körperschaft berief dann ein Treffen aller Bohrhauer bei Lonmin ein.

Der Streik beginnt

Die Versammlung fand im Wonderkop-Stadion (siehe Karte 5) am Dienstag, dem 9. August, dem Tag der Frauen[19], einem Feiertag, statt. Bei einer Demonstration zwei Tage nach dem Massaker erzählte einer der Führer, Tholakele Dlunga (bekannt unter dem Namen Bhele): „Für diejenigen unter euch, die es nicht wissen: Das hier begann am Neunten, als Arbeiter_innen von Lonmin sich versammelten, um die Frage der Unzufriedenheit mit den Löhnen anzusprechen (…) um zu versuchen, unsere Köpfe zusammen zu stecken und einen Weg nach vorne zu finden."[20] Unterschiedliche Forderungen wurden erhoben und es wurde Übereinstimmung erzielt, dass ein gemeinsamer Vorschlag für 12.500 Rand Monatslohn gemacht werden sollte.[21] Jedenfalls ging es

---

17 Minenarbeiter 1
18 Referenzgruppe. Siehe auch *S.A. Labour News*, 14. August 2012.
19 AdH: Der National Women's Day erinnert an den „Women's March" von 9. August 1956, bei dem rund 20.000 Frauen in der Hauptstadt Pretoria gegen die Pass-Gesetze des Apartheidregimes protestierten. Siehe auch Sharpeville 1960*.
20 Siehe Ansprachen, Seite 91ff.
21 Wenn es darum ging, ein Kosten-Paket zu sichern, das das Unternehmen 12.500 Rand gekostet hätte, so wäre die Differenz zwischen dem, was

darum, eine angemessene Lohnerhöhung durchzusetzen – diese Summe wurde als Verhandlungsposition betrachtet. Minenarbeiter 1 drückte das so aus: „Ja, wir haben 12,5 verlangt, aber wir (…) wollten einfach Ansprechpartner_innen. Wir wollten, dass das Management verhandelt, damit im Endeffekt vielleicht um die acht-, neuntausend rausschauen." Die NUM unterstützte die Forderungen der Arbeiter_innen nach Lohnerhöhungen nicht; das große Problem war somit, Lonmin dazu zu bringen, direkt mit den Arbeiter_innen zu sprechen. Für Minenarbeiter 1 lautete die Überlegung: „Wir werden selbst zum Arbeitgeber gehen und nach mehr Geld fragen … wir werden selbst zum Arbeitgeber gehen, denn die Arbeit, die wir verrichten, ist sehr hart und sie bringt uns um." Die konsequente Schlussfolgerung war, dass die Arbeiter_innen ihre Forderung am nächsten Tag dem Management präsentieren würden.

Das Treffen brachte Arbeiter_innen rund um Marikana zusammen; es wurde ein Komitee gewählt, das die Vielfalt der Belegschaft widerspiegelte. Laut einer Quelle waren im ersten

die Bohrhauer bezahlt erhielten und dem, was sie wollten, relativ moderat. Laut Lonmin betrugen die Kosten für das Unternehmen 9.812,98 Rand. Diese Summe wurde folgendermaßen aufgeschlüsselt: Grundkomponente: 5.404 Rand; Pensionsbeitrag: 801 Rand; Krankenversicherung: 556 Rand; Wohnzuschuss: 1.850 Rand; Urlaubszuschuss: 450 Rand; Bohrhauerzulage: 750 Rand. Von diesen Beträgen wurden der Pensionsbeitrag, die Krankenversicherung und der Urlaubszuschuss aus der monatlichen Überweisung ausgenommen; die Bohrhauerzulage wurde eben erst durchgesetzt, deshalb wurde sie auch nicht berücksichtigt. Es bleiben also die Grundkomponente und der Wohnzuschuss, insgesamt 7.250 Rand. Wenn wir Steuern und andere Abgaben berücksichtigen, war die Differenz zwischen dem, was das Unternehmen behauptete zu zahlen und dem, was die Arbeiter_innen meinten zu erhalten, bescheiden, obwohl das noch genauer untersucht werden muss, um die verbleibende Differenz zu erklären. Wenn Arbeiter_innen keinen ganzen Monat arbeiteten oder Lohnpfändungen anstanden, dann reduzierte das ihr Nettoeinkommen. Monica Laganparsad, „Just how much does a miner make?", *Business Live*, 26. August 2012, unter: www.timeslive.co.za am 19. November 2012. Lohnpfändungen verpflichten das Unternehmen, Geld vom Lohn eines_r Arbeiter_in abzuziehen, um eine Schuld welcher Art auch immer zu begleichen. In Südafrika sind sie weit verbreitet, vor allem in der Minenindustrie.

Komitee zwei Arbeiter aus dem Westschacht, drei vom Ostschacht und drei von Karee.[22] Die NUM war in West und Ost immer noch die dominierende Kraft, während in Karee die AMCU überwog, aber die Zugehörigkeit zu einer Gewerkschaft war nicht der Punkt. Ein anderer Arbeiter erinnerte sich, dass das Komitee „alle kulturellen Zusammenhänge repräsentierte. Es musste aus Menschen zusammengestellt werden, die aus unterschiedlichen Provinzen kommen."[23] Frauen saßen aber nicht im Komitee. Laut Minenarbeiterin 7 lag es daran, dass es für Frauen gefährlicher war, vom Arbeitgeber schikaniert zu werden – schlicht weil sie weniger waren, und damit leichter zu identifizieren. Auf die Frage „wären sie gewählt worden, wenn sie keine Angst gehabt hätten?" antwortete sie: „Natürlich wären welche gewählt worden. Wenn sie nicht Angst gehabt hätten, dass sie gefeuert werden."[24] Später wurde das Komitee erweitert und umfasste Leute, die für die Organisierung von Begräbnissen und für den Empfang von und die Informationsweitergabe an Besucher_innen verantwortlich waren.[25] Bezeichnenderweise war eine der wichtigsten Aufgaben des originalen Komitees, „Frieden und Ordnung" aufrecht zu erhalten, wie Minenarbeiter 3 es ausdrückte. Er legte dar: „Bei anderen Streiks bauen die Leute Mist, indem sie Läden zerstören und Leute schlagen, solche Sachen machen. Deshalb waren diese Leute [das Komitee] damit beauftragt, die Leute unter Kontrolle zu halten." Minenarbeiter 1 fügte hinzu, dass bei der Wahl des Komitees die Arbeiter_innen „sicherstellen wollten, dass es Ordnung gab." Im Licht der nachfolgenden Ereignisse ist diese Selbstverpflichtung auf Frieden und Ordnung, die sich in der Führung des Streiks manifestierte, im höchsten Maße relevant. Wie wir sehen werden, waren die Arbeiter_innen darauf vorbereitet, sich selbst zu verteidigen, aber sie haben niemals damit begonnen, Gewalt anzuwenden.

---

22 Minenarbeiter 1.

23 Minenarbeiter 6.

24 Lonmin berichtete, dass 2011 der Frauenanteil bei den Beschäftigten in „Kernbereichen des Minenbetriebs" bei 4,3 Prozent lag. Lonmin, *Building for the future*, S. 77.

25 Minenarbeiter 1 und 2.

Die wichtigste Entscheidung des Treffens war, dass am darauf folgenden Tag, dem 10. August, die Bohrhauer in Streik treten würden. Zu diesem Zeitpunkt wurde von den anderen Beschäftigten erwartet, dass sie normal arbeiten würden, obwohl ohne die Bohrhauer die Produktion in Realität, zumindest laut Minenarbeiter 8, minimal sein würde.[26] Die Streikenden marschierten zum Büro des obersten lokalen Managements von Lonmin, das sich in der sogenannten „LPD" (Lonmin Platinum Division) befindet. Sie wurden von einem *weißen* Sicherheitsbeamten empfangen, der meinte, die Manager würden in 15 Minuten eine Antwort erteilen. Aber es gab keine Antwort. Nachdem sie drei Stunden gewartet hatten, machte der Führer der Arbeiter_innen Druck, erfuhr aber lediglich, dass ihre Forderungen von der NUM übermittelt werden müssten.[27] Hätte sich das Management mit den protestierenden Bohrhauern getroffen, hätten die späteren Todesfälle verhindert werden können. Aber die NUM boykottierte diesen Aktionsplan. Minenarbeiter 10 verwendete eine paternalistische Metapher, um seine Frustration auszudrücken: „Wir machen den Arbeitgeber verantwortlich dafür, dass er sich nicht um uns gekümmert hat. Denn als Vater, als Bürochef muss er, wenn es in der Familie Streit gibt, diesen aufgreifen, herausfinden, wo das Problem liegt, damit seine Kinder ihm ihre Herzen ausschütten, ihm erzählen, was ihre Probleme sind."

Mit ihrem zurückgewiesenen Anliegen kehrten die Demonstrant_innen zum Stadion zurück. Dort kamen sie überein, dass der Streik beginnend mit der Nachtschicht ausgeweitet werden sollte, indem weitere Arbeiter_innen einbezogen würden. Darüber hinaus beriefen sie ein Treffen aller Arbeiter_innen ein, das am folgenden Morgen im Stadion stattfinden sollte.

In der Nacht vom 10. auf den 11. August brachte die NUM Beschäftigte an ihre Arbeitsplätze. Die Untersuchungskommission erfuhr von Malesela Setelele, dem NUM-Vorsitzenden im Westschacht, dass die lokale Führung auf Berichte über Einschüchterungen und die Einstellung des mineneigenen Busverkehrs reagiert hatte, „indem ein NUM-Fahrzeug, ein Toyota Quantum, einge-

---

26 Minenarbeiter 1 und 8.
27 Rede von Bhele, siehe Seite 91ff.

setzt wurde, um [Beschäftigte] zum Arbeitsplatz in der Mine zu bringen." Er erklärte: „Dieses Fahrzeug gehörte nicht der NUM, sondern es wurde uns von Lonmin zur Verfügung gestellt (…) zur Verwendung durch die NUM." Er fügte hinzu: „Am Morgen des 11. August habe [ich] auch einen Lautsprecher verwendet, während ich herumfuhr, um die Leute darüber zu informieren, dass der Streik von der NUM nicht befürwortet wird, und dass sie ihre Pflicht erfüllen sollten."[28] Setelele betrachtete seine Aktion als völlig gerechtfertigt. Von seiner Warte aus reagierte er im Einvernehmen mit seiner Gewerkschaft auf einen ungeschützten und inoffiziellen Streik. Für ihn gab es auch nichts daran auszusetzen, gewalttätige Auseinandersetzungen zu riskieren bei der Durchführung einer Aufgabe, die das Unternehmen selbst nicht übernehmen wollte. Da es in dieser Nacht zu kleineren Auseinandersetzungen kam, würde er zudem als mutig eingeschätzt und geachtet werden. Andere werden seine Rolle wohl anders einordnen und ihn als „Streikbrecher" bezeichnen. Jedenfalls ließ diese Aktion die Glaubwürdigkeit der NUM unter den Streikenden weiter sinken; und sie heizte die bestehenden Spannungen weiter auf.

Die NUM-Schießereien

Am nächsten Morgen, dem 11. August, wurde bei der Versammlung beschlossen, den Anweisungen des Managements Folge zu leisten und ihren Fall der NUM darzulegen. Einige der Arbeiter_innen rechtfertigten diese Entscheidung als protokollarisch korrektes Vorgehen. Minenarbeiter 1 erzählte uns: „Wir beschlossen, zum NUM-Büro zu gehen, damit sie uns dort erklären konnten, was wir nun tun sollten. Denn zum Arbeitgeber sind wir

---

28 Marikana-Untersuchungskommission, Transkript 38: 4090-92. Setelele kam 1988 als normaler Arbeiter zu Lonmin und wurde 2001 einer der Teamführer. 2010 wurde er zum Branchengewerkschafter; er erhielt dafür eine Vollzeitanstellung und das Gehalt vom Unternehmen. Transkript 37: 4074. Die Bezugnahmen auf die Transkripte der Untersuchungskommission beinhalten eine „Tagesnummer" (z.b. Tag 38) und die Seitenzahl. Seitenzahlen sind eindeutig, sie werden über die Tage hinweg durchnummeriert. Die Transkripte finden sich auf der Website der Untersuchungskommission, deshalb ist es einfach, hier eine Seitenzahl mit dem Datum zu verknüpfen.

aus eigener Initiative gegangen, und sie [die NUM] haben uns davon abgehalten, mit dem Arbeitgeber zu sprechen. Also wollten wir, dass sie uns erklären, was wir tun sollten." Minenarbeiter 10 legte den Fall so dar: „Wir gestanden ein, dass wir einen Fehler gemacht hatten und dass wir, obwohl wir nicht wollten, dass sie [die NUM] uns vertreten, sie zumindest darüber informieren hätten müssen, dass wir losziehen, um den Arbeitgeber zu treffen." Bhele sagte: „Wir gestanden ein, dass wir einen falschen Weg eingeschlagen hatten."[29] Zwischen 2.000 und 3.000 Streikende marschierten in Richtung des NUM-Büros, das sich weniger als einen Kilometer vom Zentrum von Wonderkop entfernt befindet. Es ist wichtig festzuhalten, dass sie nicht bewaffnet waren, nicht einmal mit traditionellen Waffen. Laut Minenarbeiter 10 „sangen wir, und niemand hatte irgendeine Waffe dabei." Als Antwort auf die Frage „hattet ihr eure Waffen dabei?" antwortete Minenarbeiter 8: „Nein, an diesem Tag hatten wir unsere Waffen nicht."

Nachdem sie an den hostels* der Mine vorbeigekommen waren, wandten sich die Streikenden nach links in Richtung des NUM-Büros (siehe Karte 5).[30] Aber sie erreichten ihr Ziel niemals. Vor ihnen, dort, wo sich auf der Hauptstraße eine Baustelle befand, stand laut den Arbeiter_innen eine Linie von bewaffneten Männern in roten T-Shirts; einige trugen traditionelle Waffen, einige hatten Gewehre dabei. Die Streikenden stoppten ihren Zug nahe dem Haupt-Taxistandplatz auf der rechten Seite. Die bewaffneten Männer eröffneten das Feuer. Die Streikenden zerstreuten sich, vor allem in die Richtung, aus der sie gekommen waren. Aber zwei Männer blieben schwer verletzt liegen.

Damals gab es Presseberichte darüber, dass diese Männer getötet worden seien und möglicherweise dachte sogar die Polizei, dass das der Fall war.[31] Jared Sacks, der zwei Wochen danach

---

29 Siehe die Rede Seite 91ff.

30 Als würde sie ihre Allianz zeigen wollen, teilt sich die NUM mit dem Congress of South African Trade Unions (COSATU)*, der Südafrikanischen Kommunistischen Partei (SACP) und dem regierenden Partner, dem African National Congress (ANC) ein Haus. Im Nachbarhaus befindet sich eine kleine Polizeistation.

31 SAPA, *Sowetan*, 14. August 2013; Kwanele Sosibo, 17. August 2013. Dank an Jane Duncan, die mich auf diesen Bericht aufmerksam gemacht hat.

über diesen Vorfall recherchierte, kam zu dem Schluss: „Als die streikenden Bohrarbeiter etwa 150–200 Meter vom NUM-Büro entfernt waren, so berichten Augenzeug_innen – sowohl Teilnehmer_innen an dem Marsch als auch informelle Händler_innen am nahegelegenen Taxistandplatz – übereinstimmend, kamen die ‚fünf höchstrangigen‘ NUM-Führer und andere shop stewards*, insgesamt zwischen 15 und 20 Männer, aus dem Büro und begannen auf die protestierenden Streikenden zu schießen.“[32] Das bedeutet, dass sich unter den Männern in roten T-Shirts einige Mitglieder der lokalen NUM-Führung befunden haben. Angeblich waren auch security-Mitglieder anwesend, die aber mit ihren Gewehren in die Luft schossen.[33]

Sacks' Darstellung wird von den Zeug_innenaussagen, die wir sammelten, bestätigt. Keine_r der Minenarbeiter_innen, die diese Szene beschrieben, zweifelte daran, dass die Schüsse von der NUM kamen. Minenarbeiter 8 stellte fest: „Als wir in der Nähe des Büros ankamen, sahen wir, dass sie draußen standen, diese Leute, unsere Führer; so kann ich es eher sagen: sie kamen raus. Unsere Führer kamen raus aus dem Büro, hatten bereits Waffen in den Händen und sie kamen raus und schossen einfach.“ Die Aussage von Minenarbeiter 4 ist ähnlich: „Wir haben sie nicht bekämpft. Sie [die NUM] waren die einzigen, die auf uns schossen … Es waren die Gewerkschaftsführer, das Gewerkschaftskomitee. Sie waren die einzigen, die auf uns schossen.“ Minenarbeiter 9 erklärte es folgendermaßen: „Sie [die NUM-Genossen] begannen, auf uns zu schießen … Es wurde klar, dass wir von der Gewerkschaft, die wir selbst gewählt hatten, nicht akzeptiert wurden und es zeigte auch, dass sie mit unseren Arbeitgebern eng verbandelt war.“ Ein ähnliches Resümee zog auch Minenarbeiter 8: „Sie [die NUM-Führung] wollen nicht, dass wir das Geld bekommen, davon bin ich felsenfest überzeugt …, denn sie sind diejenigen, die immer mit dem Management zusammenarbeiten.“ Minenarbeiter 10 war von der Antwort der NUM schockiert: „Als die NUM

32 Jared Sacks, „Marikana prequel: NUM and the murders that started it all", *The Maverick*, 18. Oktober 2012. Nach Zeug_innenaussagen vor der Untersuchungskommission könnten zirka 30 Personen in der NUM-Gruppe gewesen sein.

33 Minenarbeiter 4.

sah, dass wir uns ihrem Büro näherten, fragten sie nicht einmal, sie eröffneten einfach das Feuer auf die Arbeiter_innen", sagte er, und fügte hinzu: „Wir dachten – als ihre Mitglieder – dass sie uns willkommen heißen würden, sich anhören würden, was wir zu sagen hatten, und uns kritisieren würden, weil sie das Recht hatten, uns zu kritisieren, nachdem wir über ihre Köpfe hinweg agiert hatten."

Laut Mitgliedern unserer Referenzgruppe schaffte es einer der beiden Arbeiter, die von den Kugeln getroffen wurden, über den Zaun zu klettern, der die Straße von den hostels trennt. Der zweite Mann kam bis zu dem kleineren Taxistandplatz innerhalb des hostel-Geländes, wo er angeblich starb. Die Untersuchungskommission hörte die Zeugenaussage des Mannes, der es schaffte, über den Zaun zu entkommen. Er beschrieb, wie er in den Rücken geschossen wurde und dann, nachdem er kollabiert war, schwer am Kopf verletzt worden war, von Männern – darauf bestand er –, die ihn umbringen wollten. Er konnte seine Angreifer identifizieren und möglicherweise wird gegen sie nun ein Verfahren wegen Mordversuch eingeleitet werden. Weiters wurden Beweise dafür vorgelegt, dass der zweite Mann ebenfalls in den Rücken geschossen worden ist.[34]

In seiner Eröffnungsrede vor der Farlam-Kommission gab Karel Tips, der für die NUM arbeitet, zu, dass einige Gewerkschaftsmitglieder Feuerwaffen einsetzten. Er argumentierte, dass das unter diesen Umständen „gerechtfertigt" gewesen sei. Inzwischen ist klar, dass die beiden Streikenden, die angeschossen wurden, nicht starben; aber es ist verständlich, dass viele Arbeiter_innen dachten, das dies der Fall gewesen sei. Die beiden Männer wurden aber schwer verletzt und kamen in ein Spital; anscheinend hatten sie großes Glück, dass sie überlebten.[35]

Höchstwahrscheinlich waren die meisten der Leute, die angegriffen wurden, selbst NUM-Mitglieder. Diese Behauptung

---

34   Transkript, 48: 5269-70, 40: 4282.

35   K.S. Tip, N.H. Maenetje and T. Ntsonkota, Counsel for NUM, „Opening submission on behalf of the National Union of Mineworkers', Absatz 15. Tip hat dieses Statement am 22. Oktober 2012 vorgelegt. Am selben Tag erklärte Tim Bruinders, der AMCU vertrat, der Untersuchungskommission, dass zwei Streikende getötet worden seien. Siehe Transkript 3: 170.

beruht zum Teil auf schlichter Deduktion: Am 10. August beantragte Lonmin eine gerichtliche Verfügung gegen die streikenden Bohrhauer und nannte dabei 3.650 Namen. Von diesen waren 13 Prozent bei keiner Gewerkschaft, 35 Prozent gehörten zur AMCU und 52 Prozent waren Mitglieder der NUM (was die Tatsache widerspiegelt, dass die AMCU nur in Karee dominierte). Es ist möglich, dass eine überproportionale Anzahl an NUM-Mitgliedern unter den Bohrhauern sich weigerte, am Marsch teilzunehmen (die NUM behauptet, dass einige ihrer Mitglieder bloß deswegen dabei gewesen seien, weil sie eingeschüchtert worden waren). Vielleicht waren auch einige der Marschierenden keine Bohrhauer, deshalb können wir nicht davon ausgehen, dass die Verhältnisse vor den NUM-Büros denen bei Lonmin glichen. Aber von unserer Referenzgruppe und aus anderen Zeug_innenaussagen wissen wir, dass ein Großteil der Marschierenden NUM-Mitglieder waren. Darüber hinaus waren 10 der 34 Männer, die am 16. August starben, Mitglieder der NUM, was zeigt, dass es immer Unterstützung von NUM-Mitgliedern während des gesamten Konflikts gab.

In jedem Fall war dieser Vorfall ein Wendepunkt. Die Arbeiter_innen flohen von der Szenerie in Richtung Stadion. Aber Sicherheitskräfte verweigerten ihnen dort den Zutritt und drohten, wenn notwendig, Waffengewalt einzusetzen. Die Arbeiter_innen machten sich dann auf zum Wonderkop Koppie, dem sogenannten „Berg", der zwei Kilometer weiter westlich liegt. Er sollte für die nächsten fünf Nächte und Tage ihr Zuhause sein, obwohl sie das natürlich zu diesem Zeitpunkt nicht wissen konnten. Ein Vorteil des Aufenthalts am Berg ist, dass mensch von dort aus eine gute Sicht hat. Nach Minenarbeiter 9 „ist der Berg hoch [und] wir wählten ihn absichtlich aus, nachdem die NUM unsere Mitglieder umgebracht hatte, damit wir Leute, die daherkommen, leicht bemerken konnten." Obwohl abends einige Arbeiter_innen nach Hause gingen, weigerten er und Minenarbeiter 8 sich, das zu tun, denn sie fürchteten (vermutlich von der NUM) umgebracht zu werden. Minenarbeiter 8 beschrieb das Leben am Berg: „Wir sangen, sprachen und tauschten Gedanken aus. Wir sprachen einander Mut zu. Hier ist es nicht wie daheim. Du musst stark sein, und das sind die Leute hier am Berg offensichtlich. Es gibt hier Häuser, aber wir saßen einfach da, machten Feuer, legten unser

Geld zusammen." Minenarbeiter 9 ergänzte: „Wir wurden von den Leuten in den nahegelegenen Baracken unterstützt, sie brachten uns Lebensmittel."

Erst zu diesem Zeitpunkt, nachdem auf ihre Genossen geschossen wurde, holten die Arbeiter_innen ihre traditionellen Waffen. Minenarbeiter 8 antwortete auf die Frage „Also hat euch die NUM dazu gebracht, Waffen zu tragen?" mit: „Ja, weil sie auf uns geschossen haben und wir Angst hatten, dass sie zurückkommen. Wir haben keine Feuerwaffen, und deshalb dachten wir, dass es besser wäre, wenn wir unsere traditionellen Waffen dabei haben." Minenarbeiter 1 bot in diesem Zusammenhang einen weiteren wertvollen Einblick. „Mein Bruder"[36], so begann er, „was kann ich sagen über… Speere und Stöcke, damit sind wir von unseren Häusern hierher. Es ist unsere Kultur als Schwarze, als Xhosa… Sogar hier… wenn ich nach etwas sehe… in der Nacht [wie etwa nach den Kühen]… habe ich immer meinen Stock oder Speer dabei… oder wenn ich pinkeln gehe, denn ich uriniere nicht im Haus… nehme ich meinen Stock mit." Dann fügte er hinzu: „Ein *weißer* trägt sein Gewehr, wenn er sein Haus verlässt, so ist er erzogen worden; das entspricht den Stöcken und Speeren in der Kultur der Schwarzen."

Weitere Morde

Am nächsten Morgen machten sich die Arbeiter_innen wiederum auf, um bei den NUM-Vertretern zu demonstrieren. Wiederum waren es zwischen 2.000 und 3.000 Menschen, diesmal aber trugen einige von ihnen Waffen. Hinter dem Stadion, auf dem Gelände des hostels, wurden sie von Sicherheitskräften der Mine (unter denen sich zwei „Buren" befanden) und der „Regierungspolizei", die ein Hippo* dabei hatte, angehalten.[37] Nach

36 AdH: Bei der Anrede, Begrüßung und Verabschiedung wird in den meisten südafrikanischen Sprachen mit der sozialen Position (Mutter, Vater, Schwester, Bruder oder Kind) und nicht etwa mit dem Namen begonnen.

37 Minenarbeiter 1. Der Gebrauch des Begriffs „Bure" (*boer:* wörtlich „Bauer" in Afrikaans) verbindet *weiß-Sein* mit einzelnen Repressionsorganen, wie der Polizei oder der Armee. Praktisch sprechen die meisten von ihnen Afrikaans, was auf die Apartheidzeit zurückgeht, aber sie könnten auch englisch sprechen; nicht alle Afrikaans-Sprachigen werden

Minenarbeiter 4 „schossen die Sicherheitskräfte auf uns. Aber wir sind nicht zurückgewichen. Wir gingen weiter vorwärts." Aus späteren Gesprächen mit Arbeiter_innen erfuhren wir, dass zwei securities aus ihren Wagen gezerrt und mit pangas [AdÜ: Macheten] oder Speeren umgebracht wurden. Später wurden ihre Fahrzeuge in Brand gesteckt; wir sahen die Überreste eines dieser Fahrzeuge, das sich an einer Ecke beim kleinen Taxistandplatz innerhalb des hostel-Geländes befunden hatte. Diese neuen Morde geschahen nahe der Stelle, an der der Streikende am Vortag vermeintlich gestorben war (siehe Karte 5).

Später an diesem Tag, dem 12. August, wurden zwei NUM-Mitglieder erstochen. Es handelte sich um Thapelo Madebe und Isaiah Twala. Am nächsten Tag wurde ein drittes NUM-Mitglied, Thembalakhe Mati, umgebracht; er wurde erschossen.[38] Die Begleitumstände dieser Morde sind unklar; es gibt keinen Hinweis dafür, dass sie von Streikführern oder AMCU-Vertreter_innen angeordnet worden sind. Aber sie trugen zu einer Stimmung der Entrüstung bei, vor allem innerhalb der NUM-Führung.

Am Montag, dem 13. August, gab es weiteres Blutvergießen. Früh am Morgen erhielten Streikende die Information, dass am Karee-Schacht Nr. 3 (bekannt als K3) die Arbeit wieder aufgenommen worden sei. Nachdem es der erste ganze Streiktag war, ist es nicht überraschend, dass es Streikbrecher_innen gab und so wurde eine relativ kleine Gruppe ausgeschickt, um den Arbeiter_innen zu erklären, dass von ihnen erwartet würde, sich dem Streik anzuschließen. Die Größenangaben zu diesem „Fliegenden Streikposten", um einen britischen Ausdruck [flying picket] zu gebrauchen, variieren von weniger als 30 bis zu rund 100 (siehe Karte 4). Er zeigt, dass der gesamte Weg hin und zurück 15 km weit gewesen wäre. Minenarbeiter 2 bietet eine detaillierte Beschreibung, die von anderen Interviews und den Versionen, die wir von Arbeiter_innen vor Ort erhalten haben, bestätigt wird. Bei K3 sprach die Delegation mit Sicherheitskräften, die sagten, sie würden sich

als *boers* betrachtet. Unsere Interviewpartner_innen tendieren dazu, den Begriff „Hippo" für alle gepanzerten Fahrzeuge zu verwenden. Technisch betrachtet ist das nicht korrekt.

38 Zeugenaussage von Lt. Col. Visser (SAPS), Transkript 35: 3850-51.

die Sache ansehen, aber soweit sie wüssten, arbeite niemand. Laut den Arbeiter_innen erklärten die Sicherheitskräfte ihnen, dass sie anstatt über das K3-hostel und Marikana, was der einfachere Rückweg zum Berg gewesen wäre, Wege über das veld* nehmen sollten. Beim Rückweg zum Berg dürfte die Gruppe ein wenig angewachsen sein, aber alle unsere Informant_innen bezifferten sie mit weniger als 200 Leuten.

Erst folgten sie einer Route, die an einem dreckigen Weg entlang einer Eisenbahnlinie geht. Nach einem Umweg um ein kleines Feuchtgebiet stellten die Arbeiter_innen fest, dass ihr Weg von einer bewaffneten Gruppe Polizisten versperrt wurde, die auf einer kleinen, schmutzigen Straße die Eisenbahnlinie über-quert und sich nach links zum Weg gewandt hatte (siehe Karte 6). Die genaue Größe des Polizeikontingents ist unklar, Minenarbei-ter 2 meint, die Polizei habe „vielleicht drei Hippos und rund 20 Transporter" dabei gehabt, während ein Teilnehmer der Referenz-gruppe von 14 Hippos spricht, aber keine Transporter erwähnt (vielleicht waren für ihn „bewaffnete Polizeitransporter" ebenfalls Hippos). Die Polizeikräfte zwangen die Arbeiter_innen runter vom Weg und umzingelten sie (wobei eine Linie Polizisten sich entlang der Eisenbahntrasse postierte). Die Antwort, so scheint es, kam von Mambush, der später als „der Mann in der grünen Decke" berühmt wurde und vermutlich der am meisten respek-tierte Arbeiter_innenführer war. Es wird berichtet, er habe gesagt, dass sie sich nicht weigern würden, ihre Waffen abzugeben, aller-dings erst, wenn sie am Berg in Sicherheit seien. Minenarbeiter 2 erinnert sich, dass ein Zulu*-sprechender Polizist sie daraufhin warnte, dass er bis 10 zählen werde, und wenn sie bis dahin nicht nachgegeben hätten, würde er den Befehl zu feuern ertei-len.[39] Nachdem das Zählen begonnen hatte, begannen die Arbei-

---

39   AdH: Diese polizeiliche Praxis wird bereits von Widerstandskämpfer_
innen innerhalb der Apartheidszeit geschildert: Die Polizei räumt(e)
demonstrationsführenden Personen oft nur wenige Sekunden Zeit ein,
eine Demonstration aufzulösen – ansonsten würde sie den Befehl geben,
in die Menschenmenge zu schießen. Dieses viel zu kurze Ultimatum, das
zu Massakern führte und als Legitimationsversuch für das gewaltsame
Beenden von Demonstrationen eingesetzt wurde, war Ziel zahlreicher
Proteste von Organisator_innen von Demonstrationen und Streiks wäh-

ter_innen zu singen und bewegten sich gemeinsam weg, in Richtung des schwächsten Punkts in der Polizeikette, vermutlich im Nordosten, in Richtung Berg. Erst gab die Polizei den Weg frei, so Minenarbeiter 2, nach zehn Metern begann sie aber zu schießen. In dem folgenden Tumult wurden drei Streikende und zwei Polizisten getötet. Einer der Streikenden und zwei Polizisten wurden westlich der schmutzigen Straße getötet, die die Eisenbahnlinie kreuzt (siehe Karte 6). Es gibt die Vermutung, dass einer der Polizisten versehentlich von einem anderen Polizisten erschossen worden ist.[40] Auf der anderen Straßenseite wurde ein verletzter Zivilist in oder neben einer Baracke versteckt. Dies wurde jedoch von der Polizei bemerkt. Sie verfolgte ihn und schoss mehrmals aus nächster Nähe auf ihn. Der fünfte Mord geschah nördlich der Baracke und östlich des Flusses (siehe Karte 6). Dieser Arbeiter wurde eindeutig auf der Flucht erschossen.

Fotos der beiden verstorbenen Polizisten machten rasch die Runde innerhalb der Polizei, vor allem über Handys. Sie zeigten die grausigen Überreste der Männer, die zu Tode gehackt worden waren, und förderten vermutlich den Wunsch nach Vergeltung. Es wäre verwunderlich, hätte dieser Zwischenfall bei der Eisenbahnlinie und die Art, wie die Polizei damit umging, im darauf folgenden Massaker keine Rolle gespielt.

Gescheiterte Verhandlungen

Am Dienstag, dem 14. August, kam ein Polizeiverhandler, begleitet von einer Menge Hippos, zum Berg. Er war ein *weißer*, sprach die Arbeiter_innen aber in Fanakalo an, was als äußerst ungewöhnlich für einen *weißen* Polizisten erachtet wurde.[41] Er

---

rend des Apartheidregimes. Siehe dazu etwa: Benjamin Pogrund, *How Can Man Die Better. The Life of Robert Sobukwe.* (Jonathan Ball, Johannesburg 2006) S. 123ff.

40   Teilnehmer_in der Referenzgruppe.

41   Fanakalo ist eine lingua franca, die sich im 20. Jahrhundert in den Minen entwickelte, um die Kommunikation zwischen Arbeiter_innen, die aus unterschiedlichen Sprachzusammenhängen kamen, sowie zwischen ihnen und ihren Bossen zu erleichtern. Sie baut auf Nguni-Sprachen auf, darunter isiZulu und isiXhosa (die Muttersprache der meisten Arbeiter_innen in Marikana) und ist mitunter von Wörtern aus anderen afrikanischen

sagte, er käme in Frieden, in Freundschaft, und wollte bloß „Beziehungen aufbauen" (eine Formulierung, die bei einer Menge Interviews verwendet wurde). Er verlangte, dass die Arbeiter_innen fünf Vertreter, fünf madoda schickten, um mit ihm zu sprechen (Minenarbeiter 3). Madoda bedeutet wörtlich übersetzt „fünf Männer", aber zuweilen wird es auch mit einer von den Arbeiter_innen selbst gewählten oder traditioneller Führung konnotiert; damit wird auch eine bestimmte „Rückständigkeit" unterstellt, die sie in Gegensatz zu Gewerkschaften rücken soll. In Wirklichkeit operierten die Arbeiter_innen – wie wir gesehen haben – durch ein gewähltes und repräsentatives Arbeiter_innenkomitee, eines, das typisch ist für gut organisierte, moderne Streiks. Wie verlangt wählten die Arbeiter_innen fünf Vertreter und schickten sie zu dem Verhandler. Minenarbeiter 3 zeichnet ein detailliertes Bild der Verhandlungen. Die Vertreter behaupteten, dass der Verhandler und sein Team sich weigerten, den Hippo zu verlassen um mit ihnen von Angesicht zu Angesicht auf gleicher Augenhöhe zu sprechen. Weiters weigerten sie sich, ihre Namen zu nennen, was auf die Arbeiter beunruhigend wirkte; später versuchte ein *amadoda*, einen der Polizisten mit seinem Handy zu fotografieren, was aber verhindert wurde. Ein Arbeiter, der Teil der Delegation gewesen war, behauptete, dass einer der höheren Polizisten eine *weiße* Frau gewesen sei und dass auch ein Vertreter des Unternehmens im Hippo gesessen sei. Das wurde von der Polizei dementiert.[42]

In jedem Fall machten die fünf madoda klar, dass alles, was sie wollten, ein Gespräch mit ihrem Arbeitgeber sei. Sie wollten, dass er zum Berg kommt, aber wenn nötig würden sie auch zu ihm gehen. Die Polizei verließ die Arbeiter_innen in dem Glauben, dass sie den Arbeitgeber über ihren Wunsch informieren werde. Als sie aber am nächsten Tag, am Mittwoch, dem 15. August, zurückkehrte, kam sie ohne einen Vertreter des Arbeitgebers

---

Sprachen, darunter Setswana (die wichtigste lokale Sprache), sowie Englisch und Afrikaans durchsetzt. Fanakalo wird von stärker politisierten Arbeiter_innen kritisch betrachtet, weil sie in ihr die Sprache der Unterdrücker sehen; Minengesellschaften verwenden heute Englisch als offizielle Sprache, aber Fanakalo ist immer noch weit verbreitet.

42 Minenarbeiter 3.

zurück.[43] Lonmin verweigerte jedes Gespräch mit seinen streikenden Arbeiter_innen. Laut einem Streikführer würden nur drei der fünf madoda das bevorstehende Massaker überleben.[44]

Später am Mittwoch, gegen Sonnenuntergang, kam Senzeni Zokwana, der Präsident der NUM, in einem Hippo an. Minenarbeiter 10 beschwerte sich: „Wir sahen ihn nicht, wir wurden bloß informiert, dass wir auf unseren Führer horchen sollten." Minenarbeiter 1 stimmte mit ihm überein: „Er befand sich nicht an dem Ort, von dem aus er mit uns als unser Führer, unser Präsident sprechen hätte sollen. Er sprach mit uns, während er in einem Hippo saß. Wir wollten, dass er gerade heraus mit uns spricht, wenn er schon sprechen wollte." Seine Botschaft war eine einfache, ja plumpe: „Herr Zokwana sagte, er sei einzig gekommen, um uns zu sagen, dass wir wieder an die Arbeit gehen sollten; sonst werde er mit uns über gar nichts sprechen."[45] Offensichtlich wiederholten die Arbeiter_innen ihre Forderung, dass sie nur mit dem Arbeitgeber sprechen würden, nicht mit Zokwana.[46] Fünf Minuten, nachdem Zokwana ging, kam Joseph Mathunjwa, der Präsident von AMCU an; obwohl er von einem Hippo begleitet wurde, kam er in seinem eigenen Wagen.[47] Laut Minenarbeiter 6 sagte Mathunjwa, dass er mit den Streikenden sympathisiere, warnte sie aber, dass auch ihm verwehrt worden sei, mit dem Arbeitgeber zu sprechen. Er fügte aber hinzu, dass er, weil er Mitglieder bei Karee habe, erneut versuchen werde, ihn am nächsten Tag zu treffen.

Am Mittwoch hatte sich die Polizeipräsenz verstärkt, und am Donnerstag, 16. August, kamen frühmorgens noch mehr Kräfte an. Diesmal wurde die Polizei von „Soldaten" begleitet, möglicherweise einer paramilitärischen Polizei, die in ähnlichen Uniformen

---

43 Minenarbeiter 3.
44 Siehe Ansprachen, Seite 91ff.
45 Minenarbeiter 8.
46 Minenarbeiter 8.
47 Minenarbeiter 8.

Vertreter des Arbeiter_innenkomitees in Verhandlung mit der Polizei; Nachmittag, 15. August 2012. (Greg Marinovich)

steckten wie Soldaten.[48]. Auf Anhängern wurde NATO-Draht[49] herbeigebracht (den die Arbeiter_innen meist als Stacheldraht bezeichneten).[50] Minenarbeiter 9 sagt, dass die Arbeiter_innen nach anderen Kolleg_innen „gerufen" hatten, damit diese sich ihnen anschlössen. Am frühen Nachmittag an diesem verhängnisvollen Tag kam Mathunjwa zurück, diesmal ohne Eskorte.[51] Laut Minenarbeiter 10 erzählte er seiner Zuhörer_innenschaft, dass der Arbeitgeber nicht zu ihrem vereinbarten Treffen gekommen war mit der Ausrede, er sei auf einem anderen Treffen (ver-

---

48   Die Polizei setzte Polizist_innen aus drei verschiedenen Einheiten ein: Tactical Response Teams (TRT), National Intervention Unit (NIU) und Visible Police Unit (VisPol). Transkript 10: 1158.

49   AdÜ: Im Englischen wird zwischen *barbed wire* und *razor wire* unterschieden. Im Deutschen entsprechen dem *Stacheldraht* und *NATO-Draht*. Letzterer ist mit seinen aufgeschweißten Klingen bedeutend gefährlicher als Stacheldraht. Er wurde offensichtlich in Marikana benutzt.

50   Minenarbeiter 8 und 9.

51   Minenarbeiter 10.

mutlich mit Polizeichefs).[52] Minenarbeiter 10 ergänzte, dass
Mathunjwa den Arbeiter_innen mitteilte, die Streikenden sollten an die Arbeit zurück gehen, denn wenn sie länger beim Berg
blieben, könnten eine Menge Menschen sterben. Dieser Ratschlag
löste einigen Zweifel aus. Die Antwort von Minenarbeiter 2 beispielsweise war, dass Mathunjwa „gehen soll, denn wir sind keine
AMCU-Mitglieder, wir sind NUM-Mitglieder". Die Antwort von
Minenarbeiter 8 lautete, dass sie am Berg gemeinsam gegessen hatten und gemeinsam um das Feuer gesessen seien, es war wie ein
Zuhause. Sie würden nicht gehen, sagte er, und fügte hinzu, dass
„wir hier keine Gewerkschaft mehr wollen". Die Stellungnahme
von Minenarbeiter 9 war wiederum etwas anders: „Wir sagten,
Genosse, geh nach Hause. Du hast dein Bestes getan, aber wir werden hier nicht weggehen, ehe wir die 12.500 Rand bekommen, die
wir fordern und wenn wir in diesem Kampf sterben müssen, dann
soll es sein." Schon in diesem letzten Satz hallt eine berühmte
Rede von Nelson Mandela nach.[53] Minenarbeiter 9 fuhr in diesem Kontext fort, auch wenn er dem eine andere Wendung gab. Er

---

52 Rede von Jeff Mphahlele.

53 AdH: 1963 kam es zum „Rivonia-Prozess" gegen Mitglieder von
Umkhonto weSizwe, der bewaffneten Untergrundorganisation des ANC
– darunter auch Nelson Mandela. Gegen Ende des Prozesses rechneten
die Angeklagten mit der Todesstrafe. Nelson Mandela, selbst Anwalt, verteidigte sich selbst. In seinem vierstündigen Schlussplädoyer ging es ihm
jedoch nicht darum, sich als unschuldig im Sinne der Anklage darzustellen. Er nutzte die Rede vielmehr als seine wahrscheinlich letzte Möglichkeit, den Apartheidstaat vor den Augen der Weltöffentlichkeit anzuklagen
und sein „politisches Testament", wie es in seiner Biographie heißt, abzu-
legen. Die Rede endet mit den Worten: „Ich habe gegen *weiße* Vorherrschaft gekämpft, und ich habe gegen Schwarze Vorherrschaft gekämpft.
Ich habe das Ideal einer demokratischen und freien Gesellschaft hoch-
gehalten, in der alle Menschen in Harmonie und mit gleichen Möglichkeiten zusammenleben. Es ist ein Ideal, für das ich zu leben und das ich
zu erreichen hoffe. Doch wenn es sein muss, so bin ich bereit für dieses
Ideal zu sterben." Mandela und viele seiner Kollegen wurden – zu ihrem
eigenen Erstaunen – „nur" zu lebenslanger Haft verurteilt. Mandela wie-
derholte diese letzten Sätze seines Schlussplädoyers am 11. Februar 1990 in
der ersten Rede nach seiner Freilassung in Kapstadt. Es war Cyril Ramaphosa, der ihm dabei das Mikrofon hielt. Siehe: Nelson Mandela, *Der
lange Weg zur Freiheit* (Fischer, Frankfurt/Main 1997), S. 415ff.

sagte: „Wir sollten sprechen und verhandeln, indem wir streiken; so hat auch Mandela für unser Land gekämpft." Mathunjwa startete einen letzten Versuch, die Arbeiter_innen zu überreden. Er fiel auf die Knie und bat sie, zu gehen.[54] Nur wenige folgten seinem Aufruf. Zwanzig Minuten später begann das Massaker.

Das Massaker am 16. August 2012

Es gibt Fotos der versammelten Arbeiter_innen, als Mathunjwa mit ihnen sprach, ehe er die Szenerie verließ (siehe Bild auf Seite 175). Sie bilden eine große Menge, gut 3.000 Menschen stark, verstreut auf dem Berg, dem Hügel nördlich von ihm und dem tiefer gelegenen Gelände dazwischen (siehe Karte 7). Sie wirken friedlich, bedrohen niemand. Dennoch wurden rasch zusätzliche bewaffnete Polizisten rund um den Berg in Stellung gebracht; einige wurden in neue Positionen beordert, wodurch die Arbeiter_innen gänzlich umzingelt wurden. Die meisten dieser Manöver wurden von Streikenden, die immer noch am Berg saßen, beobachtet. Die Medien zogen sich schnell von ihren Positionen am Fuß des Berges in sicheres Gelände zurück, von wo aus sie den Beginn des Massakers beobachten konnten.[55] Minenarbeiter 8 deckt die direkte Mitwirkung von Lonmin auf. Zwei „große Busse aus der Mine" kamen an, sie brachten noch mehr Polizisten. Auch „Soldaten" tauchten auf den Dächern ihrer Hippos auf. Später entdeckten wir, dass es Fahrzeuge aus jeder benachbarten Provinz gab, und es scheint, dass es sogar eines, vielleicht sogar mehrere, aus dem Eastern Cape gab. Minenarbeiter 4 erzählt von Streikenden, die mit Kumpeln aus Städten in der Transkei plauderten, und ein Zeuge, er wird von Greg Marinovich zitiert, erwähnte, dass ihm erzählt worden sei, dass ein Polizist aus dem Eastern Cape behauptete „es gab ein unterzeichnetes Papier, das den Schusswaffengebrauch erlaubte".[56] Minenarbeiter 7 sagt: „Was mich wirklich erstaunte, war, dass der LKW, der Wasser, und ein anderer, der Tränengas mit sich führte, nie in der Nähe waren;

---

54   Minenarbeiter 2.
55   Minenarbeiter 6.
56   Greg Marinovich, „The Cold Murder Fields of Marikana". *Daily Maverick*, 8. September 2012.

die beiden waren immer weit hinten." Unheilverkündend waren
bereits Rettungsfahrzeuge der Mine anwesend, als die Schießerei
begann.[57]

Was die Streikenden wirklich besorgt machte, war, dass sie
sahen, wie die Polizei rasch den NATO-Draht auswickelte, wozu
sie zwei oder mehr Hippos einsetzte (siehe Karte 7). Die Karte zeigt
die ungefähre Position des Drahtes, der in einer Linie nördlich
von einem Strommast positioniert wurde, nahe der elektrischen
Relaisstation, dann einen Schwenk zur Rechten machte, in Richtung eines kleinen kraals* (der erste von dreien in dieser Gegend).
Minenarbeiter 2 sagte, sie seien „eingehegt worden, mit einem
Drahtzaun, als wären wir Kühe"; eine der Frauen der Minenarbeiter sagte, dass die Einzäunung wie für „Ratten und Hunde" war.[58]
Diese Kommentare sind bedeutend, denn die Polizei hatte damit
begonnen, die Arbeiter_innen zu behandeln, als wären sie keine
menschlichen Wesen mehr. Eine Gruppe der Führer der Minen-
arbeiter_innen, unter ihnen Mambush, versuchte, bei der Polizei zu protestieren, nahe einem Punkt, der auf der Karte 7 mit
„+" markiert ist. Ihre Bitte, dass ein Ausgang offen bleiben soll,
damit Streikende wie Menschen den Ort verlassen könnten, stieß
auf taube Ohren. Mit ihren auf die Arbeiter_innen gerichteten
Gewehren war klar, dass die Polizei nun bereit war, Waffengewalt
anzuwenden. Eine große Anzahl von Streikenden hastete in Richtung Nordosten in Richtung Nkaneng, wo viele von ihnen lebten.

Nun wurde der erste Schuss abgegeben. Laut einem Mitglied unserer Referenzgruppe kam dieser von einem Punkt hinter
jenen Minenarbeitern, die sich in Richtung Nkaneng bewegten,
aus dem Nordosten; der Schuss tötete einen Arbeiter an einem
Punkt nahe dem zweiten „+" auf der Karte 7. Einige fliehende
Streikende, unter ihnen mehrere Führer, wandten sich nun nach
rechts, in der Hoffnung, durch einen schmalen Spalt zwischen
dem Zaun und dem ersten kraal zu entkommen. Viele aber gingen
weiter; deshalb gab es nie „Horden von bewaffneten Kämpfern",
die dieser Gruppe von Führern folgte, wie in manchen Medien
suggeriert wurde, nicht aber in TV-Aufnahmen zu sehen war. Eine

---

57 Minenarbeiter 8.
58 Interview mit der Frau eines Minenarbeiters.

Frau, eine Zeugin, wies später darauf hin, dass die Streikenden beim Laufen ihre Waffen nach unten gerichtet hielten, und deshalb keine Bedrohung darstellten; genau dies sieht mensch auf mehreren Fotos.[59] Es war zu spät. Der Weg der Führer wurde von Hippos blockiert, so gingen sie in die Falle. Minenarbeiter 2 erinnerte sich: „Die Leute wurden nicht umgebracht, weil sie kämpften… Wir wurden beschossen, während wir rannten. [Wir] gingen durch die Öffnung und deshalb wurden wir beschossen."

Es wurde Feuerbefehl gegeben. Das Kommando kam vermutlich von einem *weißen*, der den Befehl erteilte, indem er – nach Minenarbeiter 6 – das Wort „rot" verwendete.[60] Es gab keine Warnschüsse.[61] Laut Minenarbeiter 2, der vor Ort war, war „die erste Person, die zu schießen begann, ein Soldat in einem Hippo; er hat nie einen Warnschuss abgegeben, er schoss einfach genau auf uns." Innerhalb von Sekunden waren sieben Arbeiter tot, umgebracht von automatischen Waffen vor den TV-Kameras (siehe Karte 7). Auf Fotos ist zu sehen, dass ihre Körper auf einen Haufen geworfen wurden, neben einer Baracke. Augenblicke später wurde eine andere Gruppe von fünf Männern umgebracht, ihre Körper gegen einen kraal gequetscht, als seien sie im Eck, ohne Fluchtmöglichkeit. Minenarbeiter 8 fragte: „Es empört mich sehr, wenn die Polizei sagt, sie habe sich selbst verteidigt; wogegen sollten sie sich denn verteidigt haben?"

Einige aus der Führungsgruppe schafften es, umzukehren. Sie schlossen sich anderen Arbeiter_innen an und zerstreuten sich wieder in alle Richtungen. Viele flohen nach Norden; einige gingen nach Westen in der Hoffnung, Marikana zu erreichen; wiederum andere rannten einfach so weit sie konnten und so rasch sie ihre Füße tragen konnten; und einer zumindest kroch eine lange Strecke am Boden, in der Hoffnung, den Kugeln und Hippos zu entgehen.[62] Es ist kaum vorstellbar, wie entsetzlich und schrecken-

59 Genevieve Quintal, „Marikana commission, observers visit hostels, site of shootings", *Business Day*, 3. Oktober 2012.

60 Siehe auch die Rede von Bhele, Seite 91ff.

61 Ein Video, das der Untersuchungskommission vorgeführt wurde, zeigt, dass das Tränengas erst 20 bis 30 Sekunden vor den ersten Schüssen versprüht wurde. Transkript 17: 1862.

62 Minenarbeiter 4.

erregend die Situation gewesen sein muss. Überall standen bewaffnete Fahrzeuge herum; in der Luft waren Hubschrauber; berittene Polizei galoppierte hin und her; Polizisten patrouillierten zu Fuß; Blendgranaten machten einen Lärm so laut wie eine Bombe; Tränengas; Wasserwerfer; Gummigeschosse; scharfe Munition; und Leute wurden von Injektionsspritzen getroffen. Das war kein Polizeieinsatz zur Aufrechterhaltung der öffentlichen Ordnung, das war Krieg. Ein Streikführer bemerkte: „Wasser, das oft eingesetzt wird, um die Leute zu warnen, wurde erst später verwendet, nachdem eine Menge Leute bereits erschossen worden war.".[63] Vielleicht als Bestätigung dafür fanden wir am 20. August blau-grünes Wasserwerfer-Färbemittel westlich des Berges, weit entfernt von der ursprünglichen Frontlinie. Ähnlich äußerte sich Minenarbeiter 10: „Sie haben gelogen über den Einsatz der Gummigeschosse. Sie haben sie nicht verwendet." Ich habe davor noch nie von einem Einsatz von Injektionsspritzen gehört, und es muß weiterhin offen bleiben, warum und für welche Wirkung sie verwendet wurden. Zahlreich waren auch die Klagen, dass Arbeiter_innen von Hippos überrollt und so getötet wurden.[64] Einige waren vom Tränengas benommen gemacht worden; einige sind vermutlich gestolpert.[65] Einige Leute, mit denen wir sprachen, beschrieben verstorbene Arbeiter, deren Körper so schlimm zerquetscht waren, dass sie nur über ihre Fingerabdrücke identifiziert werden konnten. Hubschrauber setzten eine ganze Palette an Waffen ein.

Von den 34 Arbeitern, die am 16. August abgeschlachtet worden sind, starben 20 beim ersten Angriff und gleich danach. Die restlichen wurden an einer anderen Stelle umgebracht. An einem Ort, der als Kleinkopje bekannt ist. Südafrika ist übersät mit solchen kleinen Hügeln; es scheint angebrachter, diesen als Mörderkoppie (Killing Koppie) zu bezeichnen. Hier, rund 300 Meter westlich des Berges, auf niedrigen Felsen, die von Büschen und Bäumen umgeben sind, brachte die Polizei 14 Arbeiter um. Auf einer grasbewachsenen Ebene mit nur wenigen größeren Büschen war das offensichtlich ein Ort, um sich vor Kugeln und Hippos

---

63   Siehe die Rede eines Streikführers, Seite 91ff.
64   Minenarbeiter 1, 2 und 8.
65   Minenarbeiter 10.

zu verstecken. Aber es war für die Polizei relativ einfach, ihn zu umzingeln und dann einzumarschieren, um zu morden. Arbeiter erzählten uns, dass zwei Hubschrauber aus dem Norden kamen und dort paramilitärische Ausrüstung absetzten; zwei oder drei Hippos kamen aus dem Süden herbei. Minenarbeiter 9 erzählte uns: „Dorthin sind einige unserer Mitglieder hingegangen und kamen nie zurück … die Leute, die in den Busch rannten, waren jene, die später abtransportiert wurden [in Rettungs- und Polizeifahrzeugen]". Am 20. August, als wir zum Killing Koppie gingen, fanden wir auf den Felsen nicht nur mit gelber Farbe gesprayte Buchstaben, die die Orte markierten, von denen Leichen entfernt worden waren. Wir sahen auch Pfützen und kleine Rinnsale von getrocknetem Blut, die von dem grün-blauen Färbemittel verfärbt waren. Minenarbeiter 5 war am Koppie dabei; er ist einer der Glücklichen, die es überlebt haben. Er erinnert sich: „Wenn du die Hände hoch genommen hast, wurdest du erschossen." Unnötig zu sagen, er hob seine Hände nicht; sondern, so sagt er: „Ich wurde von einem Gentleman festgenommen, der indische Vorfahren hat. Er hielt mich und als ich versuchte aufzustehen, wurde ich mit Gewehren geschlagen; er stoppte sie." Ein Tropfen Menschlichkeit in einem Meer von Bestialität. Einige Arbeiter wurden angeblich entwaffnet und dann von der Polizei erstochen (das hörten wir von einer Anzahl von Streikenden, unter ihnen Minenarbeiter 5). Welchen Blickwinkel mensch auch immer bezüglich der ersten Morde einnehmen mag, es ist klar, dass die Männer, die an dem Killing Koppie starben, vom Schlachtfeld flüchteten. Mehr noch, die genauen Fundorte der Toten und die Autopsieergebnisse stützen den Vorwurf von Minenarbeiter 5. Sie führen zur Schlussfolgerung, dass Killing Koppie der Ort kaltblütiger Morde war.[66]

Unmittelbare Folgen

Diejenigen, die verhaftet wurden, mussten grobe Misshandlungen und Folter ertragen. Bald nach seiner Verhaftung wurde Minenarbeiter 5 von der Polizei – äußerst gehässig, wie mir scheint – erklärt: „Wir haben hier eine Menge Witwen gemacht … wir haben all diese Männer getötet." Wie die meisten verhafteten

---

66 Siehe Marinovich, „The Cold Murder Fields of Marikana".

Erste Morde. Diese
Fotos wurden aufge-
nommen, kurz nach-
dem die Polizei das
Feuer eröffnet hatte.
(Bild oben: *Amandla*
magazine, Bild mitte:
Amandla magazine,
Bild unten: Reuters/
The Bigger Picture)

Überlebenden wurde er zuerst in einer Anlage von Lonmin festgehalten, bekannt als B3. Er dachte sich: „Es schien, als unterstünde
die Polizei nicht der Regierung, sondern Lonmin." Später wurde
er in eine Polizeistation überstellt, wo er auf dem Betonboden
schlafen musste, ohne Decke (mitten im Winter). Er erhielt nur
Brot und ungezuckerten Tee, konnte seine Tuberkulose-Medika-
mente nicht einnehmen; ihm wurde ein Telefonat mit seinen Kindern verweigert, obwohl er Witwer ist. Andere Gefangene wurden
gefoltert. Zu Beginn der Auseinandersetzungen hatte Minenarbeiter 8 geglaubt, die Polizei würde die Arbeiter_innen vor der NUM
schützen. Nach dem Massaker war er außer sich: „Ich brauche sie
nur zu sehen und sie kommen mir wie Hunde vor… wenn ich
jetzt einen Polizisten sehe, könnte ich in die Luft gehen … Ich
traue ihnen nicht mehr, sie sind wie Feinde."

Das Massaker war eine extrem traumatisierende Erfahrung
für all seine Opfer. Minenarbeiter 1 erinnert sich: „Am 16. litten wir, aber mehr noch litten wir … am 17. … Denn [wenn]
ein [Genosse] nicht zurückkehrte … wussten wir nicht, ob er tot
war oder was los war." Minenarbeiter 8 bezog sich auf sein histo-
risches Wissen, aber das konnte sein Leid nicht überdecken. „Hör
zu, Mann", begann er, „mein Kopf arbeitete an diesem Tag nicht;
ich war sehr, sehr betäubt und sehr, sehr nervös, denn ich hatte
Angst. Ich hatte von solchen Dingen keine Ahnung. Ich wusste
nur aus der Geschichte über Dinge, die geschehen waren, wie
1976 [Soweto] und 1992 [B(h)isho*]." Als er das mit der Gegenwart verband, fuhr er fort: „Sieh mal, ich habe von Massakern
gehört. Üblicherweise habe ich darüber nur etwas im Geschichtsunterricht gehört, aber an diesem Tag kam die Geschichte zurück,
nun habe ich sie erlebt. Sogar jetzt, wenn ich mich erinnere, fühle
ich mich schrecklich, und wenn ich daran denke, werde ich immer
noch ganz traurig."[67] Für Minenarbeiter 10 war das Trauma mit
einer politischen Einschätzung verbunden. Er begann: „Ich bin
immer noch traumatisiert von dem Vorfall. Selbst wenn ich das
im Fernsehen sehe, bekomme ich immer noch Angst, denn ich

---

67 „1976" verweist auf den Aufstand in Soweto*. „1992" bezieht sich auf
    das Boipatong-Massaker und/oder das Bisho-Massaker*. Dieses Interview
    wurde am 19. September geführt, also einen Monat nach dem Massaker.

Gelbe Buchstaben auf den Felsen des Killing Koppies markieren, wo die Leichname – in diesem Fall jene von „G" und „H" – aufgefunden wurden.
(Peter Alexander)

konnte in den Tagen nach dem Vorfall nicht schlafen." Dann schloss er: „Noch schlimmer ist, dass uns das von einer Regierung angetan wurde, von der wir dachten, dass sich die Dinge – mit Zuma[68] an der Macht – ändern würden. Aber wir werden immer noch unterdrückt und misshandelt."

Das Blutvergießen, die Gräueltaten und das durch das Massaker verursachte Leid hätten zum Zusammenbruch des Streiks führen können. Das war, was Lonmin, die Polizei und die NUM erwarteten. Aber es geschah nicht. Irgendwie schafften es überlebende Führer, die Arbeiter_innen zu treffen und ihre Entschlossenheit, den Kampf zu gewinnen, anzustacheln. Das muss großen Mut und Entschlossenheit geschaffen haben. Schließlich stimmte das Unternehmen zu, mit den Arbeiter_innen zu sprechen. Nachdem es diesen Schritt gesetzt hatte, gestand es starke Lohnerhöhungen (22 Prozent für Bohrhauer) sowie einen Bonus von 2.000

---

68   AdH: Jacob Gedleyihlekisa Zuma, geboren 1942, ist seit 2007 Vorsitzender des ANC und seit 2009 Staatspräsident Südafrikas.

Rand für die Wiederaufnahme der Arbeit zu.[69] Als dieses Ergebnis am 18. September veröffentlicht wurde, wurde es von den Arbeiter_innen wie ein Sieg gefeiert, der es auch tatsächlich war. Das Ausmaß dieses Sieges wurde bald klarer; es zeigte sich in einer massiven Welle von ungeschützten Streiks, angeführt von Basiskomitees, die sich über die Platinminen ausbreiteten, in Goldminen und anderen Bergwerken sowie mit Auswirkungen auf andere südafrikanische Industrien. 34 Arbeiter wurden von der Polizei am Schlachtfeld von Marikana umgebracht, aber sie starben nicht umsonst.

69   Die Lohnerhöhungen reichten von 11 bis 22%. Die Löhne der Bohrhauer wurden von rund 9.080 Rand monatlich auf 11.078 Rand erhöht (der erste Betrag ist niedriger als der, den das Unternehmen davor genannt hatte).

3. Hintergrundinterviews

Geführt von Thapelo Lekgowa und Peter Alexander

Joseph Mathunjwa, Präsident der Association of Mineworkers and Construction Union

JOSEPH MATHUNJWA: Ich wurde 1965 geboren. Ich komme aus einer Priester-Familie, die bei der Heilsarmee beschäftigt war. Die Verwandten meiner Mutter lebten um Johannesburg, Witbank, Ermelo. Einige von ihnen waren Minenarbeiter_innen. Nach dem Gymnasium kam ich auf der Suche nach einem Job nach Witbank. Ich konnte mit meiner Ausbildung nicht weitermachen, mein Vater verdiente nicht genug, um mich zu unterstützen. Ich begann rund um Witbank am Bau zu arbeiten, in der Nähe der Minen. Dann ging ich zu Tweefontein Colliery. Dort war ich nicht lange. Danach ging ich zu Douglas Colliery.[1] Ich arbeitete im Labor und später in der Materialabteilung, aber das wurde nicht als Angestelltenjob betrachtet, denn innerhalb derselben Abteilungen wurden diese Jobs auch klassifiziert nach *Farbigen*, *Inder_innen* und *weißen*. Wir waren damals in der Kategorie 3 bis 8, aber die anderen waren in höhere Kategorien eingestuft.

INTERVIEWER: Erinnerst du dich an den Streik 1987*? Meiner Erinnerung nach war einer der Punkte in Witbank der, dass die Arbeiter_innen die hostels zu Familienhostels machen wollten.

JOSEPH MATHUNJWA: Daran erinnere ich mich. Das dauerte einen Monat lang. Ich denke, es war eine Kombination aus vielen Punkten, es ging nicht nur um die hostels. Ich wurde von der NUM gerufen.

---

1   AdÜ: Tweefontein Colliery und Douglas Colliery sind südafrikanische Kohle-Bergbauunternehmen.

INTERVIEWER: Von damals bis zum Zeitpunkt, als die AMCU gegründet wurde, waren es rund 13 Jahre. Kannst du dich noch gut daran erinnern, was du in dieser Periode gearbeitet hast?

JOSEPH MATHUNJWA: Ich glaube, von 1986 an war mein Auftreten am Arbeitsplatz spürbar, denn ich wartete nicht darauf, einer Gewerkschaft beizutreten, um zu sagen, wie ich die Dinge sehe. Erstens begriff ich, dass wir in dem hostel eingesperrt waren. [Denn] es gab keinen Transport für Schwarze Arbeiter_innen von und zu ihren townships, damit sie mit ihren Familien zusammen sein können. Da war ich die erste Schwarze Person, die in einen *weißen* [Bus] sprang, 1986. So setzte ich meine Fahrt nach Hause durch. Daran anschließend war ich die erste Schwarze Person, die in einen *weißen* Freizeitclub innerhalb der Mine eintrat. Damit handelte ich mir eine Menge Schwierigkeiten mit dem Minenmanagement ein. Ich war die erste Schwarze Person bei Douglas, die eine Kampagne [für] Arbeiter_innen anführte, damit sie Häuser außerhalb der Minengrundstücke erhielten. Ich habe also eine Menge Kampagnen geleitet. Das war 1986. Es gab die NUM, aber sie war nicht wirklich, wie soll ich sagen, brauchbar für Probleme, die außerhalb der Mine lagen. Sie war mehr konzentriert auf Anhörungen in Disziplinarverfahren, hatte aber nicht diesen globalen Zugang zu sozialen Fragen.

INTERVIEWER: Wie hast du dich und die Leute organisiert? Wie bist du vorgegangen?

JOSEPH MATHUNJWA: Ich ging zu den Treffen, und die Leute hörten mir zu. Dann ging ich ins Büro des obersten Bosses. Das begann alles, als ich gewaltsam in den Bus für *weiße* einstieg. Danach waren die Manager sehr interessiert. „Wer ist der Kerl?" Sie sagten: „Es gibt die Gewerkschaft." Ich sagte, die Gewerkschaft kümmert sich nicht um diese Fragen. Dann fragten sie: „Welche Punkte noch?" Dann machte ich eine Liste mit diesen Punkten, und ich begann eine Kampagne für diese Themen.

INTERVIEWER: Erinnerst du dich an Ereignisse während der 1990er Jahre?

JOSEPH MATHUNJWA: Ich erinnere mich noch daran, dass da Genosse Mbotho war, aus Pondoland, er ist inzwischen verstorben. Er war sehr stark. Er war eine Art Vorsitzender der NUM bei Van

Dyk's Drift. Er war ein sehr starker Mpondo.[2] Ich erinnere mich, er organisierte einen eindrucksvollen Boykott der Horse-Trailer-Busse, die den Transport von den hostels zu den Schächten durchführten. Wie soll ich das erklären? Du hast das Zugfahrzeug eines Sattelschleppers, und daran hängt ein Teil, ähnlich wie ein Bus. Aber kein richtiger Bus. Du siehst nicht, wohin du fährst, du bist einfach drinnen, so als wärst du ein Pferd, das transportiert wird. Wie Rennpferde transportiert werden. Er [der Manager] änderte das dann, so kamen die Arbeiter_innen zu ordentlichen Bussen.

INTERVIEWER: Später wurdest du dann aus der NUM ausgeschlossen, also musst du ihr irgendwann auch beigetreten sein?

JOSEPH MATHUNJWA: Ja. Den Arbeiter_innen fiel dieser junge Minenarbeiter auf, und sie sagten: „Du musst zur NUM kommen, um für all die Dinge [zu kämpfen], die die Arbeiter_innen betreffen." So trat ich der NUM bei; dem Management gefiel überhaupt nicht, wie diese Dinge aufgegriffen wurden, also wurde ich versetzt… Als sie merkten, dass ich an fast allen Treffen teilnahm [und] mein Einfluss auf die Arbeiter_innen wuchs, versetzten sie mich in eines ihrer Büros. Sie nennen es „überflüssiges Lager", dort landen alle Dinge, die nicht mehr gebraucht werden. In gewisser Hinsicht war es wie Robben Island*. Du bist nicht unter den Arbeiter_innen; du kannst an keinen Treffen teilnehmen. Um zu einem Treffen zu kommen, musste ich über 20 Kilometer fahren, [und] wenn du ankommst, ist das Treffen bereits zu Ende. Aber wie auch immer, als Teil der NUM wurde ich zum shaft steward (Schacht-Vertreter) gewählt. So vertrat ich die Arbeiter_innen. Ich erinnere mich noch, es gab einen schlimmen [Unfall] unter Tage, ein Arbeiter starb auf mysteriöse Weise, deshalb wurden wir gerufen. Sie [die Anwält_innen des Unternehmens] wollten, dass wir ein vorbereitetes Dokument unterzeichnen. Ich sagte: „Warum sollen wir das Ding unterschreiben?" Sie sagten: „Nun, es geht um die Person, [die] gestorben ist, deshalb müssen wir uns alle absichern." Ich sagte: „Warum sollten wir uns als Gewerkschafter_innen absichern müssen, wenn wir gar nicht

---

2   AdÜ: Gruppe innerhalb der isiXhosa-Sprecher_innen, v.a. im Eastern Cape in Südafrika ansässig.

in dieser Gegend arbeiten?" So habe ich sie herausgefordert. Die meisten Schacht-Vertreter_innen haben diese Dokumente unterzeichnet.

INTERVIEWER: Bist du nur für deine Abteilung ein Schacht-Vertreter gewesen oder für die Mine selbst? Wie warst du in dieser NUM-Zweigstelle organisiert?

JOSEPH MATHUNJWA: Für die Abteilung, über Tage. Es gab das Zweigstellen-Exekutiv-Komitee und das Schacht-Vertreter_innen-Komitee. Eine Zweigstelle deckt eine Mine ab.

INTERVIEWER: Und die Arbeiter_innen trugen ihre Beschwerden diesem Schacht-Vertreter vor?

JOSEPH MATHUNJWA: Ja, dem Schacht-Vertreter. Und der dann dem Komitee, denn wir haben unsere „unter der Woche"-Treffen, bei denen wir alle Beschwerden aus den unterschiedlichen Abteilung[en sammeln]. Damit gehen wir dann in das Massentreffen. Wir erzählen denen dort, was es so gibt; dann formulieren wir eine Agenda, um uns mit dem Management zu treffen.

INTERVIEWER: Und nun, herrscht jetzt eine völlige Trennung zwischen AMCU und NUM, in jeder Mine, oder gibt es Orte, wo sie zusammenkommen, zum Beispiel als Schacht-Vertreter_innen?

JOSEPH MATHUNJWA: Wir sind völlig getrennt voneinander. Die NUM hat ihr Schacht-Vertreter_innen-Komitee und die AMCU ihr eigenes. Und der einzige [Ort], an dem wir uns treffen, ist, wenn wir uns um Sachen wie Gesundheit und Sicherheit kümmern, um Gleichbehandlung am Arbeitsplatz und solche Dinge. Denn das sind Foren, in denen es um Gesetze geht, die also nicht von einer Gewerkschaft bestimmt werden. Aber wenn wir die Mehrheit stellen, dann bestimmt AMCU, was läuft, und wo die NUM die Mehrheit hat, bestimmt sie.

INTERVIEWER: Kommen wir zurück zu deiner Zeit in der NUM.

JOSEPH MATHUNJWA: Ich wurde Teil der NUM als ein Schacht-Vertreter. Ich begann, Fragen aufzuwerfen, wie die der Bonuszahlungen, die Arbeiter_innen unter Tage nicht erhielten. Ich fing dann an, das Management damit zu konfrontieren und sagte, Leute, die unter Tage arbeiten, bekommen keine Bonuszahlung, während die Leute, die über Tage arbeiten, sehr wohl eine bekommen. Wie soll das funktionieren? Ich kämpfte darum, bis das Management zahlte. Das war ein großer Sieg. Ich ging unter Tage und sah mir an, wie es dort läuft. Während dieser Zeit wurden Arbeiter_innen aus dem Ausland, wie die aus Mosambik, neben der Mine vergraben, wenn sie starben. Also kämpfte ich für diese Arbeiter_innen: damit sie in ihre Herkunftsorte zurückgebracht wurden, damit sie bei ihren Familien begraben werden konnten. Wir brachten das Management dazu, einen Bus mit 65 Sitzplätzen zur Verfügung zu stellen, damit die Leute zu den Begräbnissen fahren konnten. Das war ein Highlight.

INTERVIEWER: Warst du im Zweigstellen-Exekutiv-Komitee?

JOSEPH MATHUNJWA: Später wurde ich Vorsitzender der Zweigstelle. Nach all dem waren die Arbeiter_innen unzufrieden [und] sie [beschlossen], einen Misstrauensantrag gegen das gesamte Zweigstellen-Exekutiv-Komitee einzubringen. Danach wurde ich gemeinsam mit einem neuen Komitee gewählt. So hat das alles begonnen. Das Management versuchte gemeinsam mit der NUM, meine Arbeit zu sabotieren. Sie brachten einige Klagen gegen mich vor, und schließlich wurde ich rausgeworfen. Da sagten die Arbeiter_innen: „Nein, da müssen wir etwas unternehmen, denn Joseph hat für uns gekämpft. Ein Angriff auf eine_n, ist ein Angriff auf uns alle!"[3] Und sie blieben an ihren Arbeitsplätzen und kamen nicht mehr raus aus dem Untergrund.

INTERVIEWER: Wie lange blieben sie unter Tage? Laut einem Bericht waren es zehn Tage.

JOSEPH MATHUNJWA: Ja, zehn Tage. Es war schwierig. Manchmal gab es keine Lebensmittel, kein Wasser. Sie mussten das Wasser trinken, das von der Decke tropfte. Sie opferten sich auf. Es war der erste [Untergrund-Streik] in der Geschichte der Minenarbeiter_innen [in Südafrika]!

---

3   AdH: „An injury to one is an injury to all!" ist ein berühmter Slogan der Industrial Workers of the World (Wobblies), der weltweit auch von anderen Arbeiter_innenbewegungen verwendet wird.

INTERVIEWER: Nach diesem Bericht hat das Management dich wieder eingestellt. Und dann kam die NUM daher und meinte, dass du die Gewerkschaft in Verruf bringst.

JOSEPH MATHUNJWA: Genau. Ich wurde aufgefordert, mich in ihrem Hauptquartier zu melden [zu einer Disziplinar-Anhörung], unter dem Vorsitz von Gwede Mantashe [dem damaligen Generalsekretär der NUM]. Ich weigerte mich. Ich meine, Gwede war ja völlig involviert. Er kam immer wieder in die Mine und versuchte, die Arbeiter_innen zu spalten, wenn ich nicht da war – musste aber zur Kenntnis nehmen, dass die Arbeiter_innen in dem hostel zusammenhielten. Ich erinnere mich noch, es gab einen Bericht darüber, dass er davon gejagt wurde … weil er kam und Lügen über mich verbreitet hat.

INTERVIEWER: Das alles geschah 1999?

JOSEPH MATHUNJWA: Ja.

INTERVIEWER: Und dein Job?

JOSEPH MATHUNJWA: Die NUM schrieb einen Brief an das Management, sie sagten, [ich] müsse rausgeworfen werden. Dann holte mich das Management und ich sagte: „Ich bin nicht bei der NUM angestellt, und solange es meinen Job gibt, werde ich weiter arbeiten." [Also blieb ich] in Van Dyk's Drift.

INTERVIEWER: Aber du konntest nicht in der Gewerkschaft bleiben?

JOSEPH MATHUNJWA: Nein, in der Gewerkschaft nicht. Anlässlich meines Ausschlusses, oder wie immer sie es nennen, beriefen die Arbeiter_innen ein Treffen ein. Sie sagten, dass sie aus der NUM austreten werden, und das haben sie dann auch gemacht. Sie beriefen ein Treffen ein, und ich wurde eingeladen. Sie sagten, ich soll eine Gewerkschaft suchen, der sie beitreten könnten. Das tat ich. Ich interviewte mehrere Gewerkschaften. Die Arbeiter_innen waren aber unzufrieden damit. Also beauftragten sie mich, eine Gewerkschaft zu gründen. Nicht ich habe eine Gewerkschaft gegründet, sie haben mich damit beauftragt.

INTERVIEWER: Du hast also die AMCU gegründet. Wann wurde die Gewerkschaft eingetragen?

JOSEPH MATHUNJWA: 2001. Es gab nur eine Zweigstelle, die bei Douglas (d.h. Van Dyk's Drift).

Joseph Mathunjwa bei einer Rede auf einer Versammlung am 20. August 2012 in Marikana (Thapelo Lekgowa)

INTERVIEWER: Wie seid ihr dann gewachsen? Wie sieht die Geschichte eurer Gewerkschaft aus?

JOSEPH MATHUNJWA: Wir haben versucht, ein kleines Büro in der Stadt [Witbank] zu eröffnen. Damals war ich auf mich allein gestellt. Es gab keinen Sekretär. Ich habe alles gemacht – habe Leute angeworben, bin zur CCMA [Commission for Conciliation, Mediation and Arbitration][4] gegangen, habe Massentreffen abgehalten – das ging eine ganze Weile so.

INTERVIEWER: Eine der Kritiken an dir ist, dass du vom Management unterstützt worden bist, als du mit dieser Gewerkschaft begonnen hast. Was sagst du dazu?

JOSEPH MATHUNJWA: Das sind grundlose Anschuldigungen. Es gibt kein Management, das uns unterstützt hat. Es war keine einfache Beziehung. Zähl mal, wie viele Demonstrationen wir gemacht haben! … Aber wir haben das ertragen. In Douglas haben wir keinen einzigen ungeschützten Streik[5] angeführt.

INTERVIEWER: In diesen Anfangstagen, machtest du dir Sorgen um die Anwerbungen in den Minen?

JOSEPH MATHUNJWA: Ja, aber erinnere dich daran, unsere Gewerkschaft war mehr auf die Bauarbeiter_innen orientiert als

4   AdÜ: Die CCMA ist eine Körperschaft (also durch einen parlamentarischen Akt geschaffen und von der Regierung finanziert); in ihr sitzen Vertreter_innen der Arbeiter_innen und des Kapitals. Sie ist eher eine Kammer als ein Gericht. Ein_e von der CCMA (auf Zeit) ernannte_r Schlichter_in (conciliation) hilft den beiden Parteien, ein Übereinkommen zu erzielen. Ein_e Schiedsrichter_in (arbeitration) kann die Parteien dazu zwingen, ihren_seinen Schiedsspruch zu akzeptieren. Die Mediation liegt demnach irgendwo zwischen Schlichtung und Schiedsspruch. Zur Zeit nutzt die CCMA oft eine „ConArb"-Vorgangsweise, d.h. der_die Schlichter_in kann im selben Fall zum_r Schiedsrichter_in werden. Oberhalb der CCMA gibt es das Arbeitsgericht und das Berufungs-Arbeitsgericht (wobei das letztere den Status eines Obersten Gerichtshofes hat). Das Arbeitsgericht befasst sich mit verschiedenen Punkten, die beim CCMA anfallen, es kann aber auch Berufungen gegen CCMA-Sprüche behandeln, wenn es sich um Verfahrensmängel handelt (was oft der Fall ist).

5   AdH: Siehe die Kapitel „Analyse und Schlussfolgerungen", insb. S. 175 sowie „Skizze zum historischen Hintergrund von Marikana", S. 225-239.

auf die Minenarbeiter_innen. Das Baugewerbe war auch gefährlich und die Arbeiter_innen hatten keinerlei Vertretung. Also traten sie uns bei.

INTERVIEWER: Was waren die Höhepunkte, was die Tiefpunkte zwischen der Gründung der Gewerkschaft und sagen wir 2011?

JOSEPH MATHUNJWA: Ich glaube, der Tiefpunkt war, dass wir eine neue Gewerkschaft waren, und alle zierten sich, ihr beizutreten. Wir hatten keine Geschichte vorzuweisen, kamen aus einer einzigen Mine. Wie sollten wir also alle diese Minen beeinflussen? Das war eine Herausforderung. Gleich nach unserer Gründung gab es einen starken Jobabbau. Wenn ich mich nicht irre, waren 2005 die meisten unserer Mitglieder vom Jobabbau betroffen. In der AMCU meinten wir, dass das eine Art Strategie sei, um die Gewerkschaft zu destabilisieren. Die NUM unterzeichnete ein Abkommen über Belegschaftsverkleinerungen innerhalb von drei Jahren. Wir haben nichts unterzeichnet. Wir sagten, wir werden kein Drei-Jahres-Abkommen unterschreiben, das die Arbeiter_innen dem Unternehmer auf einem Silbertablett ausliefert. Und dann wurden unsere Mitglieder gekündigt.

INTERVIEWER: In welcher Mine war das?

JOSEPH MATHUNJWA: Das war in den BHP Billiton-Minen [zu denen Van Dyk's Drift gehört]. Wir haben die Sache vor das Arbeitsgericht gebracht. Das war unser Höhepunkt. Es dauerte, und es war mühsam, aber wir haben gewonnen. Das Gericht entschied zugunsten der AMCU, dass die Firma Verfahrensfehler gemacht hatte – d.h. dass sie unfair gehandelt hatte – als sie unsere Mitglieder gekündigt hatte. Also musste sie diese wieder einstellen. Ich denke, ab diesem Zeitpunkt hat sich die Mundpropaganda darüber, wie AMCU sich als kleine Gewerkschaft in diesem großen Umfeld verhielt, sehr positiv ausgewirkt.

INTERVIEWER: Wie habt ihr in anderen Provinzen Mitglieder hinzu gewonnen?

JOSEPH MATHUNJWA: Es war Mundpropaganda. Die Familien kehren nach Hause zurück – „Da gibt es eine Gewerkschaft, Leute, die müsst ihr mal ausprobieren". Und unsere Fortschritte sprachen für sich: indem wir Fälle gewonnen haben; indem wir den Auftrag der Arbeiter_innen ernst genommen haben, dass wir keine Entscheidungen treffen, ohne dazu beauftragt worden zu sein; indem wir ständig Massentreffen einberufen; indem wir die Arbeiter_innen ermutigen.

INTERVIEWER: In welchen Provinzen habt ihr zugelegt?

JOSEPH MATHUNJWA: In Mpumalanga und danach auch in KwaZulu Natal.

INTERVIEWER: Wann sind Arbeiter_innen in der Platinindustrie der AMCU beigetreten?

JOSEPH MATHUNJWA: Ich denke ab 2010. Später gab es Kündigungen bei Lonmin. Einige wurden wieder eingestellt, andere nicht. Also kamen sie zu uns. Wir hatten Mitglieder, die als Hauer_innen[6] in den Schächten von Lonmin arbeiteten, als Kontraktarbeiter_innen. Und als sich die Leute umhörten, sagten diese Arbeiter_innen, „warum probiert ihr es nicht mit dieser Gewerkschaft".

INTERVIEWER: Was war bei Impala (AdÜ: Impala Platinum, zweitgrößter Platinproduzent weltweit) los? Beim heurigen Streik [2012]?

JOSEPH MATHUNJWA: Ja, der Impala-Streik zu Beginn 2012. Die Manager jagten uns davon, sogar schon vor dem Streik. Nach dem Streik riefen uns die Leute an. Sie sagten: „Wir wollen eurer Gewerkschaft beitreten".

INTERVIEWER: Mensch kann also nicht sagen, dass dieser Streik von AMCU ausgerufen wurde?

JOSEPH MATHUNJWA: Das wäre falsch. Wir gingen nach dem Streik hin, und sie wollten Beitrittsformulare. Sie füllten sie aus und gaben sie uns. Davor waren sie an die NUM gebunden.

INTERVIEWER: Was ich noch gehört habe, vermutlich von jemandem aus der NUM, ist, dass „AMCU doch nur eine ein-Mann-Show" ist. Was sagst du dazu?

Joseph Mathunjwa: Was meinen sie denn damit? Ach ja, gut. Wenn ich gemeint bin, dann soll das heißen, dass es keine Konferenzen gibt; keine Wahlen; keine regionalen Strukturen; kein Schacht-Vertreter-Komitee. Das hat keinerlei Grundlage. Das ist das letzte Herumtreten eines sterbenden Pferdes.

---

6   AdÜ: „Hauer_in" ist die Bezeichnung für alle unter-Tag-Arbeitenden.

INTERVIEWER: Warum habt ihr euch NACTU (AdÜ: National Council of Trade Unions, eine der Dachgewerkschaften in Südafrika) angeschlossen?

JOSEPH MATHUNJWA: Als AMCU eingetragen wurde, forderten wir, dass wir uns COSATU* (AdÜ: Council of South African Trade Unions: die andere, größere Dachgewerkschaft in Südafrika) anschließen können. Das war unser erster Versuch. Sie verwiesen uns auf die NUM. Sie sagten, sie hätten eine Gewerkschaft, die die Minen vertritt, also müssten wir uns mit der NUM verständigen. Ich sagte, „ihr Jungs wisst ganz genau, was geschehen ist". Also gingen wir zu NACTU.

INTERVIEWER: Wie stehst du zur Arbeit von Frauen in den Minen?

JOSEPH MATHUNJWA: Ich denke, es ist nicht wirklich ein förderlicher Ort für Frauen, vor allem unter Tage – schwere Maschinen – aber wir können nicht sagen, dass sie dort nicht arbeiten dürfen, es geht eher um die Belastung, um Diversität und so weiter.

INTERVIEWER: Habt ihr Frauen, die für AMCU als Schacht-Vertreterinnen arbeiten?

JOSEPH MATHUNJWA: Ja, haben wir. Sie arbeiten sogar in den regionalen Strukturen.

INTERVIEWER: Haben sie frauenspezifische Forderungen, wie etwa die Thematisierung von Übergriffen unter Tage?

JOSEPH MATHUNJWA: Es geht ihnen um Erleichterungen, um verbesserte Infrastrukturen. Frauen sind nicht (gut) versorgt. (AdÜ: *Auf Nachfrage erklärt Peter Alexander, dass er hier eigentlich nachfragen wollte. Er nimmt an, dass Mathunjwa vor allem auf die Frage der Toiletten angespielt hat. Unter Tage verrichten Arbeiter_innen ihre Notdurft üblicherweise einfach am Boden, oder sie verwenden einen Kübel, es gibt hierfür keinerlei Privatsphäre. Frauen kämpfen um diese. Bis vor kurzem gab es über Tage keine separaten Toiletten für Frauen, das scheint sich aber geändert zu haben. Darüber hinaus wurde von Frauen erwartet, dass sie dieselben Overalls tragen wie die Männer. Auch das ist eine weitere Möglichkeit, auf die Mathunjwa hier anspielen könnte.)[7]*

INTERVIEWER: Bist du gegen Arbeitsmigration, möchtest du, dass damit Schluss gemacht wird?

JOSEPH MATHUNJWA: Früher hatten wir in Afrika keine Grenzen. Es war die Kolonialisierung, mit der die Grenzen kamen.

INTERVIEWER: Wie verständigen sich die Menschen bei einem Treffen, an dem Leute mit unterschiedlichen Sprachen zusammenkommen?

JOSEPH MATHUNJWA: Sie sprechen Fanakalo. Es ist dem Zulu sehr ähnlich und auch dem Shangaan. Es ist nicht wirklich eine gute Sprache, aber es gibt sie seit Jahren hier, deshalb ist sie ein Kommunikationsmittel, um Nachrichten zu verbreiten.

INTERVIEWER: Glaubst du, dass Minenarbeiter_innen der AMCU beigetreten sind, weil die AMCU Fanakalo akzeptiert, wohingegen die NUM kritischer ist?

JOSEPH MATHUNJWA: Nein. Wenn Arbeiter_innen der AMCU beitreten, dann erleben sie eine gewisse Erleichterung. Die AMCU ist, das muss mensch verstehen, eine apolitische Gewerkschaft. Deshalb ist sie eine Gewerkschaft, die immer noch auf der Grundlage des Mandats und der Politik am Arbeitsplatz funktioniert. Unsere Entscheidungen werden also nicht von außen, von der Politik beeinflusst. Sie werden von den Mitgliedern bestimmt, und unsere Aufgabe als Führer_innen ist es bloß, diese zu leiten und zu beraten.

---

7   AdH: Siehe zu Rollen und Positionen von Frauen im südafrikanischen Bergbau allgemein: Asanda P. Benya, „Women in Mining: A Challenge to Occupational Culture in Mines", MA dissertation, University of Witwatersrand, 2009. Und zu Marikana im Besonderen: Diess., „Absent from the Frontline but not Absent from the Struggle: Women in Mining", *Femina Politica*, 01/2013. S. 144-147, siehe auch Anmerkung 13, S. 139.

Ein Bohrhauer (Rock Drill Operator)

BOHRHAUER: Um 3:30 Uhr stehe ich auf und um 4 Uhr muss ich aus dem Haus. Ich gehe etwa 1,2 Kilometer bis zur Bushaltestelle; dann nehme ich den Bus um 4:15 Uhr. Dieser Bus bringt mich aber nur bis zu Schacht K3, also muss ich noch einen Bus nehmen, der mich bis zum hostel bringt. Dort steige ich in den dritten Bus, der mich hierher nach 4B führt. Das Erste, was ich tun muss, wenn ich zur Arbeit komme, ist ordentlich einzuchecken. Es gibt hier keinen durchgängigen [Aufzug], also müssen wir alle den Lift von der Oberfläche zu Level 1 nehmen, dann einen anderen von Level 2 zu Level 6 [und] einen weiteren von Level 6 zu Level 10, wo ich arbeite. Wenn ich ankomme, muss ich wieder 800 Meter zum Aufenthaltsraum gehen. Dort wechsle ich meinen Overall und ziehe alte Sachen an, denn die Maschine[n], mit denen wir arbeiten, sind sehr schmutzig und würden den weißen Overall völlig verdrecken.

Der Teamleiter muss dafür sorgen, dass es genügend Luft zum Atmen gibt. Ich muss darauf achten, dass es genug Schläuche für Wasser und genügend Ansaugrohre gibt. Es ist nicht einfach, so eine Bohrmaschine zu bedienen. Der Bohrer ist sehr lang. Manchmal verwenden wir 2,4 Meter lange Bohrer, das sind die bevorzugten. Ansonsten nehmen wir 1,8 Meter-Bohrer. Zwei von uns arbeiten an diesen Bohrmaschinen, und jede_r hat ihre_ seine eigene Maschine. Erst sorgen wir dafür, dass (der Schacht) ordentlich abgestützt ist. Danach setzen wir den 3-Meter-Bohrer ein. Damit suchen wir nach Wasser [und] bohren drei Löcher. Danach nehmen wir den 2,4 Meter langen Bohrer, um noch mehr Löcher zu bohren. An einem Tag bohren wir üblicherweise rund 40 Löcher.

Der Job als Bohrhauer verlangt nach einer Menge Disziplin. Wenn du also trinkst und gleichzeitig eine Frau liebst, musst du dich für eines von beiden entscheiden und das andere lassen, denn dieser Job fordert eine Menge Einsatz und harte Arbeit. Darüber hinaus sind die Arbeitsbedingungen hier in der Mine überhaupt nicht gut. Es gibt strenge Regeln dafür, was du tun sollst und was nicht, aber selbst wenn du ihre Regeln befolgst, kommst du leicht in Schwierigkeiten, weil du nicht gesprengt hast, oder wegen irgendetwas anderem. Es ist verwirrend, denn sie raten uns, keine Risiken einzugehen. Aber wenn du dich an die Regeln hältst, dann nerven sie dich immer noch. Das sind also die Herausforderungen, denen wir als Bohrhauer gegenüberstehen. Zweitens ist die PPE [Personal Protective Equipement, persönliche Sicherheitsausrüstung], die wir verwenden, nicht hundertprozentig sicher. Wenn du zum Beispiel heute eine Brille benutzt, während du die Maschine bedienst, kannst du morgen nicht dieselbe Brille nehmen, weil die ist völlig verschmiert. Aber sie ordnen an, immer und immer wieder dieselbe Brille zu nehmen. Wie sollst du dieselbe Brille verwenden, wenn sie verschmiert ist? Sogar die Overalls, die sie uns geben – ein Stück alle sechs Monate – da beschweren sie sich, wenn wir unser eigenes Gewand von zu Hause mitbringen. Das tragen wir, während wir bohren. Du weißt also nie, was diese Leute wollen. Nach Schichtende müssen wir die Maschinen verpacken und Löcher laden, wie wir das nennen [Sprengstoff in die Löcher füllen].

All diese Tätigkeiten werden von uns Bohrhauern durchgeführt, [weil] wir hier [in Karee] keine Helfer_innen haben. Wie ich schon gesagt habe, diesen Job habe ich schon verrichtet, ehe ich hierher kam. In dieser Mine haben sie keine Leute, die für diese Arbeiten verantwortlich sind, also müssen wir jetzt Zusatzarbeiten verrichten. Nach all dieser Arbeit müssen wir ein Bad nehmen. Wir bevorzugen dabei sunlight liquid, denn damit geht die Schmiere besser runter als mit fester Seife. Dann ist da die Wasserfrage. Manchmal gibt es nicht ausreichend Wasser [die Duschen reichen nicht aus für die Anzahl der Männer], deshalb müssen wir völlig verschmiert und verdreckt heimgehen... In den Umkleideräumen sind zu wenig Spinde, wir können nicht alle unser Gewand dort lassen. Ich bin also gezwungen, dieses Gewand von daheim zur Arbeit und dann wieder nach Hause zu tragen, weil ich keinen Platz habe, wo ich mich umziehen könnte. Deshalb muss ich das Gewand daheim dann selbst waschen.

Eine weitere Herausforderung ist, dass die Lifte zwar morgens fahren, aber am Abend fahren sie nicht und wir müssen den ganzen Weg nach oben zu Fuß zurücklegen. Das strengt uns ordentlich an. Manchmal verspätet sich noch der Bus. Dieser

Ein Bohrhauer bei der Arbeit (Asanda Benya)

ganze Quatsch, dass eine Person im Durchschnitt acht Stunden arbeitet… trifft auf uns hier in der Mine nicht zu. Hier arbeiten wir zehn oder zwölf Stunden täglich. Das Management sorgt sich bloß darum, dass wir sprengen und bohren und sprengen. Ob du Überstunden machen musst oder nicht, das ist ihnen völlig egal. Wir kommen als erste hier in der Arbeit an, und wir sind die letzten, die gehen. [Das ist] nicht so wie bei den Leuten an den Seilwinden, die einen normalen Arbeitstag haben – sie treffen uns hier an, wenn sie kommen, und sie lassen uns dann hier zurück. Deshalb haben wir Bohrhauer uns beschwert, denn wir verrichten hier die härteste Arbeit. Um dir ein Beispiel zu geben, Frauen, die hier in den Minen arbeiten, verrichten andere Tätigkeiten, wie technische Arbeiten… und in den anderen Minen arbeiten sie an den Seilwinden und fahren die Loks, aber du wirst keine Frau finden, die als Bohrhauerin arbeitet.

Früher wurden die Bohrhauer als ungebildete Leute betrachtet. Deshalb haben sie die Bohrhauer und die Arbeiter_innen an den Seilwinden in eine Gruppe gesteckt. Damals wurden die Bediener_innen der Förderanlagen als klüger eingeschätzt, und sie verrichteten die leichteren Arbeiten, erhielten aber mehr Lohn als die Bohrhauer. Jetzt hat sich das aber geändert [und] wir begriffen, dass es nicht fair ist, wenn wir die härteste Arbeit leisten, aber immer noch so gut wie nichts dafür verdienen. Wenn die Bohrhauer beschließen, einen Tag lang nicht zu arbeiten, steht die gesamte Mine still, denn ohne uns kann nichts getan werden. Obwohl wir nach dem Streik mehr Lohn erhielten, meinen wir, dass das immer noch nicht genug ist. Denn die Bohrhauer machen die härteste Arbeit, vor allem hier in Karee. [Und zwar deshalb,] weil eine Person dafür verantwortlich ist, die Maschine zu bedienen – ohne irgendeine Hilfe. Zum Vergleich: In der West arbeiten die Leute paarweise. Hier bist du allein, ohne Helfer_in. Und wenn du dir das ansiehst, wenn irgendetwas schief läuft, beispielsweise wenn ein Luftschlauch bricht, dann würde der_die Helfer_in dich sofort unterstützen. Aber uns geht es schlecht, weil du hier alles selbst machen musst. Und wenn du mit der Maschine arbeitest, dann musst du genau die Richtung einhalten. [Auf den Felsen befinden sich Markierungen, die von Ingenieur_innen angebracht werden und die die genaue Richtung anzeigen, in die gebohrt werden muss.] Du kannst nicht einfach in die Richtung bohren, die du dir überlegt hast. Es muss genau die Richtung eingehalten werden, die rot eingezeichnet wurde.

Die Maschine zu bedienen ist die schwierigste Aufgabe; du kannst nicht heimgehen, ehe du dein tägliches Pensum nicht erledigt hast. Dieser Druck ist es, der manchmal Unfälle verursacht. Denn du stehst unter Zeitdruck, du musst immer auf die Zeit achten [und] darauf, rechtzeitig fertig zu werden. Wenn ich mit der Arbeit fertig bin, ist mein erster Gedanke, mich zu duschen, danach esse ich, und dann ab ins Bett. Wenn du als Bohrhauer deine 35 Tage Urlaub nimmst, fühlen sich diese wie sechs Monate an, und du nimmst ein wenig zu. Selbst wenn du zwei Tage lang nicht gearbeitet hast, schmerzt dich am dritten Tag dein ganzer Körper, wenn du wieder zur Arbeit gehst. Denn du bist daran gewöhnt, die ganze Zeit zu arbeiten – das ist wie Gymnastik für uns [wenn du ein paar Tage lang die Gymnastik auslässt, dann schmerzt dich dein Körper, sobald du wieder damit anfängst]. Ich schwindle nicht, das ist der schwierigste Job, den jemand machen kann und die meisten Leute wollen diese Arbeit nicht verrichten, denn sie benötigt nicht nur körperliche Stärke, sondern auch [einen] klaren Verstand. Es ist eine Kombination sowohl von mentaler als auch physischer Wachsamkeit, die du für diese Arbeit brauchst. Deshalb sage ich, dieser Job benötigt zwei Leute, nicht eine Person. Dieser Job ist also kein einfacher.

… Diese Leute, die gemeint haben, dass Bohrhauer schlichte Maschinen-Jungs (machine boys)[8] sind, dass sie Analphabeten

---

8   AdH: Im kolonialen Südafrika wie während der Apartheidzeit wurde Schwarzen Menschen systematisch der Status des Erwachsen-Seins aberkannt bzw. abgesprochen; so wurden (und werden teilweise weiterhin) auch erwachsene Schwarze meist mit „boys" und „girls" angesprochen, in den Gefängnissen wurde Schwarzen Insassen das Tragen langer Hosen nicht erlaubt usw. Schwarze Vorarbeiter in Minen wurden „boss boys" genannt – es war die höchste Position, die Schwarze Arbeiter inne haben durften. In der Bezeichnung „machine boys" ist diese rassistische Grundierung nicht zu überhören. „Boss Boys", später in Team Leader unbenannt, sind etwa dokumentiert im eindrucksvollen Fotoessayband: David

sind – wieso also wollen sie 12.500 Rand? Die bringen immer noch die alte Ausrede mit der Schulbildung, [und nur deshalb,] weil sie keine Vorstellung davon haben, wie schwierig der Bohrhauerjob tatsächlich ist. [Deshalb meinen sie,] dass peanuts für uns als Lohn ausreichen würden. Selbst die Vorgesetzten, die kommen, um uns zu überwachen, bleiben nie länger als 30 Minuten, weil sie selbst sehen können, wie schwierig der Job ist. Selbst die Regenmäntel, die wir verwenden, würdest du nicht länger als einen Tag anziehen, weil es hier so dreckig ist. Aber wir haben keine Wahl, wir müssen sie wieder anziehen, um Krankheiten zu vermeiden und uns selbst zu schützen. Damit wir nicht nass werden, denn das könnte wiederum zu Krankheiten führen.

Die Frau eines Minenarbeiters

INTERVIEWER: Alle Frauen sind [am 18. August zur Demonstration] gekommen. Seid ihr hier, um eure Männer zu unterstützen?

FRAU EINES MINENARBEITERS: Ja. Ich bin hier, um meinen Mann zu unterstützen. 27 Jahre arbeitet er schon hier. Er verdient 3.000 Rand [monatlich]. Er beginnt mit der Arbeit um 3 Uhr morgens und beendet sie um 2:30 Uhr am Nachmittag … Welcher Polizist kann von sich behaupten, dass er ein gutes Leben hat, wenn er 27 Jahre lang 3.000 Rand verdient? Seit 27 Jahren ist er jetzt hier, und jetzt errichtet die Polizei Stacheldrahtzäune. Sie errichten Zäune wie für Ratten und Hunde am Berg, sie bringen sie um. Die Arbeiter_innen schreien, sie schreien nach ihrem Geld und … SABC 1[9] lügt. Es stimmt nicht, dass „die Minenarbeiter_innen damit begonnen haben, die Polizei anzugreifen". Die Polizei hat begonnen. Wir waren alle in der Gegend, weinten, sie haben gar nichts getan. Unsere Männer sind verschwunden, wir haben sie bis heute nicht gesehen. Hier werden wir von den Grundbesit-

---

Goldblatt / Nadine Gordimer, *On the Mines* (Steidl Verlag, Göttingen 2012) S. 59.

9   AdÜ: South African Broadcasting Corporation, staatliche Fernsehstation Südafrikas.

Frauen bei einer Demonstration am 18. August 2012 in Marikana
(Thapelo Lekgowa)

zern geräumt; sie fordern ihre Miete aber es gibt kein Geld, um die Miete bezahlen zu können. Unsere Männer wurden nicht bezahlt, und ich muss sagen, [dass] mein Mann seit 27 Jahren hier ist. 27 Jahre, aber er verdient einen Cent, und für diesen Cent wird er auch noch umgebracht ... Wir fordern, dass die Verhafteten, wo auch immer sie gerade einsitzen, [wieder heimkommen].

INTERVIEWER: Gab es Verhaftungen?

FRAU EINES MINENARBEITERS: Ja ... Der Hippo ist nicht dazu da, um über Menschen zu fahren [wie er das am Tag des Massakers gemacht hat]. [Der] Hippo dient der Verbrechensbekämpfung. Unsere Männer sind jetzt Gefangene, oder sie sind tot... Wir wollen unsere Männer zurück... Wenn ich weine, ist mein Mann bei mir. Wir wollen unsere Männer. Wir wollen mit unseren Männern schlafen, hörst du? Sie [die Polizisten] schlafen mit ihren Frauen, wir wollen, dass unsere Männer kommen und mit uns schlafen.

Dann möchte ich noch sagen, dass die Polizei es nicht schafft, Diebe zu fangen. Diese Leute [die beschossen und verhaftet wurden] arbeiten hier. Sie demonstrieren nur, dann verhaftet die Polizei sie. Sie wurden nicht in der Nähe der Mine verhaftet. Die Leute wurden nicht bei der Mine auf der Straße verhaftet. In diesen Häusern wurden sie von der Polizei geschlagen, verhaftet und beschossen, obwohl sie nichts Kriminelles getan hatten. Hat irgendjemand jemals für 4.000 Rand gearbeitet? Das ist eine Arbeit, bei der jede_r 100.000 Rand raus holt [der_die diese schwere Arbeit unter Tage verrichtet]. Wieso bekommen sie nicht, was sie fordern? [Stattdessen] muss mensch darauf warten, bis sie zu kämpfen beginnen.

Niemand darf erschossen werden. Das ist nicht mehr Apartheid. Die Polizei hat kein Recht, auf irgendjemand zu schießen ... oder jemand zu überfahren, jemand mit Gift zu besprühen oder jemand zu erschießen. Wenn jemand zu flüchten versucht, dann verfolgen sie ihn. Sie wurden nicht auf Minenareal erschossen... Und, mein Bruder, es war falsch, dass sie hierher gekommen sind. Ihren Verwandten haben sie gesagt, dass sie zurück bleiben sollen. Die Minenarbeiter_innen hatten ihre *intonga* [Wanderstöcke] und sie wollten reden. Aber die Polizei kam mit Gewehren und sagte: „Warum haben sie Stöcke?" Jetzt wollen wir nicht mehr bloß 5.000 [Rand], jetzt fordern wir 15.000.

4. Ansprachen

Rede von Tholakele „Bhele" Dlunga (ein Streikführer) auf einer Demonstration auf einem Feld bei Nkaneng am 18. August 2012

Amandla [die Macht]! – Awethu [ist unser]![1] Es leben die Arbeiter_nnen, sie leben! Eish[2], diese Flugzeuge [die über den rund 15.000, still und ruhig im Gras außerhalb von Nkaneng sitzenden Arbeiter_innen kreisen] stören uns – machen wir trotzdem weiter. Gut, gut, Ruhe bitte, ich spreche in meiner Sprache zu euch, aber ich werde mich bemühen dafür zu sorgen, dass wir alle einander verstehen können. Als Arbeiter_innen sind wir hier versammelt. Für diejenigen, die es nicht wissen: Das hier begann am 9. [August], als Arbeiter_innen von Lonmin sich versammelten, um die Frage der Unzufriedenheit mit den Löhnen anzusprechen. Wir haben uns alle am 9. getroffen, um unsere Köpfe zusammen zu stecken und einen Ausweg zu finden. Wir wollen angemessene Löhne, damit wir in der Lage sind, unsere Familien zu unterstützen. Wir nennen uns Arbeiter_innen, aber wir leiden immer noch. Wir haben uns am 9. getroffen und beschlossen, dass wir am 10. kurz zu Nummer 1, zu unserem Arbeitgeber marschieren. Als wir unterwegs waren, schickte der Eigentümer seine *weißen* Sicherheitskräfte, um uns aufzuhalten, ehe wir beim Büro ankommen konnten. Sie erzählten uns, dass sie von unserem Plan wüssten. Wir waren erstaunt, denn wir hatten ihnen unsere Forderungen nicht vorgetragen. Woher sollten sie sie kennen?

Sie sagten, wir sollten auf den Eigentümer und sein Team warten. Sie seien noch bei einem Treffen. 15 Minuten vergin-

---

1 AdH: Die südafrikanische Variante von „Power to the People" und populärste Parole innerhalb des Anti-Apartheidkampfes, die heute weiterhin weit verbreitet ist, generell als Ausdruck des Kampfes gegen jedwede Unterdrückung.

2 AdÜ: Ausdruck der Empörung.

gen, dann 30 Minuten, wir warteten immer noch auf ihn. Wir beschlossen, zum Büro zu gehen. Die Sicherheitskräfte kamen hinter uns nach, aber diesmal wurden sie von Polizisten begleitet, die die Anlage umzingelten... Wir erklärten der Polizei, dass „wir nur deshalb hier sind, um mit dem Arbeitgeber zu sprechen, mit euch haben wir nichts zu schaffen. Hier ist der Mann, der uns bei Lonmin beschäftigt, und wir möchten ihm erklären, warum wir gekommen sind. Wir möchten direkt mit ihm sprechen." Drei Stunden vergingen, während wir immer noch darum baten, dass er mit uns spricht. Die Stimmung wurde angespannt und wir sahen, dass die Polizei auf uns schießen wollte. Wir beschlossen gemeinsam, dass wir nicht gehen würden ohne eine direkte Antwort unseres Arbeitgebers. Die Antwort lautete, dass unser Anliegen nicht behandelt werden würde. Denn wir hätten hinter dem Rücken unseres Anwalts (AdÜ: gemeint ist die Gewerkschaft) gehandelt, um unseren Arbeitgeber direkt zu treffen.

... [Wir gingen wieder und später,] nachdem der erste Aktionsplan gescheitert war, entwickelten wir den nächsten. Am Freitag gingen wir gemeinsam mit anderen Mitgliedern zu... den Leuten, die an diesem Tag Nachtschicht hatten [und dann] beschlossen wir, nicht zur Arbeit zu erscheinen, bis unser Aufschrei gehört würde. Wir trennten uns mit dem Versprechen, dass wir uns am Samstag um 7 Uhr morgens am selben Platz wieder treffen würden. Dann beschlossen wir, nachdem wir die erste Runde verloren hatten, uns mit unseren Anwält_innen zu treffen, um ihnen zu erzählen [was geschehen war]. Wir räumten ein, dass wir es falsch angefangen hatten, aber wir brauchten eine Lösung. Aber während wir [am 11. August zum NUM-Büro] unterwegs waren, wurde [von der NUM] auf uns geschossen, weshalb wir zwei unserer Mitglieder verloren. Wir erkannten, dass der Tod auf niemand wartet, und wir rannten um unser Leben und versteckten uns am Berg. Wir fürchteten um unser Leben. Die Polizei nutzte unsere Verwundbarkeit aus und verhaftete diejenigen, die ihr in die Hände fielen.

Vorgestern [am Donnerstag, 16. August] ... brachten sie Stacheldraht[zäune] und versperrten die Straße, so dass wir nicht mehr weg kamen. Wir lassen uns nicht zum Verstummen bringen, wir haben nichts gestohlen, von niemand. Wir haben bloß demonstriert, und zwar aus einem einzigen Grund: [Weil wir] angemessene Löhne wollen. Und was haben sie getan? Sie antworteten, indem sie auf uns schossen. Einige waren glücklicher als andere, sie schafften es, den Kugeln zu entkommen, aber tatsächlich sind die Spitäler voll mit Lonmin-Arbeiter_innen. Die Polizei arbeitete mit Soldaten zusammen [und] sie behaupteten sogar, dass wir zerstört werden müssen. Aber wir haben nichts Falsches getan, wir haben nur für unsere Rechte gekämpft. Warum müssen wir sterben? Alles, was wir tun, ist, dass wir um unsere Rechte kämpfen, wir haben niemand umgebracht. Wieso müssen wir umgebracht werden? Ich werde jetzt jemand anderen sprechen lassen.

Rede eines Streikführers auf einem Feld bei Nkaneng am 18. August 2012

Amandla [die Macht]! – Awethu [ist unser]! In aller Bescheidenheit stehe ich heute vor euch. Alles, was an diesem Tag [16. August] geschah, habe ich selbst gesehen. Auch ich habe auf der Spitze des Berges Zuflucht gesucht. Leute, als ich auf diesem Berg war, wurde ich von vier Polizisten, die hinter mir waren, beschossen. Vier Soldaten, die auf Pferden ritten, näherten sich mir. Ich versuchte, meinen Brüdern zu erklären, dass sie nicht nach Marikana gehen sollten, dass sie hierher kommen sollten. Aber meine Brüder rannten in Richtung Polizei. Was dann geschah, war, dass mein Kollege nun im Spital von Wonderkop liegt und um sein Leben kämpft… Ein anderer junger Mann, ebenfalls ein Kollege, trug [ein] weißes T-Shirt und blaue Hosen, er war auch in der Zeitung *Sun* zu sehen. Arbeiter_innen, am Nachmittag [des 14. August] um 5 Uhr nachmittags begannen wir, mit der Polizei zu verhandeln. Sie sagten „Arbeiter_innen, wir versuchen, wohlwollend mit euch zu sein, wir kämpfen nicht." Dann verlangten sie von uns, dass wir unsere Waffen niederlegen. Fünf von uns gingen dann zur Polizei. Von den fünf waren danach nur noch drei übrig, und ich weiß nicht einmal, wo die beiden anderen heute sind.

Auf unserem Weg wurde ich aufgefordert, hinten auf einem Polizei-LKW Platz zu nehmen. Im LKW sah ich einen *weißen* Mann. Er sprach mich in seiner Sprache an, aber von mir als

Schwarzem erwartete er, dass ich in seiner Sprache spreche. Das ist derselbe *weiße* Mann, der sagte, dass sie freundschaftliche Beziehungen zu uns aufbauen möchten. Ich sagte, wenn das der Fall ist, dann gehen wir raus und sprechen wir miteinander. Er antwortete, dass er das Recht vertrete, das ihm von der Regierung übertragen worden ist, deshalb könne er mit mir nur privat sprechen. Ich drehte mich um und erklärte den Arbeiter_innen, dass der *weiße* Mann sich weigert, zu kommen und mit ihnen zu sprechen. Er sagte, „die Regierung hat uns den Job gegeben, und die Arbeiter_innen haben die Gewerkschaft." Ich sagte „danke" und ging zurück zu den Arbeiter_innen. Und wir setzten uns alle gemeinsam hin und sprachen miteinander.

Nachdem wir unsere alltäglichen Geschäfte verrichtet hatten, gingen wir zurück zu den Minen. Unsere Mütter und Schwestern wussten nicht, wo wir waren. Wir waren oben auf dem Berg. Die Polizei kam zurück… Sie schickten einen Schwarzen, begleitet von einem *weißen* Mann und einer Frau, um mit uns zu sprechen. Sie sagten, sie kämen in Frieden. Die Polizei richtete die Waffen auf uns. Wir gingen und sprachen mit ihnen. Ich fragte [den Polizeibeamten] nach seinem Namen. Er sagte, den könne er mir nicht sagen, er sei hier von seinem Arbeitgeber hergeschickt worden. Sie sagten mir seinen Namen, William Mpembe…

Ich erklärte ihnen, dass wir mit ihrem Chef sprechen wollten, aber sie sagten, dass sie von der Regierung geschickt worden seien. Meine lieben Kolleg_innen, ich versuchte es bis zum Sonnenuntergang. Ich erklärte ihnen, dass ich nicht mit ihnen, sondern nur mit ihrem Chef sprechen wollte. Zokwana [der Präsident der NUM] kam [und] als ich auf die Uhr sah, war es 6 Uhr nachmittags, bereits Sonnenuntergang. Als Zokwana kam, mit seinem Hippo, kamen die *weißen* wieder und sagten noch einmal, sie kämen in Freundschaft. Kolleg_innen, während ich immer noch mit den Leuten sprach, kam Zokwana. Ich erzählte ihm, dass er „raus aus dem Hippo kommen muss, in dem er sitzt, und die Arbeiter_innen respektvoll ansprechen" solle… Er sagte, dass er „nicht gekommen sei, um mit uns zu sprechen". Er forderte von uns, dass wir zurück zur Mine gehen. Ich sagte: „Das ist dein letztes Wort?" Und er sagte: „Ja, ich bin fertig." Er nahm mir das Megaphon ab und sagte, dass er mit den Arbeiter_innen sprechen

Kleiner Ausschnitt der Versammlung am 18. August 2012 in der Nähe von Nkaneng.
(Thapelo Lekgowa)

werde. Meine lieben Kolleg_innen, ich kam zurück zu den Leuten und fragte nach einem Telefon mit Kamera. Ich erhielt ein Telefon mit Kamera beim Hippo. Der *weiße* kam und sagte: „Du fotografierst mich nicht" und sie drehten sich weg.

Ich hatte das Glück, dass der Polizist, [der] kam, der einzige mit einer Uniform und der Aufschrift „P Motswana" war. Der Rest der Polizisten trug Privatkleidung mit schusssicheren Westen (…). Am Donnerstag kam ich gemeinsam mit einem jungen Mann zurück, Mambush genannt, und mit einem alten Mann namens Bete, momentan ist er nicht unter uns. Wir sagten ihnen: „Verhaftet uns, dann kann ich den Mann finden, der den Befehl gegeben hat, uns umzubringen, während unser Eigentümer und die Gewerkschaft beschlossen haben, uns vom Berg zu entfernen." Meine Kolleg_innen, hier ist jetzt der Ort, an dem unser Präsident von der AMCU ankam. Er übergab uns die Erklärung, die er vom Arbeitgeber, von Lonmin erhalten hatte. Die besagte, dass „es keine Beschäftigten gibt, die auf einem Berg leben. Alle Arbeiter_innen, die auf dem Berg Zuflucht gefunden haben, sollten umgebracht werden. Sie haben keine Arbeiter_innen, die am Berg leben."

Ich war bestürzt, als einige AMCU-Mitglieder, während sie gingen, das Lied „Was haben wir getan?"[3] zu singen begannen. Das ist echt schmerzlich. Wir haben lange genug gelitten… Als sie am Berg vorbei kamen, in der Nähe der Baracken, sagten die *weißen* „kommt". Lonmin schickte sechs Quantums [Toyota-Minibus]. Während wir sie noch beobachteten, kam ein Bus von Midbank [einem Busunternehmen], er lieferte Polizisten ab, an seiner Seite die sechs Quantums, ebenfalls voll mit Polizisten. Ich schrie vom Berg herunter und sagte „Zizi (AdÜ: sein Vorname), deine Zeit ist gekommen". Als die Polizisten aufstanden, um zu gehen, sagten sie „der Löwe zieht sich zurück." Als wir runter blickten, sahen wir ein Auto, das Soldaten brachte. Sie sagten, der Hippo mit den Soldaten muss herankommen. Als es herankam, waren die Arbeiter_innen bereits am Abmarsch. Der *weiße* zeigte auf all die Hippos und begann, auf die Leute zu schießen. Nicht in die Luft, auf die Menschen wurden die Kugeln abgeschossen. Einige Kugeln kamen vom Hubschrauber. Da wurde ich von vier Polizisten aus diesem Flugzeug beschossen. Eine Kugel traf einen jungen Mann neben mir, er trug ein gelbes T-Shirt und fiel sofort zu Boden. Überall schossen Kugeln um uns herum, die Arbeiter rannten um ihr Leben. Meine lieben Kolleg_innen, ich rannte um mein Leben. Ich wurde von einem Hubschrauber angegriffen. Als ich weg rannte, gab es da einen jungen Mann, der leider heute nicht unter uns ist. Er sagte „wenn du nicht sterben willst, dann zieh deine Jacke aus und nimm stattdessen meine." Ich warf meine Jacke weg und nahm seine. Ich weiß nicht einmal, wie ich hierher kam. Ich rannte um mein Leben während auf mich geschossen wurde.

Die Wasserwerfer, die oft eingesetzt werden, um die Leute zu warnen, kamen erst später zum Einsatz, nachdem bereits eine

---

3   AdH: Hierbei handelt es sich um eines der berühmtesten Anti-Apartheid-Lieder Südafrikas, das vor allem bei Demonstrationen und Beerdigungen von ermordeten Aktivist_innen gesungen wurde und wird; Es gibt mehrere Textversionen von „Zenzenina", das in Xhosa und/oder auf Zulu gesungen wird; die häufigste beginnt mit: „Zenzenina? (mehrmals wiederholt) Sono sethu, ubumnyama?" (Was haben wir getan? Unsere einzige Sünde ist es, Schwarz zu sein.) Zur wichtigen Rolle von Musik im Befreiungskampf gegen das Apartheidregime siehe etwa den Dokumentarfilm: Amandla!: A Revolution in Four-Part Harmony (Lee Hirsch, Südafrika/USA 2003).

Menge Leute erschossen worden waren. Die Soldaten hatten nur die Leute im Auge; die Leute versteckten sich im nächsten Busch. Und dann setzten sie Tränengas ein, unterstützt von Wasserwerfern; alles wurde auf die Leute gespritzt. All das habe ich selbst gesehen. Ich rannte zu der Baracke und ersuchte Bruder Dlangamandla meiner Mutter einen Brief zu überbringen. Ich wurde dann von meiner Mutter aus dieser Baracke abgeholt. Und ich sagte ihnen, ich möchte von der Gewerkschaftsführung wissen, ob irgendjemand von ihnen eine Ahnung davon hat, was hier von der Polizei alles aufgeführt wurde. Meine Kollegen kamen beim Gewerkschaftsbüro an, von einigen Frauen begleitet, aber hinter mir war immer noch der Hubschrauber her. Der Vorsitzende erklärte mir, er wisse nur von einigen Arbeiter_innen, die gekommen und der NUM beigetreten seien. Dieselbe NUM, die auf sie schoss, ohne sich die Beschwerden der Leute auch nur anzuhören. Während er so daher redete, erklärte ich ihm die Situation. Er sagte, er werde den Bevollmächtigten aus Marikana anrufen und ihn beauftragen, zum Berg zu gehen, wo dieser Konflikt stattfand. Kolleg_innen, ich habe alles versucht, der Vorsitzende verwendete mein Telefon, um den Bevollmächtigten anzurufen. Und dieser sagte, er habe bloß die Polizei beauftragt, die Situation unter Kontrolle zu bringen. Aber momentan sei er unabkömmlich wegen dieses Konflikts. Ich denke, ich habe alles gesagt, was gesagt werden musste.

Rede von Jeff Mphahlele (Generalsekretär der AMCU) bei einem öffentlichen Meeting an der Universität Johannesburg am 20. August 2012

Genoss_innen, ich kann von Glück sprechen, dass ich heute noch am Leben bin. Ich war dabei, ich habe gesehen, was geschehen ist… Es begann vor sechs Wochen, als das Management von Lonmin unseren Präsidenten zu einem Treffen eingeladen hat, weil sie Hilfe brauchten. Denn da waren diese Bohrhauer, die kommen und ein Memorandum vorlegen wollten. Und unser Präsident Joseph Mathunjwa sagte spontan, dass sie das nicht tun sollten. [Er sagte, dass]… sie alle relevanten Strukturen einladen sollten, womit er die großen Gewerkschaften [und] die kleinen meinte…

Wir erhielten die Nachricht, laut und deutlich, dass die Beschäftigten bei Lonmin 12.500 Rand forderten. Und es ist traurig, wenn, wie in diesem Fall, das Unternehmen so dumm ist. Sie können im Fernsehen auftreten und behaupten, dass sie 700 Millionen Rand innerhalb von zwei Tagen verloren haben ... und ich denke, dass es äußerst unfair von einem Unternehmen ist, die Profite über die Leben der Menschen zu stellen. Und genau das ist hier passiert. Und unmittelbar danach erhielt ich die Nachricht, laut und deutlich, „wir sind nicht hier wegen der NUM oder wegen AMCU, und wir haben diese Entscheidung selbst getroffen, als Beschäftigte von Lonmin." Und Genoss_innen, vielleicht solltet ihr auch verstehen, dass wir als AMCU nur an einem Ort in der Mehrheit sind, und zwar in Karee... Also wir überbrachten die Forderung dem Management und [... sie] bestätigten das: ja, wir haben tatsächlich die Forderung über 12.500 Rand gehört, und: ja, unsere Antwort lautet..., dass wir ihnen 700 Rand mehr geben werden. Damit hatten die überhaupt kein Problem.

Dann reisten wir ab und ich kam am Dienstag [14. August] zurück nach Johannesburg. Wir erhielten einen weiteren Anruf von SAfm[4]. Wir gingen ins Studio, [das war am] Mittwoch, der 15. Wir selbst, der Präsident der NUM und auch das Management. Also wir alle drei besprachen diesen Punkt. Ich muss hervorheben, dass wir niemand heruntermachen wollen. Aber wir müssen betonen, dass die Gewerkschaften, denen wir so lange vertraut haben, dass die Gewerkschaften, die sich immer an vorderster Front für die Beschäftigten eingesetzt haben – ich weiß nicht, was mit ihnen los ist. Sie lassen ihre Belegschaft einfach fallen. Ich weiß nicht, ob das an BEE [Black Economic Empowerment*] liegt – sie sind nämlich gleichzeitig Miteigentümer dieser Minen. Sie [die NUM] hat den Fokus und die Richtung verloren, um die Sache der Arbeiter_innen anzuführen und durchsetzen zu können.

Nun, die AMCU hat damit begonnen, [dieser Tendenz] entgegen zu wirken. Die AMCU wurde 1999 gegründet, und 2001 wurde die Gewerkschaft als solche registriert; unser Ziel war klar: Dass wir, erstens, uns an keine politische Partei anlehnen. Zwei-

---

4   AdÜ: größter englischsprachiger Radiosender des Landes, Teil der SABC (South African Broadcasting Corporation).

tens, wir kümmern uns nur um Dinge, die den Arbeitsplatz und vieles andere betreffen. Und diesem Versprechen, das wir uns selbst gegeben haben, sind wir treu geblieben... Wir verwirklichen diesen Traum, den wir uns selbst vorgegeben haben... [Gegen Ende der Radio-Diskussion] stimmten wir zu, dass wir dieses Problem genau durchgehen werden, dass wir mit den Leuten sprechen werden, mit allen drei involvierten Parteien... Da vereinbarten wir auch, dass wir am nächsten Morgen kommen und die Logistik besprechen müssen: Wie die Leute zurück an ihre Arbeitsplätze gehen sollten – und das Management stimmte dem zu und wir versicherten gleichzeitig den Angestellten, dass das geschehen wird ...

Am Donnerstag in der Früh kamen wir in Marikana an, es war 20 nach 8 Uhr. Wir bemerkten, dass das Management gerade mit der Polizei [ein Treffen] hatte... und dass sie Statements rausgaben. Wir warteten und warteten bis halb elf Uhr, erst dann konnten wir mit dem Management sprechen... [Nun verlangte das Management, dass] die Leute vom Berg runter kommen und an ihre Arbeitsplätze gehen. Und [sie sagten], dass sie nur mit uns sprechen werden, nachdem wieder alle zurück an der Arbeit sind. Aber, Management – erinnere Dich, [wenn] jemand nicht in der Mine für fünf Tage oder so weg gewesen ist und dort nicht gearbeitet hat, dann muss er_sie erst zur Einführung, um sich wieder orientieren zu können. Diese Leute arbeiten nämlich an großen Maschinen. Und sie müssen sich ständig konzentrieren, wenn sie an diesen schrecklichen Plätzen arbeiten – aber das Management sagte: „Nein, sie sollen gleich zur Arbeit gehen. Uns interessiert das nicht mehr, sie sollen [sofort] zurück an die Arbeit". [... Nach einer Weile] blieben wir [AMCU] allein zurück. Keine NUM mehr da, kein Management, alle hatten sich in Luft aufgelöst. Und dann sagte unser Präsident: „Achtet auf die Uhrzeit, es ist halb drei, und wir müssen zu diesen Leuten gehen, mit ihnen sprechen. Wir müssen sie bitten, dass sie... den Berg verlassen und nach Hause gehen. Wir werden die Situation klären."

Aber wenn Arbeiter_innen erst mal hinter ihren Forderungen stehen, dann wirst du von ihnen nichts anderes mehr haben können. Bis sie haben, was sie wollen. Und wir, die AMCU, versuchten es, aber tatsächlich baten sie uns dann, [sie] sagten: „Geht jetzt, und ein Danke an euren Präsidenten von der AMCU. Wir haben von euren Führungsqualitäten gehört [und] wir haben sie erlebt. Und wir kennen eure Leute. Jetzt müsst ihr gehen. Und wenn die Polizei uns umbringen will, dann wird sie uns hier finden." … Ich kann euch sagen… das war ein, ich weiß nicht, ein elektrisierender Moment… Und ich möchte euch Leuten sagen, dass Präsident Mathunjwa diese Sorte Führer ist, die meiner Meinung nach über acht Sinne verfügt. Er sagte: „Genosse Mphahlele, wir schaffen es nicht, diese Leute dazu zu bringen, vom Berg wegzugehen. Ich weiß, sobald wir diesen Ort verlassen, werden sie umgebracht werden."

… Dann kam [ein Genosse vom Berg], und sagte [zu uns]: „Genossen, es ist Zeit für euch zu gehen. Wenn wir sterben, werden wir hier sterben", und das respektierten wir. Und weil die ganze Gegend mit jeglicher Art von Polizei und Fahrzeugen überfüllt war, beschlossen wir, nicht nach vorne zu fahren; wir beschlossen, hinter der Polizei vorbei, an einem Hinterausgang, die Straße, die nach Marikana führt, zu nehmen. Und als wir dorthin unterwegs waren, gerade mal fünf Minuten vom Horrorkoppie entfernt, trafen wir auf… Polizeifahrzeuge. [… Sie waren] bis an die Zähne bewaffnet. Ein Herr fragte von einem Fahrzeug aus: „Warum so eilig, warum so eilig?" Der Präsident der AMCU sagte: „Ich habe es nicht eilig, wir verlassen diesen Ort." Und [der Polizist] entgegnete: „Wer seid ihr?" Und [Joseph] sagte: „Wir sind Vertreter_innen der AMCU." Darauf sagte [der Polizist]: „Wo geht ihr hin? Kehrt um!" Darauf der Präsident: „Nein, ich verlasse diesen Ort." Nun meinte der [Beamte] im Fahrzeug: „Wartet, wir überprüfen das." … Sie riefen in ihrem Kontrollraum an und sprachen mit einem Vorgesetzten, und dann sagten sie, „ok, lasst diese Leute in Ruhe, sie sind Gewerkschafter_innen." Und dann, nachdem sie uns 20 Minuten angehalten hatten, durften wir weiter fahren.

Als wir in Marikana ankamen, waren wir immer noch unschlüssig. Dann sagte der Präsident: „Nein, gehen wir zurück, denn sollte den Leuten dort irgendetwas geschehen, dann werden sie sagen, dass die AMCU davon gerannt ist." Der Präsident sagte: „Gehen wir zurück und sterben wir mit diesen Leuten, wenn heute der Tag dafür ist." Einer unserer Genossen, der nationale Gewerkschaftsagitator, Genosse Dumisane, [sagte]: „Präsident, ich respektiere diesen Vorschlag, aber denk doch nach. Wenn wir jetzt mit diesen Leuten untergehen, dann wird niemand mehr am Leben sein, der diese Geschichte erzählen kann." Und wir fuhren davon. Nachdem Dumisane das gesagt hatte, läutete das Telefon des Präsidenten... Es war jemand von der Presse [... und er] sagte: „Genosse Joseph, die Leute werden umgebracht." Und da brachten die TV-Stationen die Nachricht. Sie sagten, dass bereits 12 gestorben seien.

Das Team, das hinter den Arbeiter_innen her war, das ist die Gruppe, die begonnen hat. Wenn du in deinem Fernseher siehst, wie die Leute laufen, dann sind sie von diesem Team verfolgt worden, von hinten... wenn du dir diese Fernseh-Clips ansiehst, dann wirst du bemerken, dass fünf Nyalas [die Arbeiter_innen bezeichnen sie als Hippos] am östlichen Rand fahren. Dann wurde blitzschnell der NATO-Draht aufgezogen, wodurch es diesen Genossen verunmöglicht wurde, in ihre *mkhukhus* [Baracken] zu gelangen. Und deshalb habt ihr diese Genossen auf die Polizisten zulaufen gesehen, denn es wurde auf sie geschossen.

Ich mag Horrorfilme, üblicherweise sehe ich sie mir gerne an, und ich dachte, vielleicht ist das nur ein Film. Hier wird bloß gedreht. Aber das stimmt nicht. Ihr habt die Wirklichkeit gesehen. Leute wurden getötet, vernichtet... mit Kugeln durchlöchert. Das ist der Stand der Dinge. So weit sind wir gekommen.

Aber inmitten all dieser Genoss_innen begrüßen wir eure Unterstützung. Und während der Präsident dieses Landes eine unabhängige Kommission (Farlam-Commission) ernannt hat, fordern wir als AMCU eine unabhängige und außerhalb stehende (AdÜ: gemeint ist eine nicht-staatliche) Körperschaft, die dieser Sache auf den Grund gehen soll. Denn wir trauen dieser Kommission nicht. Woher kommt sie? Von den gleichen Leuten, die unsere Genossen umgebracht haben? Deshalb sprechen wir uns für eine unabhängige Untersuchungskommission aus. Wie kann jemand Spieler und Schiedsrichter gleichzeitig sein? Das kanns doch wohl nicht sein.

Amandla [die Macht]!

Das Publikum antwortet: Awethu [ist unser]!

Ich danke euch, Genoss_innen!

5. Interviews mit Minenarbeiter_innen

Geführt von Thapelo Lekgowa, Botsang Mmope, Luke Sinwell und Bongani Xezwi

Die folgenden Interviews wurden wortwörtlich transkribiert. Wir wollten die Stimmen der Arbeiter_innen nicht verändern.[1] Viele von ihnen glaubten, dass zwei Arbeiter bei der Schießerei vor den NUM-Büros am 11. August erschossen worden sind. Wir wissen nun, dass das nicht der Fall war. Zu diesem kontroversen Vorfall siehe Kapitel 2.

Minenarbeiter 1

MINENARBEITER: Mein Bruder, ich bin im Eastern Cape geboren… als ich noch zur Schule ging, sagte ich mir, nächstes Jahr mache ich das nicht mehr. Ich wollte arbeiten. Der Grund dafür, dass ich arbeiten wollte, war, weil alle meine Freund_innen arbeiteten. Selbst zu Weihnachten hatten sie Geld. Und alles, was ich hatte, hatte ich von meinen Freund_innen bekommen… Ich sagte mir, dass ich nicht weiter studieren könnte, denn ich sah meine Freund_innen arbeiten. Und der andere Grund war, dass ich mein Leben ändern wollte. Daheim gab es nur noch meinen Vater, die Mutter war bereits gestorben. Und wenn die Mutter stirbt, ändert sich das Leben eines Menschen… und dann besprach ich mit meinen Freund_innen, dass ich im Dezember kommen würde; dass ich im nächsten Jahr im Dezember kommen würde. Also gab ich meine ID-Karte einem der Jungs, damit dieser, wenn er wieder zur Arbeit ging, für mich einen Job finden würde. Daheim hat-

---

1   AdÜ: Bei der Übersetzung habe ich mich, so gut es ging, ebenfalls an diese Vorgangsweise gehalten.

ten wir zunächst eine Zweizimmerwohnung ... und dann kam ich hierher nach Gauteng; und als ich hierher kam, ging ich nach Marikana. Dort begann ich in Wonderkop zu arbeiten ... aber als ich das erste Mal hierher kam, musste ich mich erstmal anstellen ... und dann wieder ... ich wurde eingestellt, und als ich eingestellt war, mochte ich das hostel. Ich verdiente 1.300 Rand, als ich begann; ich hatte keine Probleme damit, hierher gekommen zu sein. Denn ich war immer noch sehr jung und ich hatte sonst nichts zu tun. Alles, was ich zu tun hatte, war, glücklich zu werden. Und ich freute mich über den Urlaub, den ich als Arbeiter erhielt, das machte mich sehr glücklich.

Im Jahr 2003 kam ich zurück nach Hause und dort fragten mich mein Bruder und mein Vater, der damals noch lebte, ob ich nicht heiraten wollte. Aber mir war klar, dass es für mich noch zu früh zum Heiraten war. So konnte ich immer noch herumziehen, verstehst du? Ich war glücklich darüber, dass ich gehen konnte, wohin ich wollte. Und ich sagte mir, nein, ich werde noch warten. Dann starb mein Vater und wir begruben ihn ... Ich ging zurück zur Arbeit, verdiente meinen Lebensunterhalt, und ich half daheim. Dann erklärte ich meinem Bruder, dass es für mich noch nicht an der Zeit sei zu heiraten. Denn die Person, die das gewollt hatte, war tot, und ich war noch nicht bereit zum Heiraten. Mein Bruder meinte „da gibt es ein Problem" ... [rund zwei Jahre später] sagte ich meinem Bruder, dass ich jetzt heiraten wollte, und er antwortete „denk darüber nach". Ich sagte ihm, dass ich bereits darüber nachgedacht hatte, aber er sagte immer noch „geh zurück, denk ein wenig mehr darüber nach, und dann komm wieder." Ich ging wieder nach Wonderkop, und dann kam ich wieder zu ihm ... und sagte ihm „ich möchte heiraten". Er meinte „Okay" ... und ich heiratete. Ich nahm sie von ihrem zu Hause mit und brachte sie zur Mine und so ... Ich ließ sie daheim zurück und kam zurück nach Marikana. Hier arbeitete ich, und im Dezember war es für mich an der Zeit, Kühe zu ihr nach Hause zu bringen.[2] Und dann fuhren wir zu meiner Frau, blieben daheim und waren glücklich ...

2   AdH: Der Ehemann hat eine gewisse – jeweils vor der Heirat zu verhandelnde – Anzahl von Kühen den Eltern der Ehefrau als Mitgift zu schenken.

Wir hatten ein Kind, ein Mädchen, es starb. Und nach vier oder sechs Monaten wurde meine Frau wieder schwanger, und wir hatten Zwillinge, Buben. Das war kein Problem, aber einer von ihnen starb auch, und einer überlebte. Aber als ich wieder zurückging, starb auch der andere, und wir verloren auch noch ein Mädchen.[3] Und dann hatte ich schließlich zwei andere Kinder, denn ich konnte immer noch herumstreunen, und schließlich hatte ich [wieder] ein Kind ... dort, wo ich jetzt bin ... mir fehlt es an nichts, außer dass wir hier kein Wasser und keine Straßen haben. Aber dafür gibt es Strom und Toiletten. Also ist mein Leben jetzt wieder in Ordnung, was uns noch fehlt sind Straßen. Es gibt nur zwei Straßen in Ntendele (AdÜ.: ein Ort im Eastern Cape), aber in anderen Gegenden in der Umgebung fehlen noch mehr Dinge, nicht bloß Straßen ... Wenn ich also mein Leben in Marikana mit dem daheim vergleiche, ist es daheim doch besser.

Ich sage das, weil hier bloß der Ort ist, an dem ich arbeite; hier lebe ich in einer Baracke; also alles, was irgendwie schön ist, ist bei uns daheim. Viel von dem Geld, das ich verdiene, schicke ich nach Hause, damit ich, wenn ich heimkomme, besser leben kann, auf einem Sofa sitzen kann, was ich hier in Marikana nicht habe ... Ich weiß also, wo das Leben angenehmer ist, das einzige, was schlecht ist [wenn ich im Eastern Cape bin], sind die Straßen. Sie sind nicht geschottert. Da ist nur Schlamm, und wenn es regnet, musst du in Gummistiefeln herumlaufen, auch während der Woche ... Du siehst also, daheim ist es besser, selbst die Erde ist hier nicht wie daheim ...

3 AdH: Laut Angaben des südafrikanischen Gesundheitsministeriums lag 2011 die Kindersterblichkeitsrate im ersten Jahr nach der Geburt bei 30 von 1.000 Geburten und bei 42/1.000 innerhalb der ersten 5 Jahre. Die Kindersterblichkeitsrate in Südafrika ist in den letzten Jahren kontinuierlich sinkend, so dass Hoffnung herrscht, das „Millennium Development Goal", 20/1.000 im Jahre 2015, zu erreichen. Zum Vergleich: Die WHO gab für das Jahr 2010 an, dass die Kindersterblichkeitsrate europäischer Länder im Schnitt 7,9/1.000 beträgt. Siehe: Statistiken des südafrikanischen Gesundheitsministeriums unter: http://www.doh.gov.za und den Bericht der Parliamentary Monitoring Group unter http://www.pmg.org.za/report/20130305-briefing-department-health-child-mortality-south-africa [17. August 2013]

INTERVIEWER: Hat sich deine Gesundheit verschlechtert, seit du hier in der Mine arbeitest?

MINENARBEITER: Nein, Bruder, ich kann nicht sagen, dass ich an irgendetwas leide … mir fehlt es an nichts, weil ich eine kleine Familie habe. Mein Bruder hat mich früher unterstützt, und dann habe ich erkannt, dass es an der Zeit ist, dass ich auf eigenen Beinen stehe. Klar? Aber mein ganzes Einkommen habe ich wieder ausgegeben, weil wir [im Eastern Cape] ein Haus gebaut haben, das war schmerzlich … und da habe ich bemerkt, dass ich nicht genug verdiene, für Lebensmittel. Ich schicke 3.000 Rand nach Hause, denn ich wollte, dass es dort genug zu essen gibt, und vielleicht bleiben 1.500 Rand übrig, mit denen sie Ziegel kaufen können, für den Hausbau, und mit den anderen 1.500 Rand kaufen sie Lebensmittel … ich muss hier Raten abzahlen, für Kleidung, da geht auch Geld dabei drauf … 200, 300 Rand … und danach habe ich gerade noch 500 Rand. Wenn ich dann noch etwas zu essen kaufe, dann muss ich schon darauf achten, dass ich genug zu essen bekomme … vielleicht brauche ich auch 300 Rand. Also selbst wenn ich weiß, dass es mir schlecht geht, habe ich gerade noch genug zu essen, weißt du? Da liegt mein Problem, da leidet meine Gesundheit darunter.

INTERVIEWER: [Was geschah beim Streik ab dem 11. August, zwei Tage nach dem ersten Treffen im Stadion?]

MINENARBEITER: Am Samstag, dem 11. beschlossen wir, zum NUM-Büro zu gehen. Sie sollten uns erklären, wie wir weitermachen könnten, denn wir waren ja selbst beim Arbeitgeber. Aber sie [die NUM] kamen und verhinderten, dass wir mit dem Arbeitgeber sprechen konnten, deshalb wollten wir von ihnen hören, was wir tun könnten. Am Samstag gingen [die Arbeiter_innen] also dorthin, und noch auf ihrem Weg wurden sie von NUM-Mitgliedern beschossen. Sie schossen auf sie … Nachdem wir zu ihnen gegangen waren und sie auf uns geschossen hatten, gingen wir zum Berg. Ab dem 11. waren wir nach der Schießerei am Berg, auch am 12. und am 13; und am 14. waren wir ebenfalls dort. Und ich glaube am Mittwoch [dem 15.] kam der Präsident der NUM und er sprach mit uns, von einem Polizei-Nyala* aus. Wir erklärten ihm alles, was wir forderten, als wir da saßen. Und sie versprachen am Mittwoch, dass sie den Arbeitgeber herbringen würden, damit er hört, was wir fordern. So ging der Mittwoch vorüber. Dann kam (NUM-Präsident) Zokwana. Er forderte uns auf, wieder zur Arbeit zu gehen. Wir waren der Meinung, dass er das Thema verfehlt … und darüber hinaus, wo war er überhaupt? Als unser Führer, unser Präsident spricht er mit uns in einem Hippo sitzend. Wir forderten ihn auf, einfach direkt mit uns zu sprechen, wenn er schon was zu sagen hatte. Wir wollten direkt mit ihm sprechen, damit wir mit ihm verhandeln konnten. Mit ihm als dem Boss derer, die auf uns geschossen hatten, verstehst du?

Also am Donnerstag hätten wir den Bericht erhalten sollen darüber, was am Mittwoch geschehen war, aber wir erhielten keinen Bericht darüber, was raus gekommen war, als sie mit der Polizei abgezogen waren. Dann kamen Leute von der AMCU. Auch sie meinten, der Arbeitgeber sollte uns eine Antwort übermitteln. Diese Leute von der AMCU gingen hin, kamen zurück und einer von ihnen erklärte uns, dass der Arbeitgeber nicht mit ihnen sprechen wollte, dass er alles bereits gesagt habe; und er sagte, dass auch sie uns bitten, zurück zur Arbeit zu gehen, denn unsere Entscheidung sei falsch gewesen. Also sagte er „bitte geht zurück an die Arbeit", und wir erklärten ihm „niemand hat uns den Auftrag gegeben, hierher zu kommen und [am Berg] zu bleiben. Wir haben das aus eigenem Entschluss gemacht, ohne eine Gewerkschaft. Wir sind hier weder als NUM-Mitglieder [noch als] AMCU-Mitglieder, nur in Karee hat die AMCU uns angeführt." Und im Ost- und im Westschacht gab es keine [AMCU], da gab es nur die NUM. Dann sagte Zokwana noch einiges. Er sagte, am Berg habe er keine Mitglieder. [Er sagte] seine Mitglieder seien in die Arbeit gegangen, aber das hatten wir bereits im Radio gehört. Wir hörten es nicht direkt von ihm. Und wir dachten uns, vergessen wir das, denn alles, was wir wollen, ist ein Gespräch mit dem Arbeitgeber.

Der AMCU-Präsident versuchte, uns mit Bitten dazu zu bringen, wieder zur Arbeit zu erscheinen. Er sagte, sie stünden hinter uns und würden mit dem Arbeitgeber sprechen. Wir antworteten ihm „nein, mein Herr, wir hören uns das nicht mehr an, denn uns hat das Komitee hierher bestellt." Da ging er, und wir glauben, er war überhaupt das erste Mal in Marikana. Wir sahen Hippos; sie legten einen Drahtzaun aus, Stacheldraht. Sie legten den Drahtzaun mit dem ersten Auto aus, dem ersten Hippo; der erste Zaun war aufgestellt, da saßen wir immer noch da. Dann legten sie den zweiten Zaun und sie verbanden ihn mit dem Ende des ersten. Da dachten wir „es ist Zeit, hier zu verschwinden", und das taten wir dann auch. Wir rannten auf die andere Seite, und dann … wir begannen zu laufen, denn wir wollten raus aus dem Gatter, das sie für uns aufstellten … Viele von uns rannten [vermutlich zur verbliebenen Lücke im Zaun], dort trafen wir uns alle, und dann gings los. Wir rannten bloß, wir kämpften nicht, denn wir sahen den Zaun. Wir rannten, und sie begannen zu schießen; wir hatten keine Ahnung, wie viele Leute dabei starben.

Aber uns wurde klar, dass es hier keine Chance gab zu überleben, denn wir waren im offenen Raum. Ich überlegte, wie weit ich rennen musste, und ich sah, dass die Hippos genau auf uns zu kamen. Und ich dachte, jetzt müsste ich die Richtung ändern, hin zu den Baracken. Und da sah ich die Polizei das machen, was sie zu diesem Zeitpunkt tat: Die Hippos jagten Leute, es waren Militär-Hippos. Dann gab es noch einen LKW mit Tränengas, aber nein, sie begannen mit den Wasserwerfern, es war ein Wasserwerfer mit grünem Wasser. Und die Soldaten schnappten sich Leute raus, und die Polizisten kamen zu Fuß daher. Die meisten Menschen starben … während sie in Richtung Marikana rannten. Sie starben, indem sie von Autos überfahren wurden, auf ihrem Weg nach Marikana.

Da trennten wir uns, flüchteten in verschiedene Richtungen. Und am 16. und am 17. kam der Schmerz, denn wir alle hatten einander gekannt. Und wir wollten wissen, ob mein Bruder oder mein Freund oder sonst jemand, mit dem ich zusammen arbeite [gestorben war]. Denn wir kannten uns doch alle. Wir fragten uns, ob der oder jener überlebt hatte oder was mit ihnen los war. Und die Leute, [die] Telefonnummern hatten, riefen wir an um heraus zu finden, ob sie überlebt haben. Sie sagten „nein, ich habe es überlebt". Am 16. und 17. läuteten pausenlos die Telefone, wir sehnten uns danach, die anderen wieder zu sehen. Nur um sicher zu sein, dass sie überlebt hatten. Vor allem die Leute, von [denen] wir keine Telefonnummern hatten. Der 17. war ein sehr trauriger Tag für uns. Wir wussten nicht, wer überlebt hatte, denn alle waren um ihr Leben gerannt. Aber als dann die Berichte kamen und wir auch im Radio hörten ... wie viele Menschen gestorben waren. Wenn sie dir erzählen, wer gestorben ist, und du kanntest diese Person, das ist ein so großer Schmerz.

Auch am 16. tat es uns weh ... aber am 17., als wir einander gegenseitig Bericht erstatteten über die, die es noch gab, das war wirklich fürchterlich. Denn manche kamen nicht zurück, und wir wussten nicht, ob jemand gestorben war oder was sonst mit ihm los war. Wir machten uns nur noch Sorgen ... Am 17. fragten wir immer noch jede_n, ob er_sie diesen oder jene gesehen hat. Dann sagte jemand nein, habe ich nicht gesehen. Dann begannen wir, in den Spitälern und Gefängnissen nachzufragen. Wir fertigten eine Liste an von den Gefangenen, und auch von denen in den Spitälern, um herauszufinden, wer wo war, verstehst du? Danach wussten wir, wer wo war, wer im Gefängnis war. Das half uns, denn nun wussten wir, dass Leute, von denen wir gedacht hatten, sie seien tot, am Leben waren. Der ist [gerade] im Gefängnis. Aber uns war nicht klar, warum die Leute im Gefängnis waren, warum sie verhaftet worden waren. Dieser 16. August war äußerst schmerzhaft.

INTERVIEWER: Wenn wir uns die Arbeiter_innen ansehen auf ihren Märschen, oder wenn sie singen – wie nennen sie diese Dinger, Speere und so Sachen, was bedeutet das, warum tragt ihr Speere?

MINENARBEITER: Bruder, was soll ich über die Speere sagen, die Speere und Stöcke. Das haben [sie] von daheim mitgebracht. Es ist unsere Kultur als Schwarze, als Xhosa – ich bin ein Xhosa – es ist unsere Schwarze Kultur. Auch daheim haben wir Speere und Stöcke. Sogar hier, wenn ich beispielsweise am Morgen aufwache, oder in der Nacht ... wenn ich nach den Kühen sehe, wenn ich nach etwas anderem sehe, habe ich immer meinen Speer oder Stock dabei. Oder wenn ich nachts urinieren gehe, denn ich habe keine Toilette im Haus, ich gehe also raus. Wenn ich also raus gehe, habe ich meinen Stock dabei, ich gehe niemals ohne ihn außer Haus. Der Stock oder der Speer, das ist unsere Kultur. Das ist der Grund, warum wir ihn auch hier haben. So wie der *weiße* eine Schusswaffe trägt, wenn er sein Haus verlässt. So hat er es gelernt. Und deshalb sind die Stöcke und Speere ... die Kultur der Schwarzen.

Minenarbeiter 2

INTERVIEWER: Könntest du erklären, wie du Teil der Arbeiter_innenversammlung wurdest, die am 9. begonnen hat? Könntest du das ein wenig aus deiner Sicht erzählen?

MINENARBEITER: Am 9. kamen wir Arbeiter_innen zusammen, weil wir um höhere Löhne kämpfen wollten, wir wollten eine Lohnerhöhung. Wir gingen zu Nummer 1 ... als wir dort ankamen, trafen wir einen *weißen* ... wir wollten unseren Arbeitgeber treffen, aber der Sicherheitsdienst der Mine hielt uns auf, sie sperrten alles mit „danger tapes"[4] ab. Und sie erklärten uns, dass der Arbeitgeber bereits über unsere Beschwerden informiert sei, und dass sie darüber jetzt eine Besprechung hätten. Wir fragten uns, woher können sie das gehört haben, ohne dass sie mit uns darüber gesprochen haben. Sie hinderten uns daran, weiter zu gehen. Wir hörten ihnen zu. Sie sagten, dass es hier nicht weitergeht; wir setzten uns dort hin und warteten fünf Minuten. Dann kamen sie zurück und meinten, wir sollten weitere zwei Stunden warten. Also warteten wir noch zwei Stunden. Dann kamen sie wieder, diesmal war ein NUM-Mitglied dabei. Er erklärte uns, dass der Arbeitgeber nicht mit uns sprechen wird, weil wir nicht davor mit ihnen [der NUM] gesprochen hatten ... Am Dienstag begannen wir in unserer Arbeiter_innenversammlung darüber zu diskutieren, wie wir an Nummer 1 rankommen konnten, und am Freitag trafen wir uns nochmals. Weil uns erklärt worden war, dass wir nicht bei der NUM gewesen waren, beschlossen wir, [am Samstag] erstmal zur NUM zu marschieren. Wir wollten sie um ihre Erlaubnis fragen und uns bei ihnen dafür entschuldigen, dass wir zum Arbeitgeber gegangen waren, ohne sie zuvor zu informieren.

Wir gingen also als Arbeiter_innen zum NUM-Büro, aber die NUM-Leute schossen auf uns, und zwei Menschen starben. Wir rannten davon, sie uns nach, bis wir weit genug weg waren. Da hörten sie mit der Verfolgung auf. Deshalb sind wir zum Berg gekommen, weil wir geschlagen worden waren und Blut vergossen wurde und einige von unseren Leuten sogar gestorben sind. Dann kamen wir zurück, und wir blieben am Berg. Und wir beschlossen,

---

4   AdÜ: Gefahrenzonenbänder, Bänder mit der Aufschrift „Gefahr".

wenn es zum Kampf kommt, sollten die Männer auch ihre eigenen knobkerrie haben. Wir beschlossen, unsere knobkerries und unsere Speere zu holen, dann gingen wir zurück zum Berg und dort blieben wir bis Sonntag.

Nachdem wir am Sonntag aufwachten, beschlossen wir, zurück zu den Leuten von der NUM zu gehen, die uns geschlagen hatten. Aber der Sicherheitsdienst der Mine kämpfte mit uns. Zwei Buren[5] waren dabei und ein Polizei-Hippo, Regierungspolizei. Wir ersuchten sie, den Weg freizugeben, und das taten sie dann auch. Aber gleich darauf schossen sie auf uns, also kehrten wir um und verjagten sie. Dann gingen wir weiter. Der Sicherheitsdienst und die Polizei schossen auch auf uns, deshalb gingen wir zurück zum Berg; und wir blieben am Berg.

Auch am Montag hörten wir, dass in Schacht 3 immer noch gearbeitet wird, also zogen wir los, um diese Arbeiter_innen von der Arbeit abzubringen. Wir gingen los, wir sangen nicht. Als wir bei der Mine ankamen, hielt uns der Sicherheitsdienst auf. Sie meinten, wir sollten umkehren. Aber da war [ein] Bure, der auf uns schießen wollte, während sie mit uns sprachen. Wir erklärten ihnen, dass wir die Leute, die noch arbeiten, auffordern wollten, die Arbeit einzustellen. Denn wir waren im Streik, und da wollen wir nicht, dass irgendjemand weiter arbeitet. Sie sagten zu uns „niemand arbeitet", und dass sie alle, die sie noch bei der Arbeit erwischen, raus holen würden um deren Arbeit zu beenden. Und sie forderten uns auf, wieder zu gehen. Wir wollten, dass sie den Arbeitgeber holen, und sie erklärten sich dazu bereit. Weiters sagten sie, wir sollten nicht den Rückweg über das hostel nehmen, sondern durch den Wald gehen. Wir gingen durch den Wald und während wir so marschierten, sahen wir einen LKW und ein Hippo, Regierungsfahrzeuge. Sie kamen, und als sie näher kamen, blieben wir stehen. Sie kamen raus aus den Fahrzeugen und Herr Mzoli, ein Polizist, sprach. Eine *weiße* Frau war auch dabei.

Sie fragten uns, woher wir kommen. Wir erklärten ihnen, woher wir kamen, und sie fragten uns, wohin wir gingen. Wir erklärten ihnen, dass wir die Arbeiter_innen treffen wollten, die noch auf Arbeit waren, während wir am Berg saßen. Sie fragten

5   AdH: Siehe Anmerkung 37, Seite 54

uns, ob wir wüssten, dass es illegal sei, die Dinger mit uns herum zu schleppen. Wir sagten „ja, wissen wir". Dann forderten sie uns auf, sie ihnen auszuhändigen, und wir sagten „wir sagen nicht, dass wir sie euch nicht geben werden, aber wir möchten, dass ihr mit uns mitkommt, bis wir beim Berg sind. Wenn wir dort angekommen sind, werden wir euch die Dinger geben. Denn dort sind noch mehr Leute, die Leute, die uns hierher geschickt haben."

Die *weiße* Frau sagte – sie sprach englisch – sie sagte, sie sollten uns die Waffen abnehmen; und wenn wir sie nicht freiwillig hergeben, dann sollten sie auf uns schießen. Ein Zulu-sprechender Polizist sagte, dass er jetzt bis zehn zählen werde, und danach werde er der Polizei den Befehl geben, auf uns zu schießen.[6] Dann begann er zu zählen, 1, und als er bei 2 war, begannen wir zu singen und die Polizei kreiste uns ein ... vor und hinter uns war ein Hippo, wir dazwischen. Wir fanden einen Spalt, durch den wir raus kommen konnten. Denn auf einer Seite waren nur sechs Polizisten, also gingen wir zwischen ihnen durch, sie ließen uns passieren, ohne dass wir kämpften. Wir sangen bloß. Und als wir vielleicht 10 Meter von der Polizei entfernt waren, begannen die Polizisten auf uns zu schießen. Dabei kamen zwei Polizisten ums Leben, und auch zwei unserer Mitglieder; einige wurden angeschossen und verletzt, sie gingen dann ins Spital. Wir riefen unsere Leute an, dass sie kommen sollen. Sie kamen, und die Polizei musste abhauen. Sie kam aber zurück, mit einem Hippo, und sie schossen auf die Leute. Die erste Person, die sich auf der anderen Seite des Bahndamms befand, wurde erschossen. Als er über den Damm ging, erschossen sie ihn. Ein zweiter Mann wurde vom Hubschrauber ins Visier genommen, als er davonrannte; sie erschossen ihn in einer Baracke. Wir kehrten um, organisierten ein Auto und brachten die Verletzten ins Spital. Das war am Montag.

Am Dienstag, als wir morgens um 8 Uhr immer noch dort saßen, kam ein Hippo, eine Menge Hippos kamen, und sie hielten an. Ein Bure tauchte auf; er sagte über einen Lautsprecher „Arbeiter" – er sprach in Fanakalo – „Arbeiter, wir sind nicht gekommen, um euch zu bekämpfen, wir sind als Freunde gekommen. Wir möchten eure Verantwortlichen sprechen". Wir erklärten ihm, dass wir keine Vertreter_innen haben. Darauf meinten sie, wir sollten fünf Männer bestimmen, mit denen sie sprechen würden. Wenn wir ausgewählt hätten, würden sie wieder zurückkommen … Als sie dann dorthin kamen, erklärten sie uns, dass sie nicht da waren, um uns zu bekämpfen, sondern um Freundschaft aufzubauen. Dann sprachen sie mit ihm und erklärten ihm, dass wir mit dem Arbeitgeber sprechen wollten. Als sie gingen, meinten sie noch, dass sie den Arbeitgeber am Dienstag bringen würden. Sie sagten, sie würden am Mittwoch zurückkehren.

Am Mittwoch kamen sie zurück, und sie meinten, nun wollten sie eine Beziehung zu uns aufbauen, aber sie wollten ihre Hippos nicht verlassen. Sie meinten, das verlangten die Regeln. Sie kamen nicht aus den Hippos raus, während sie mit uns sprachen, das sind die Regeln der Regierung. Die Regel besagt, dass jemand, der mit einem anderen spricht, nicht aus dem Hippo raus kommen soll. Am Mittwoch kamen sie also zurück, um eine Beziehung aufzubauen. Wir erklärten ihnen, dass wir mit ihnen nicht sprechen würden, wir warteten auf unseren Arbeitgeber, den sie bringen sollten. Da blieben sie. Gegen 4 Uhr nachmittags kam Herr Zokwana in einem Hippo. Sie sagten, sie seien zurückgekommen, um Beziehungen zu uns aufzubauen, sie seien mit unseren Vertretern da. Wir gingen wieder zum Hippo und dort sahen wir Herrn Zokwana. Wir ersuchten sie, das Megaphon raus zu geben, damit wir damit sprechen konnten. Da wurde klar, dass sie das nicht wollten, und wiederum sagte Herr Zokwana „Nein". Aber dann holte er es wieder raus und wir sprachen und sagten, dass wir froh seien, Herrn Zokwana hier zu haben. Und dass wir hofften, dass wir bald zu einer Lösung kommen würden. Aber Herr Zokwana sagte, er sei nicht hier, um mit uns zu sprechen. Dann sagte er, wir sollten einfach unter Tage gehen. Wenn uns das nicht passt, dann würde er der Polizei sagen, sie soll uns niederschießen.

Der Hippo machte kehrt, und er sagte, er werde unsere AMCU-Vertreter anrufen. Sie fuhren ab und ein wenig später kamen unsere AMCU-Vertreter. Auch die AMCU-Leute sprachen mit uns, und wir forderten sie auf, aus dem Hippo rauszukommen. Wir kannten sie nämlich nicht … Sie erklärten uns, dass sie nach südafrikanischem Recht nicht aussteigen durften, wenn sie sich mit uns unterhielten. Wir sagten ihnen, dass wir mit ihnen sowieso nichts zu besprechen hätten, wir wollten einfach, dass sie mit unserem Arbeitgeber wiederkommen …

[Am] Donnerstag … kamen sie in ihrem eigenen Wagen. Und es kamen so viele Hippos, darunter auch Hippos mit Drahtzaun, der eine, mit dem sie uns dann einzäunten, und wir gingen hin, um mit den Buren zu sprechen … und Herr Mathunjwa bettelte uns an, er fiel sogar auf die Knie und heulte, und er sagte, er bitte uns inständig, zurück an die Arbeit zu gehen. Sie würden hier bleiben und sich überlegen, wie wir zu dem Geld kommen könnten, 12.500 Rand. Wir sagten „das können wir nicht machen", und wir forderten auch ihn auf, wieder abzuhauen, denn wir sind keine AMCU-Mitglieder, wir sind auch keine NUM-Mitglieder … Dann ging er, und er kam gerade 50 Meter weit um die Felsen herum. Was dann geschah, war, dass wir mit diesem Zaun eingesperrt wurden. Wir waren eingesperrt und gingen rüber zu dem [kraal]; dort begannen sie, auf uns zu feuern. Die erste Person, die zu schießen begann, war ein Soldat in einem Hippo; er hat keinen einzigen Warnschuss abgegeben. Er schoss einfach genau auf uns, er erschoss eine Person, die ein Kaizer Chiefs-T-Shirt[7] trug; das war der erste, der zu Boden fiel. Er wurde hier getroffen; er stand hinter mir, sie trafen ihn und er fiel. Sie schossen auf uns, während wir hier im [kraal] waren. Sie setzten auch Tränengas ein, sie schossen auf uns, bis wir hierher kamen.

Die Leute wurden nicht umgebracht, weil sie kämpften. Sie wurden umgebracht, während sie davon liefen, während sie flohen. Wir kämpften nicht, wir wurden erschossen, während wir rannten, durch das Loch rannten; deshalb wurde auf uns geschossen. Wir wollten nicht von einem Drahtzaun eingesperrt werden wie Kühe. Leute rannten zum Berg, einige wurden sogar von Hippos überrollt, Hippos mit Soldaten. So lief das ab, genau das

7   AdH: Die Kaizer-Chiefs sind Südafrikas erfolgreichstes und beliebtestes Fußballteam mit geschätzten 16 Millionen Fans. 1970 in Soweto gegründet verbindet sie eine starke Lokalrivalität mit den Orlando-Pirates, die 1937 ebenfalls in Soweto gegründet wurden. Das Dress der Kaizer-Chiefs ist gold-schwarz-gestreift und ist auf vielen Fotografien der Arbeiter_innen von Marikana zu sehen. Siehe: http://www.kaizerchiefs.com [18. August 2013]

ist passiert: einige wurden erschossen und mit Gewehren umgebracht, und eine Menge Leute wurde von Hippos überrollt.

Am Freitag [dem 17.] [kam] der südafrikanische Präsident Zuma … Er sagte, dass er seine Leute holen wird, und uns umbringen wird; da wurde uns klar, dass er derjenige gewesen ist, der der Polizei den Befehl erteilt hat, uns zu töten … Zuma kam nie zu uns … Wer kam, war zunächst Malema[8]. Malema war der erste, der zu uns kam, und dann kamen die ganzen Parteien. Zuma war der letzte, der zu uns kam. Er sagte, er habe von unseren Forderungen gehört. Und er beauftragte ein Komitee mit den Untersuchungen. Sie sollen die Wahrheit herausfinden. Denn er meinte, wir seien Diebe, und weil wir Speere hatten und solche Sachen, hätten wir vorgehabt, Leute umzubringen. Weil wir unsere Speere haben. [Er sagte,] wir seien Leute, die gerne Blut fließen sehen. Die einzigen, die immer noch darauf aus waren, uns mit dem Arbeitgeber zusammen zu bringen, bis heute, waren Leute von der Kirche und die traditionellen Chefs[9] aus der Gegend. Sogar die traditionellen Chefs aus dem Eastern Cape kamen, um mit uns in unserer Not zu trauern. Nach all diesen Tagen sind wir immer noch hier und fordern unsere 12.500 Rand. Wir sagen, wir gehen nicht unter Tage, ehe wir die 12.500 Rand bekommen. Und wir gehen nicht unter Tage, solange unsere Leute im Gefängnis festgehalten werden, weil sie für ihre Rechte kämpfen. Und wir gehen nicht unter Tage, ehe unsere Leute begraben sind. Und wir gehen nicht unter Tage, ehe bestimmte Leute gefeuert werden.

Heute bereiten wir uns auf eine Reise vor, wir begraben wieder ein paar Leute diese Woche; nächste Woche werden wir weitere Begräbnisse haben, ehe wir mit den Beerdigungen fertig sind.

---

8 AdH: Julius Sello Malema, geboren 1981, war von 2008 bis zu seiner Suspendierung im April 2012 Präsident der ANC*-Youth League und gründete 2013 die Partei der Economic Freedom Fighters, die für sich in den Arbeiter_innen von Marikana großes Wähler_innenpotenzial sieht. Siehe auch Kapitel „Analyse und Schlussfolgerungen".

9 AdH: „Traditional chiefs/leaders" sind Teil lokaler Klientelsysteme und Administration, deren Rechte und Aufgaben, die vor allem in der Adjustierung von Gewohnheitsrechten liegen, in der Verfassung verankert sind. Auf gesamtstaatlicher Ebene sind sie im „National House of Traditional Leaders" organisiert.

Und wir warten immer noch auf die Leute, die wir als unsere Vertreter geschickt haben, damit sie mit dem Arbeitgeber sprechen. Und wenn [die Medien] behaupten, dass die Gewerkschaften auf dem Kriegspfad sind, dass die NUM und die AMCU kämpfen, dann sind das Lügen. Hier kämpfen einzig die Arbeiter_innen. Das AMCU-Büro ist in Karee, und in Ost und West sind die NUM-Büros. Es gibt keine kämpfenden Parteien, sondern nur Arbeiter_innen. Die Arbeiter_innen kämpfen um ihre Rechte. Wenn sie einen höheren Lohn fordern, werden sie umgebracht, von der NUM, von Zokwana, von der Mine und von der Regierung, die wir bis jetzt immer noch gewählt haben.

Minenarbeiter 3

INTERVIEWER: Kannst du uns etwas über den Streik erzählen, wie er begann?

MINENARBEITER: Der Streik begann am 9., da haben wir angefangen, uns zu treffen. Am 9., und als wir an diesem Tag begannen, ging es um die Bohrhauer … als wir am Donnerstag zum Management gingen … wollte das Management nicht mit den Bohrhauern sprechen … Und nach der Weigerung des Managements mit ihnen, mit uns, zu sprechen, kam die NUM zu uns. Und sie sagten, dass das Management nicht mit uns sprechen wird. Deshalb sind wir geblieben, nicht weggegangen, wir haben uns geweigert zu gehen. Der nächste, der zu uns kam, war ein Schwarzer aus dem Management, nicht der, mit dem wir sprechen wollten. Er sagte, das Management habe unsere Beschwerden zur Kenntnis genommen. Da hatten wir ein Problem damit, denn wir hatten noch gar nicht mit ihnen gesprochen. Wo hat er von unseren Beschwerden gehört? Wir haben ihm jedenfalls nicht erzählt, was wir von ihm wollen. So verging dieser Tag; und dann waren plötzlich Polizisten da. Sie waren angefordert worden und sie sagten uns, dass wir nicht dort sein sollten. [Er sagte], wir sollten gehen, denn wenn wir das nicht täten, würde die Polizei ihren Job machen. Also gingen wir zurück, und dann hörten wir, dass die NUM meinte, wir hätten nicht zuerst mit ihnen, als

Gewerkschaft, gesprochen, wir seien einfach selbst zum Management gegangen.

Also kamen wir zurück und beschlossen, dass diejenigen, die in der Nachtschicht arbeiten – denn da gabs Leute, die in der Nachtschicht arbeiteten – dass also niemand, so wie wir, nachdem wir vom Management zurückgekehrt waren, niemand bei der Arbeit erscheinen wird. Denn das Management zeigte keinerlei Respekt, sie wollten mit den Bohrhauern nicht einmal sprechen. Damit wurde es ein allgemeiner Streik, und so hat das begonnen. Am Samstag beschlossen wir, zur NUM zu gehen. Sie hatten ja gesagt, dass wir nicht einfach zum Management marschieren können, ehe wir mit ihnen gesprochen haben. Aber noch bevor wir bei den NUM-Büros angekommen waren, kamen sie schon raus und schossen auf uns. Sie schossen auf uns, auf uns als Arbeiter_innen von Lonmin; zwei Leute starben am Samstag. Als wir von dort abhauten, konnten wir nicht mehr in das Stadion gehen, wo wir unsere Treffen abgehalten hatten. Die Tore zum Stadion waren geschlossen. Sie wollten uns dort nicht mehr haben.

Also beschlossen wir, zum Berg zu gehen, denn wir haben erkannt, dass wir dort nicht mehr willkommen sind, und dass die NUM bei ihren Büros auf uns geschossen hat. Dann gingen wir zum Berg. Am Samstag sind wir dorthin, nachdem die NUM auf uns geschossen hat … Wir kamen dort an, nahmen Platz, und dann kam der AMCU-Vertreter von Karee zu uns … Er dachte, dass er es schaffen würde, mit dem Arbeitgeber zu sprechen [es gelang ihm aber nicht]. Er ging, kam wieder und erzählte uns, dass die Person, die er getroffen hatte, nicht der Arbeitgeber war, sondern bloß jemand, der im dortigen Büro arbeitet. Also blieben wir beim Berg.

Am Sonntag kam die Polizei, während wir beschlossen, zur Bop Mine zu gehen, um den Leuten dort zu erklären, dass absolut niemand zur Arbeit erscheinen solle. Dass sie zur Kenntnis nehmen sollten, dass der gesamte Ort geschlossen ist. Und vor der Bop Mine wartete bereits die Polizei auf uns. In der Nähe des Stadions von Wonderkop forderten sie uns auf, nicht zur Bop Mine zu gehen. Es sei schon spät. Wir gaben nach und gingen zurück zum Berg, wo wir blieben.

Am Montag [13. August] kam die Polizei, und zwar massenhaft. Mit ihnen kam ein *weißer*, der diese Sprache spricht, die wir in der Mine sprechen, aber er war in einem der Polizei-Hippos. Er sagte, er möchte mit uns sprechen, er möchte eine Beziehung zu uns aufbauen. Wir versuchten, das Komitee herbeizuholen, das wir gewählt hatten, damit es zum Management geht, um mit ihm zu sprechen. Wir sagten, dass diese Leute von Angesicht zu Angesicht mit dem Komitee sprechen sollten. Aber diese Leute weigerten sich, das zu tun. Sie wollten nicht aus ihren Hippos raus kommen. Sie gaben uns lediglich ein Megaphon. Während sie immer noch im Hippo saßen, sagten sie, sie wollten Beziehungen zu uns aufbauen. Wir fragten „welche Art Beziehung denn? Der einzige Grund, warum wir noch hier sind, ist doch, weil wir unseren Arbeitgeber sehen wollen." Darauf erhielten wir nie eine Antwort. Sie sagten lediglich, sie wollten „eine Beziehung zu uns aufbauen". Wir sagten ihnen „ok., dann möchten wir wissen, wie ihr heißt". Sie haben ihre Namen nicht rausgerückt. Und dann sagten wir ihnen „wir sprechen mit euch nicht mehr".

Wir gingen zurück zum Berg und blieben dort. Aber sie kamen zurück und sagten über einen Lautsprecher, sie wollten Beziehungen zu uns aufbauen. Wiederum schickten wir unsere Leute zu ihnen. Und dann sagte dieser Mann, Mambush sagte „ehe ich nun mit euch spreche, sagt mir doch eure Namen". Das wollten sie nicht machen. Drinnen saßen eine *weiße* Frau und dieser [andere] Mann, wir glauben, der Chef der Mine. Nur er trug Zivilkleidung, und diese schusssichere Weste … Was er (AdÜ: gemeint ist Mambush) machte, war, dass er das Handy eines Minenarbeiters nahm und fragte, ob er ein Foto schießen dürfe. Sie sagten nein und drehten die Gesichter zu Boden. Sie wollten nicht mit ihnen sprechen, und daraufhin sagten sie ihnen „wenn ihr uns nicht einmal eure Namen sagt, und wenn ihr euch nicht fotografieren lasst, dann sprechen wir auch nicht mit euch."

Am Dienstag [14. August] kamen sie wieder, später fuhren sie wieder nach Hause, und am Morgen kamen sie zurück. Sie kamen zurück und wollten immer noch dieselbe Beziehung zu uns aufbauen wie am Vortag, aber jetzt wollte niemand mehr mit ihnen reden … wir sagten, sie sollen mit uns kommen [um zum Management zu fahren], oder sie sollten das Management herbringen. [Wir sagten] „nur die zwei Sachen wollen wir von euch, entweder ihr bringt das Management her, oder ihr bringt uns zum Management, nur die beiden Sachen." Sie antworteten, es gibt nichts, das sie mit uns zu schaffen hätten. Sie seien nur hier, weil das ihr Job ist. Sie sind nur hier, um für Frieden zu sorgen. Sie haben nichts am Hut damit, dass wir das Management wollen. Sie werden uns das Management nicht bringen…

Am Mittwoch waren wir immer noch da und es [wurde] spät. Der Typ, der unsere unter Tage-Sprache, Fanakalo, spricht, war immer noch da. Und [er] meinte immer noch, er wolle eine Beziehung zu uns aufbauen. Wir sagten „nein". An diesem Tag hatten sie einen anderen Hippo, mit dem sie herum fuhren. An diesem gab es keine Möglichkeit raufzusteigen. Wenn sie mit ihnen sprachen, konnten sie raufklettern und sich mit ihnen unterhalten. Aber dieser Hippo hatte keine Stoßstange, deshalb konnten sie nicht raufklettern, um mit ihnen zu sprechen. Sie sagten ihnen, sie sollen näher kommen, zu einem Stein, auf den sie steigen wollten, um mit ihnen zu sprechen. Sie sagten nicht wirklich „nein", aber sie sagten, dass diese Leute, die fünf madoda [Männer] näher kommen sollten. Die fünf madoda kamen also näher, und dann mischte sich [ein Arbeiter] ein. Er sagte, dass er nichts mit ihnen am Hut habe, wenn sie ihm nicht ihre Namen sagten. Während [der Arbeiter] mit ihnen sprach, sah er diesen Mann, sie sagen, er ist der Präsident der NUM, Herr Zokwana, das war am … Mittwoch [15. August].

Er bemerkte Herrn Zokwana und er sagte „Herr Zokwana, ich freue mich, dass ich Sie sehe. Bitte geben Sie mir das Megaphon, [damit] ich damit sprechen [kann]." Aber Herr Zokwana sagte „Nein". Aber die *weiße* Frau sagte, sie sollten es ihm geben, und er sagte „Herr Zokwana, ich bin froh, dass Sie zu uns gekommen sind. Wir ersuchen Sie heraus zu kommen, damit wir uns unterhalten können." Und Herr Zokwana sagte „Nein, hier in Südafrika ist es Vorschrift, dass wir nicht aus dem Hippo steigen, wenn wir uns mit euch unterhalten." Darauf meinten wir „als Arbeiter_innen kennen wir diese Vorschrift nicht, aber als Führer … wo sollten Sie da stehen? Sie sollten zu den Arbeiter_innen kommen, nicht in einem Hippo sitzen." Aber Herr Zokwana sagte „nein", und dann nahm er den Lautsprecher. Er sagte zu uns, der einzige Grund für sein Erscheinen sei, uns aufzufordern, unter Tage zu gehen. Mehr habe er uns nicht zu sagen.

Jetzt konnten ihn alle Arbeiter_innen hören, denn er sprach über einen Lautsprecher. Und sie sagten „nein", dieser Typ solle verschwinden. Denn er ist nicht gekommen, um unsere Forderungen zu unterstützen. Als er ging, sagte er „ich gehe jetzt, ich werde eure AMCU-Leute anrufen". Wieder riefen sie die AMCU an. Auch die kamen in einem Hippo und wir sagten ihnen, dass wir nicht mit ihnen sprechen, solange sie im Hippo sitzen. Sie sagten „wir sind an die Regeln gebunden, die es hier gibt. Wir wollten aussteigen und mit euch sprechen. Aber die Vorschriften besagen, dass wir hier im Hippo bleiben müssen, nicht raus dürfen. Denn wir sind [d.h. ‚ihr', also die Arbeiter_innen ‚seid'] keine Guten." Darauf sagten wir „ok., wir können mit ihnen sprechen, es sind wirklich AMCU-Vertreter." Sie meinten, sie seien gekommen, um sich mit uns zu unterhalten, und wir sagten „ok." Sie sollten sprechen, kein Problem. Sie begannen zu sprechen, darüber, wie wir mit unserer Forderung umgehen könnten. Die Arbeiter_innen meinten „das hat mit euch nichts zu tun. Wenn ihr morgen mit uns sprechen wollt, solltet ihr den Arbeitgeber hierher bringen. Denn das hier hat nichts mit der Gewerkschaft zu tun. Wir als Arbeiter_innen verlangen lediglich nach dem Arbeitgeber." Und tatsächlich sagte der Präsident der AMCU zu den Arbeiter_innen, [dass er] zum Arbeitgeber gehen wird und morgen zurückkommen und [uns] Bericht erstatten wird.

Am folgenden Tag, gegen 12 Uhr mittags, da bin ich sicher, erzählten sie uns den Grund, warum sie so spät gekommen waren. Sie hatten eine Verspätung bei ihrem Termin ... denn sie hatten gesagt, sie würden gegen 9 Uhr da sein. Und dann erzählten sie uns, dass es eine Verspätung beim Management gegeben habe. An diesem Tag waren alle Gewerkschaften da. Und wir sagten ihnen wieder, dass wir nicht mit ihnen sprechen wollen. Wir sagten „wir wollen bloß den Arbeitgeber". Wir forderten sie auf, zu ihm zu gehen und ihm zu erzählen, dass wir Arbeiter_innen nur mit dem Arbeitgeber verhandeln möchten. Mehr hatten wir nicht zu sagen. Wir dachten, ihr schafft es, den Arbeitgeber hierher zu bringen ... An diesem Tag waren auch Soldaten anwesend. Wir sagten wegen der Soldaten, dass er mit den Soldaten kommen kann; Polizisten waren ebenfalls da, sie würden schon dafür sorgen, dass er in Sicherheit sei. Und als [Herr Mathunjwa] zurückging zu den Büros der Minen, zum Management, war er dort nicht mehr willkommen ... sie sagten ihm lediglich, dass unsere Zeit am Berg abgelaufen sei. Mehr erfuhr er nicht in den Büros des Managements. [Sie erklärten ihm, dass] ihre Zeit [die der Arbeiter_innen] am Berg vorbei sei, denn der Berg sei unter Regierungskontrolle.

Er kam zurück, um uns mitzuteilen, dass er im Büro lediglich erfahren habe, dass unsere Zeit am Berg abgelaufen sei, und dass sie sich anschickten, den Sicherheitsdienst und die Polizei herbeizuschaffen. Und er sagte zu uns, dass „das Management mit euch [Arbeiter_innen] abgeschlossen hat. Jetzt werden sie hier euer Blut vergießen." Er hat richtig gebettelt, dass wir den Platz [den Berg] verlassen, denn sie hätten mit uns am Berg bereits abgeschlossen. Und wir erklärten ihm „nein, du hast keine Ahnung, was hier abgeht. Du solltest also gehen." Und genau das tat Herr Mathunjwa dann. Und ich bin mir sicher, zehn Minuten, nachdem er gegangen war, rollte die Polizei den Stacheldraht aus. Sie hatten Anhänger, in denen war der Stacheldraht, und sie rollten ihn aus und dann ... begannen sie auf uns zu schießen. Und während sie auf uns schossen, konnten wir nicht zu unseren Baracken, in denen wir leben. Wir konnten nur nach vorne laufen, die andere Seite war bereits abgeriegelt ...

Aber nachdem die Soldaten angekommen waren, haben sie den Zaun eingesetzt. Sie haben bereits zuvor den Zaun verwendet, und da haben wir sie ersucht, ihn wegzuräumen, und sie stimmten zu. Aber nachdem jene Soldaten mit zwei Hippos angekommen waren, sagte die Polizisten, sie werden den Zaun nicht mehr wegräumen. Sie werden einfach ihren Job erledigen – da wurden wir dann verletzt. Ich zum Beispiel, ich schaffte es, mich zu retten, weil ich rannte. Als ich rannte, rannte ich in diese Richtung; eine Menge Leute, die verletzt wurden, rannte in Richtung des kraal dort. Manche blieben zurück, manche wurden von den Soldaten geschnappt, die in Richtung Berg zogen. Was auf diesem Berg geschah, weiß nur Gott, denn ab dann setzten sie dieses grüne Tränengas ein, ein wenig bläulich wie der Himmel, denn der Berg wurde dann [davon] grün. Ich kann nicht sagen, was an diesem Berg geschah, denn ich war recht weit weg und der Hubschrauber schoss ebenfalls auf uns, und so ging es weiter an diesem Donnerstag, am 16. August.

INTERVIEWER: Können Sie mir etwas über die fünf madoda und das Komitee erzählen?

MINENARBEITER: Ja schau, Bruder, die fünf madoda, den Begriff verwendet die Polizei. Sie sagten, sie wollen die fünf madoda. In dieser Sprache sprechen sie. Das ist die Sprache, die wir in den Minen sprechen. Aber sie hatten Polizeifahrzeuge. Der Name fünf madoda ist uns also von der Polizei gegeben worden. Als sie mit uns sprechen wollten, haben wir tatsächlich die fünf Männer gewählt, die jetzt als fünf madoda bekannt sind. Aber sie haben diesen Namen aufgebracht. Denn sie wollten nur mit fünf Männern sprechen, sie wollten nicht mit uns allen sprechen.

[Wir haben sie gewählt] an diesem Tag [vermutlich der 14., vielleicht aber der 13.]. Das Komitee war zu dieser Zeit sehr groß. Sie standen in vorderster Front, und wir haben diese Männer [die fünf madoda] gewählt. Wir hatten [bereits davor] ein Komitee. Das Komitee sorgte für Frieden und Ordnung, und hat sich um uns gekümmert. Wir hatten dieses Komitee bereits, aber es waren nicht nur die fünf madoda. Wenn du einen Streik beginnst, dann gibt es immer Leute, die es drauf haben, andere Leute unter Kontrolle zu halten; wenn nicht, wie bei anderen Streiks, dann vermasseln Leute es, zerstören Läden, schlagen andere Leute, solche Sachen können geschehen. Diese Leute hatten also die Leute in diesem Sinn im Griff. Es war das erste Mal [dass wir dieses Komitee hatten], denn die Gewerkschaft, von der wir dachten, dass sie uns vertreten würde, tat nichts für uns. Und deshalb beschlossen wir, ein paar von uns zu wählen, denn die Gewerkschaft erledigte ihren Job nicht mehr.

Minenarbeiter 4

INTERVIEWER: Wie lange dauert dieser Kampf schon?

MINENARBEITER: In diesem Kampf geht es insgesamt darum, dass wir mehr Geld wollten. Wir haben nicht gekämpft. Ich hörte, dass das Management behauptet, wir bekämpften die

Gewerkschaften. Wir haben nicht gegen die Gewerkschaften gekämpft, wir wollten einfach Geld: 12.500 Rand.

INTERVIEWER: Welche Gewerkschaft?

MINENARBEITER: Die NUM. Ja … wir bekämpfen sie nicht. Sie sind diejenigen, die am Sonntag Morgen auf uns geschossen haben, an unserem Versammlungsort. Und wir rannten davon …

INTERVIEWER: Wer hat an eurem Versammlungsort auf euch geschossen an diesem Tag?

MINENARBEITER: Es waren die Gewerkschaftsführer, das Gewerkschaftskomitee. Sie haben auf uns geschossen, sie haben zwei Jungs umgebracht. Wir rannten und ließen sie zurück. Sogar der Sicherheitsdienst der Mine schoss, aber nicht auf uns. Sie gaben Warnschüsse in die Luft ab, um uns einzuschüchtern. Und wir rannten davon und gingen zum Berg. Als wir am Sonntag [12. August] versuchten, zu ihnen zu gehen, schoss der Sicherheitsdienst auf uns. Aber wir wichen nicht zurück. Wir marschierten vorwärts. Als wir näher kamen, waren da noch mehr Leute vom Sicherheitsdienst der Mine, die auf uns schossen. Wir machten weiter, und da haben sie einige dieser Jungs erwischt und verprügelt. Sie haben aber niemand umgebracht, keinen von ihnen. Als wir zurück kamen, waren die Gewerkschaftsvertreter bereits weg. Also ging ich zum Berg. Ich glaube, das war am … [Donnerstag, 15. August], Soldaten kamen daher, und die Polizei. Als sie dort ankamen, haben sie einen Drahtzaun aufgebaut. Wir haben versucht, sie zu stoppen. Sie [sagten], wir sollten nicht versuchen, sie zu behindern. Sie täten nur, weshalb sie gekommen seien. Ok., … wir verließen sie … wir sagten ihnen, sie sollten diesen Zaun nicht aufstellen, denn wir zerstören hier nichts. Sie hörten auf.

Dann kamen unsere Führer, unsere Führer von der AMCU [und sie] sprachen mit uns. Ein Typ meinte, es scheint, als würden sie uns umbringen, wenn wir nicht wieder unter Tage gehen würden. Und sie wollten, dass alle Mitglieder überleben, dass niemand verletzt wird. Wir erwiderten, dass das keine Lösung sei, wir würden nicht zur Arbeit erscheinen, ehe wir nicht das Geld in unseren Händen hätten. Wir haben kein Geld, und wir haben lange darum gekämpft. Ich brauche Geld, unsere Kinder müssen in die Schule … Am Donnerstag Morgen kamen diese Leute wieder daher, und sie errichteten einen Zaun. Wir versuchten sie aufzuhalten, und sie hörten damit auf. Dann kamen die AMCU-Führer und [sie] sagten uns, dass sie mit unserem Management sprechen würden und dass sie bald wieder zurück wären. Wir sollten auf sie warten. Sie gingen tatsächlich, aber als sie dort ankamen, war das Management der Firma nicht für sie zu sprechen. Sie kehrten um, um uns Bericht zu erstatten, dann gingen sie wieder. Nach 20 Minuten kamen Soldaten in Autos an. Als sie ankamen, nahmen sie ihre Gewehre und schossen auf uns. Es war völlig konfus, einige Leute wurden von Hippos überrollt. Auch aus Hubschraubern wurde geschossen. Ich weiß nicht genau, was danach geschah, ich sah nur eine Menge Leichen, die eingesammelt wurden. Ja … sogar heute sagen wir noch, wir wollen dieses Geld, die 12.500 Rand, sonst nichts. Wir haben nicht gestreikt, wir haben nur unser Geld verlangt.

Interviewer: Warst du dabei, als diese Leute umgebracht wurden?

Minenarbeiter: Ja, ich war da, mein Herr.

Interviewer: Wie hast du diesen Tag überlebt?

Minenarbeiter: Ich lag am Boden, als geschossen wurde. Denn wenn du aufstehen würdest, so sagten sie, würdest du verletzt werden. Ich kroch davon und dann presste ich mich auf den Boden. So habe ich überlebt … indem ich gekrochen und flach am Boden gelegen bin. Ich bin von dort weggerobbt und dann rannte ich in eine nahe gelegene Baracke …

Interviewer: Wohin sind die anderen gerannt?

Minenarbeiter: Manche liefen nach Marikana. Die, die dorthin flüchteten, wurden am meisten beschossen, sogar von Hubschraubern aus. Andere kamen unter die Hippos. Nicht alle wurden erschossen, manche wurden von den Hippos überrollt …

Interviewer: Möchtest du sonst noch etwas erzählen, vielleicht habe ich einige Fragen vergessen?

Minenarbeiter: Ich kann erzählen, was geschehen ist … wir wurden wegen nichts umgebracht. Sie haben uns bekämpft, weil wir Geld verlangt haben. Wir haben nicht mit dem Management gekämpft. Wir wollten einfach wissen, wann sie uns unser Geld geben werden. Das Management dachte, es sei besser, sich an die Regierung zu wenden. Damit sie kommen und uns umbringen. Aber da war noch etwas anderes. Niemand kann einfach

Leute umbringen, ohne Ermächtigung. Es muss eine Abmachung gegeben haben zwischen unserem Management und der NUM … es hat ganz sicher so eine Abmachung gegeben, denn uns wurde gesagt, wir sollten unter Tage gehen. Wir gehen nicht unter Tage, solange wir nicht 12.500 Rand erhalten. Niemand streikt, wir wollen bloß dieses Geld. Wenn sie kommen und es uns jetzt geben, werden wir wieder auf Arbeit erscheinen. Das ist alles. Wir wollten nur, dass das Management uns zusagt „an diesem und jenem Tag werden wir euch das Geld geben". Aber stattdessen haben sie die Polizei gerufen, damit die uns umbringt, während wir nicht gestreikt haben.

INTERVIEWER: Du hast gesagt, einige NUM-Mitglieder haben bei der Mine Menschen umgebracht. Waren davor schon Zusammenstöße zwischen der NUM und den Arbeiter_innen, oder zwischen NUM und AMCU? Weißt du darüber etwas?

MINENARBEITER: Hören Sie, mein Herr, die Geschichte war so … als die Arbeiter_innen rübergingen, um ihnen mitzuteilen, dass wir mehr Geld fordern, da haben wir herausgefunden, dass die NUM das Management auf diese Frage gar nicht angesprochen hatte. Also sagten wir ihnen, uns ist jetzt klar, dass sie uns gar nicht helfen möchten. Deshalb werden wir selbst zum Management gehen. Denn wir sind diejenigen, denen es dreckig geht, während sie es sich gut gehen lassen und Tee trinken. Als sie zu ihrem Büro kamen, trafen sie auf uns, und [die NUM] fragte uns, warum wir über ihre Köpfe hinweg gehandelt hätten. Sie erklärten uns, dass hier nichts läuft ohne ihre Unterstützung. Dann, am Samstag Morgen, kamen sie [die NUM] in roten T-Shirts, und sie schossen auf die Leute. Sie erschossen zwei Leute … das war am Samstag Morgen, als dieser Streik begann. Einige von uns rannten davon, sonst konnte mensch nichts machen … Wir wollten zum Stadion laufen, aber da wurden Leute erschossen, deshalb gingen wir stattdessen zum Berg … Wir hätten dort [im Stadion] unsere Treffen abgehalten, wenn sie nicht auf uns geschossen hätten …

INTERVIEWER: Hatten vielleicht auch Arbeiter_innen Gewehre dabei?

MINENARBEITER: Nein, niemand von den Arbeiter_innen hatte ein Gewehr. Einige hatten Schwerter für den Fall, dass sie auf Schlangen treffen. Damit sie sich selbst verteidigen könnten, und um Feuerholz zu machen. Falls da Arbeiter_innen Gewehre gehabt haben, so habe ich die jedenfalls nicht gesehen. Ja, wir hatten bloß Schwerter. Wir hatten gekämpft, während die Gewerkschaftsführer es sich gut gehen ließen, Tee tranken. Wenn sie ein Problem haben, dann hilft ihnen das Management sofort. Sogar für ihre Handys erhalten sie Guthaben, für 700, 800 Rand, während wir kämpfen. Dieser Streik ist kein Streik der Gewerkschaft gemeinsam mit den Arbeiter_innen, sondern die Arbeiter_innen fordern Geld vom Management. Wir wollen bloß Geld vom Management. Die Gewerkschaft war nicht eingebunden, die AMCU war nicht eingebunden, sie kamen erst, als der Streik bereits am Laufen war. Wir wollten nur Geld. Sonst nichts, nur diese 12.500 Rand. Wenn sie uns morgen das Geld geben, gehen wir morgen wieder an die Arbeit. Wir verdienen zu wenig, wir kommen mit unserem Lohn nicht aus …

INTERVIEWER: Wie viel verdienst du im Monat?

MINENARBEITER: Ich verdiene 4.000 Rand, aber das reicht nicht. Die Kinder müssen in die Schule gehen, und dafür brauchen sie Geld für das Mittagessen. Und die Schulbücher sind teuer. Die Kinder haben es wirklich schwer … wir haben nicht genug zum Anziehen … wir schlagen uns wirklich schwer durch. Die Arbeiter_innen von Lonmin kämpfen, aber wir verrichten auch die härtesten Jobs. Ihr werdet feststellen können, dass die Aktienkurse steigen, aber wir nichts davon erhalten. Dieses Unternehmen ist das drittgrößte unter den Platinminen, aber für uns fällt nichts ab. Der Firma geht es gut, aber den Arbeiter_innen gehts mies … Diese Maschinen schaffen kein Geld; wir sind es, die hart arbeiten, aber wir erhalten nichts dafür. Die *weißen* maßregeln uns, wenn wir unserer Arbeit nicht richtig nachgehen oder einen Fehler machen. Es wäre schon besser, gemaßregelt zu werden, wenn wir dafür immerhin eine angemessene Bezahlung erhielten. Die *weißen* bezahlen sich gegenseitig besser, aber wir bekommen nichts.

Minenarbeiter 5

INTERVIEWER: Wie sehen deiner Meinung nach die Arbeitsbedingungen unter Tage aus?

MINENARBEITER: In den Minen herrscht Unterdrückung.
Du stehst unter Druck, das gesteckte Ziel zu erreichen. Wenn du
das tägliche Pensum nicht schaffst, darfst du nicht heimgehen.

INTERVIEWER: Wie viele Stunden arbeitest du durchschnittlich pro Tag?

MINENARBEITER: Laut Gesetz wird von uns erwartet, dass
wir acht Stunden täglich arbeiten, aber wir arbeiten keine acht
Stunden. Wir arbeiten 12 und sogar 13 Stunden … Demnach bist
du zugeschissen mit Arbeit, erhältst aber einen lächerlichen Lohn,
selbst nach so vielen Stunden Arbeit …

INTERVIEWER: Und was haben die Gewerkschaftsführer zu
diesen Bedingungen gesagt, unter denen ihr arbeitet?

MINENARBEITER: Diese Gewerkschaften haben uns nicht
unterstützt, wie es ihre Aufgabe gewesen wäre. Als wir ihnen
unsere Beschwerden vorgetragen haben, schienen sie diese nicht
ernst zu nehmen. Deshalb beschlossen wir, dass wir diesmal die
Gewerkschaften beiseite lassen würden. Wir haben als Arbeiter_
innen selbst unsere Forderungen gestellt. Und dann sah es so aus,
als bekämpften uns die Gewerkschaften, uns Arbeiter_innen. Und
der Druck hielt weiter an …

INTERVIEWER: Warst du dabei an dem Tag, als so viele
Arbeiter umgebracht wurden?

MINENARBEITER: Ja, ich war da, mein Herr … Ich kam
gegen 8:30 Uhr dort an, die Polizei mit ihren vielen Fahrzeugen
kam gegen 9 Uhr. Als sie ankamen, haben sie einen Stacheldraht-
zaun aufgestellt. Wir versuchten sie davon abzuhalten, sagten
ihnen, dass es dafür keinen Grund gäbe. Denn niemand kämpfte,
wir wollten bloß die 12.000 Rand. Sie unterbrachen ihre Arbeit,
und dann kamen einige Leute von der AMCU; wir sprachen mit
ihnen. [Wir] sagten ihnen, dass wir nicht gehen würden, ehe wir
die 12.000 Rand hätten, oder sie sollten den Arbeitgeber herbringen. Damit er mit uns redet, so wie wir dort im Feld saßen. Wir
hatten das Büro des Unternehmens verlassen, weil wir von der
Gewerkschaft davon gejagt worden waren. Wir waren aus dem
Stadion verjagt worden, weil die Gewerkschaft Arbeiter umge-

bracht hatte. Dann erklärte uns dieser Typ [von der AMCU], dass er den Arbeitgeber anrufen werde. Danach erzählte er uns, dass der Polizeichef, mit dem er telefonisch in Kontakt gestanden war, nun telefonisch nicht mehr erreichbar sei.

Nachdem dieser AMCU-Vertreter gegangen war, machte die Polizei weiter mit dem Zaun. Wir haben versucht, vom Platz zu verschwinden, denn wir haben ja gesehen, dass sie uns mit dem Zaun einsperren wollten ... Da versuchten sie, uns davon abzuhalten, zu verschwinden. Weitere Arbeiter starben, einigen gelang die Flucht ... Diejenigen unter uns, die verhaftet wurden, kamen nicht etwa auf eine Polizeistation: Wir wurden in der Mine eingesperrt, an einem Ort namens B3. Als wir nach B3 kamen, nahmen sie unsere Fingerabdrücke, machten Fotos von uns, und dann erst kamen wir auf die Polizeistation ... Das hat uns gezeigt, dass das Unternehmen möglicherweise seine eigene Polizei hat ... Es schien, als unterstünde die Polizei nicht der Regierung, sondern Lonmin ... Wir kamen nicht alle auf dieselbe Polizeistation, manche kamen da und dort hin, wieder andere nach Phokeng. Ich saß in der Polizeistation Phokeng. Dort wurden einige von uns geschlagen und misshandelt. Schließlich wurden wir in diesem Zustand vor Gericht und in das Gefängnis von Mogwase gebracht. So wie ich jetzt vor dir stehe, komme ich aus Mogwase, heute bin ich hergekommen. So war das.

INTERVIEWER: Willst du mir sonst noch etwas erzählen in Bezug auf diesen Tag? Gibt es noch Fragen, die ich nicht gestellt habe?

MINENARBEITER: Nein, mein Herr, das war alles. Das war alles, was ich an diesem Tag miterlebt habe ... sie brachten uns von hier nach dort, und die Polizisten sagten „heute haben wir viele Frauen zu Witwen gemacht", während sie die Leichen wegräumten. Das war spät am Abend.

INTERVIEWER: Was haben sie gesagt?

MINENARBEITER: Sie sagten „heute haben wir viele Frauen zu Witwen gemacht. Wir haben diese Typen umgebracht". So hat die Polizei gesprochen ...

INTERVIEWER: Die Polizisten haben so etwas gesagt?

MINENARBEITER: Die Polizisten. In der Polizeistation von Phokeng haben sie uns gefragt, wieso wir 12.000 Rand fordern. Wir seien doch ungebildet.

INTERVIEWER: Wie waren die Bedingungen in der Haft, wie lange bist du inhaftiert gewesen?

MINENARBEITER: [Wir] wurden am … 16. verhaftet und sind am Donnerstag, dem 23. oder so, wieder raus gekommen … Am Donnerstag sind wir nach Mogwase gebracht worden, denn unser Fall wurde auf den 6. verschoben … Uns ging es dreckig … wir konnten mit unseren Familien nicht telefonieren, um ihnen zu sagen, wo wir sind. Ich habe Tuberkulose, ich konnte meine Medizin nicht einnehmen. Ich konnte meine Kinder nicht anrufen. Ich habe der Polizei sogar gesagt, dass ich Witwer bin, und dass meine Kinder alleine daheim sind … ich durfte meinen Kindern nicht sagen, wo ich bin.

INTERVIEWER: Wo habt ihr geschlafen?

MINENARBEITER: Wir haben am Betonfußboden geschlafen … so war das.

INTERVIEWER: Erklär mir das. Ich verstehe es so: Leute wurden bei diesem kraal umgebracht, darauf haben sich die Polizisten bezogen, als sie sagten, sie hätten Witwen gemacht … Leute, darunter auch du, rannten in Richtung dieser Felsen dort hinten … gab es andere, die in diese Richtung rannten?

MINENARBEITER: Wie ich gesagt habe, alle versuchten, sich in Sicherheit zu bringen. Ich habe nicht wirklich gesehen, ob Leute in diese Richtung rannten oder nicht. Als ich zwischen diesen Felsen dort war, da habe ich gesehen, dass jemand in ein nahe gelegenes Haus gerannt war, aber ich hatte keine gute Sicht, denn ich hatte mich bereits versteckt … verhaftet wurde ich, weil ich mich versteckt hatte. Wenn du die Arme in die Höhe gehalten hast, wurdest du erschossen.

INTERVIEWER: Du hast also nicht die Hände erhoben?

MINENARBEITER: Ich habe meine Hände nicht erhoben. Ich wurde von einem Gentleman festgenommen, der indische Vorfahren hat. Er hielt mich und als ich versuchte aufzustehen, wurde ich mit Gewehren geschlagen; er stoppte sie; so hat er mein Leben gerettet.

Minenarbeiter 6

MINENARBEITER: Ich komme aus dem Eastern Cape und arbeite bei Lonmin. Ich habe hier 2001 begonnen … Nach der 12. Schulstufe kam ich hierher, um bei Lonmin zu arbeiten. Ich wurde nur von meiner Mutter aufgezogen, sie war unverheiratet. Daheim habe ich zwei Brüder und drei Schwestern. Nach meiner Schwester bin ich der Zweitälteste. Nach mir kamen noch vier Geschwister, also sind wir insgesamt sechs Kinder. Als ich hier bei Lonmin ankam, waren sie auf der Suche nach ungelernten Arbeiter_innen, nach Leuten ohne Arbeitserfahrung, so wurde ich angeheuert. Ich ging von daheim weg in der Hoffnung, meine eigene Familie gründen zu können. Aber dafür reichte mein Geld nicht. Leider konnte ich aufgrund finanzieller Engpässe meine Ausbildung nicht abschließen. Aber ich wollte sicher gehen, dass meinen Geschwister nicht dasselbe Schicksal ereilt. Ich half also meiner Schwester dabei, dass sie ihr Studium beenden konnte. Sie immatrikulierte, schaffte aber leider die Universität nicht. Ein anderes von uns Kindern flog in der 8. Schulklasse raus. 2006 beschloss ich dann zu heiraten, und das habe ich auch daheim verkündet – nachdem ich dafür gesorgt hatte, dass die anderen ihre Ausbildungen beenden konnten. Ich war zwar mit meinem Gehalt nicht zufrieden, aber ich habe trotzdem darauf geachtet, dass meine Frau ihre Lehrerinnenausbildung abschließen konnte. Wir haben uns sozusagen auf halbem Weg getroffen und einander geholfen.

… Aber heiraten war nicht mein einziger Traum. Ich wollte auch ein Zuhause für mich und meine Familie aufbauen. Südafrika ist ein demokratisches Land, aber wir Minenarbeiter_innen sind von dieser Demokratie ausgeschlossen. Zum einen werden *weiße* in den Minen besser bezahlt als Schwarze. Dann steigen sie hier leichter auf. Und das bedeutet, dass wir als Schwarze unterdrückt werden. Denn wenn solche besseren Posten ausgeschrieben werden und du dich als Schwarze_r dafür bewirbst, dann verlangen sie von dir eine Menge Dinge, und schließlich erhält den Job einer der *weißen* Buren[10] von den Farmen. Das ist einer der Gründe, warum ich meine Träume nicht verwirklichen kann …

10   Adh: Siehe Anmerkung 37, S. 54

INTERVIEWER: Wie würdest du die Arbeitsbedingungen hier in Marikana beschreiben?

MINENARBEITER: Die Bedingungen, unter denen ich in Lonmin arbeite, sind alles andere als gut. Erstens machen sie ständig leere Versprechungen, die sie nie einhalten. Zweitens ist klar geworden, dass der Arbeitgeber sich mehr um die Produktion sorgt als um die Sicherheit der Arbeiter_innen. Wenn du beginnst, dir Gedanken über die Sicherheit zu machen, dann giltst du bei den Vorgesetzten schon als widerspenstig. Sie fürchten, dass du andere beeinflusst und schließlich diese auch noch beginnen, eine Menge Fragen zu stellen.

INTERVIEWER: Welchen Job übst du momentan hier aus?

MINENARBEITER: Ich bediene eine Förderanlage … was die Gewerkschaft betrifft, die, die uns momentan vertritt: Sie vertritt die Arbeiter_innen überhaupt nicht. Sie kümmert sich nur um die Abmachungen, die sie mit dem Arbeitgeber trifft … Ich bin sehr unzufrieden über die Art und Weise, in der die Gewerkschaft uns vertritt. Die Bedürfnisse der Arbeiter_innen interessieren sie nicht, sie macht nur das, wozu sie verpflichtet ist. Aber sie hat sich als unfähig erwiesen, wenn es darum geht, die Interessen der Arbeiter_innen engagiert zu vertreten. Sie steht mehr auf der Seite des Unternehmens als auf der Seite der Arbeitenden.

INTERVIEWER: Was hast du zu ändern versucht, seit du Gewerkschaftsmitglied bist?

MINENARBEITER: Als NUM-Mitglied habe ich ihnen, weil es mich als Arbeiter betrifft, die Probleme aufgezeigt, die wir haben. Und ich habe sie ersucht, mich darüber zu informieren, wenn sie Möglichkeiten sehen, dass ich meine Ausbildung weiter machen kann. Alles, was ich von ihnen gehört habe, war, falls ich weiter studieren möchte, sollte ich das tun und dann mit meinen Zeugnissen zurückkommen. Ich würde dann eine Vergütung erhalten. Ich habe das auf eigene Kosten gemacht, und dann ging ich wieder zu ihnen. Aber jetzt ist es schon über ein Jahr her, und ich habe nichts bekommen. Deshalb musste ich einige Kurse stornieren, denn ich kann sie mir nicht leisten. Das habe ich als Gewerkschaftsmitglied von ihnen bekommen.

INTERVIEWER: Was macht die Gewerkschaft, um euch als Mitglieder bei euren Forderungen zu unterstützen?

MINENARBEITER: Wenn es um die Bedürfnisse der Arbeiter_innen geht, macht die Gewerkschaft Versprechungen. Sie hält sie aber nie ein, und schlussendlich zahlen wir drauf. Wenn zum Beispiel dein Kind krank wird, dann gehst du zur Gewerkschaft. Sie fragen nach einem Befund, einer Krankengeschichte, die bestätigt, dass dein Kind tatsächlich krank ist. Selbst wenn du die vorlegst, lässt dich der Arbeitgeber nicht heimgehen, und wenn du damit zur Gewerkschaft gehst, machen die gar nichts ... das trifft uns nicht nur körperlich, sondern auch mental.

INTERVIEWER: Könntest du kurz erklären, wie du von dem Treffen am 9. August erfahren hast, und wie du Teil der Versammlung geworden bist?

MINENARBEITER: Am 6. August 2012 gingen Arbeiter_innen, Förderanlagen-Bediener_innen, vom Rowland-Schacht, zum Manager, weil sie mit ihren Löhnen nicht zufrieden waren. Die Antwort des Managers lautete, dass er nicht über Lohnforderungen verhandelt. Dafür sei jemand im LPD [Zentralbüro von Lonmin, für den gesamten Marikana-Komplex] zuständig. Am 9. August, dem Frauentag[11], gab es dann tatsächlich ein Treffen dieser Förderanlagen-Bediener_innen im Wonderkop-Stadion. Es kamen Arbeiter_innen aus der West-, der Ostmine und der Kareemine. Ihr Ziel war es, eine Forderung zu formulieren. Sie kamen überein, dass sie am Freitag, dem 10. August 2012, die für die Löhne zuständige Person bei Lonmin aufsuchen würden. Als sie unterwegs zum LPD waren, wo der Arbeitgeber sitzt, wurden sie von der Polizei angehalten. Ihnen wurde erklärt, dass diese Demonstration illegal sei.

Einige Leute erhielten 300 oder 900 Rand monatlich, womit sie ihre Familie den ganzen Monat durchkriegen mussten. Auch die Kinder, die in die Schule gehen. Das ist ein Problem, denn die meisten Eltern können es sich bei diesem Gehalt nicht leisten, ihre Kinder in die Schule zu schicken. Aber unser Arbeitgeber wollte nichts davon hören, und das wars dann. Die Förderanlagen-Bediener_innen kamen zurück und kündigten an, dass am 10. bei Lonmin niemand arbeiten solle – aus Protest gegen die mickrigen Löhne. Der Arbeitgeber schickte einen seiner Vertre-

---

11   AdH: Siehe Anmerkung 19, S. 45

ter, und der sagte, dass er nur mit der Gewerkschaft verhandeln würde, denn die vertritt die Arbeiter_innen. Am 11. beschlossen die Arbeiter_innen dann, dass sie mit der NUM sprechen werden. Dabei wurden die zwei Arbeiter beim Taxistandplatz Wonderkop erschossen, und zwei weitere wurden ernsthaft verletzt. Und das steigerte den Zorn der Arbeiter_innen. Und um dem Ganzen die Krone aufzusetzen, ließen sie die Arbeiter_innen dann auch nicht mehr ins Stadion rein.

INTERVIEWER: Hast du an dieser Demonstration teilgenommen, bei der die NUM geschossen hat?

MINENARBEITER: Ich war dabei. Als ich gerade beim Tor reingehen wollte, begannen sie auf uns zu schießen, aber glücklicherweise war ich nicht ganz vorne. Sobald die Schießerei begann, kehrte ich um, und wir suchten alle Deckung. Leider haben dabei zwei Menschen ihr Leben verloren, und andere wurden verletzt.

INTERVIEWER: Kannst du uns erzählen, welche Diskussionen vor dem Treffen am 9. geführt worden sind?

MINENARBEITER: Die Arbeiter_innen wollten eines, und zwar bessere Löhne. Und wir wollten [auch] von der NUM vertreten werden, aber diese Beziehung ist zerstört worden, als sie begonnen haben, auf die Arbeiter_innen zu schießen. Das Ziel war, mit dem Arbeitgeber zu sprechen, aber das führte zu einer Menge Auseinandersetzungen und unnötigen Konflikten. Schließlich sagten die Arbeiter_innen, dass wir nichts mehr mit der Gewerkschaft zu tun haben wollen.

INTERVIEWER: Wie sind die Arbeiter_innen darauf gekommen, 12.500 Rand zu fordern?

MINENARBEITER: Die Entscheidung wurde durch die Erfahrung beeinflusst. Wenn ich 4.000 Rand verdiene, und ich fordere 5.000, dann wissen wir, dass wir vielleicht 200 Rand mehr bekommen werden. Deshalb haben wir uns für einen höheren Betrag entschieden. Selbst wenn wir den nicht bekommen würden, so würden wir doch zumindest einen annehmbare Summe bekommen. Die Mehrheit der Arbeiter_innen hat sich für den Betrag von 12.500 Rand ausgesprochen.

INTERVIEWER: Kannst du kurz erklären, wann und wie das Komitee, das die Arbeiter_innen vertritt, gewählt wurde.

MINENARBEITER: Wir Teilnehmer_innen an der Diskussion haben beschlossen, ein Komitee zu wählen. Die Leute haben andere Leute nominiert, von denen sie annehmen, dass sie für diese Position geeignet sind, dass sie uns anführen können. Das Komitee repräsentiert die kulturelle Bandbreite der Wähler_innen; es besteht aus Leuten, die aus den verschiedenen Provinzen kommen.

INTERVIEWER: Kannst du kurz erläutern, wo sich die Arbeiter_innen am 9. getroffen haben, und worüber sie gesprochen haben. Und auch am 10. August: Wo habt ihr euch getroffen, was habt ihr diskutiert, und was geschah [zwischen dem 11. und dem 16. August]?

MINENARBEITER: Am 9. haben sich Bohrhauer von Lonmin im Wonderkop-Stadion getroffen. Als sie zum Stadion gekommen sind, haben ihnen die NUM-Führer den Zutritt verwehrt. Sie haben das Stadion unter Wasser gesetzt, damit die Leute nicht rein konnten. Die Arbeiter_innen wurden aufgefordert, zehn Leute zu wählen, die sie vertreten sollten. Das geht zurück auf den Lohnkonflikt 2011, als die Arbeiter_innen beschlossen, zehn Leute zu wählen, die mit dem Arbeitgeber sprechen sollten. Aber als diese Leute dorthin kamen, wurde ihnen gedroht, sie würden ihre Jobs verlieren, wenn sie weiter streiken würden. Das hat die Arbeiter_innen dazu bewogen, keine Komitees mehr zu wählen. Am 10. wurde beschlossen, dass die Bohrhauer bei Lonmin mit dem Arbeitgeber sprechen sollten. Denn wir waren der Ansicht, dass es nicht so leicht wäre, alle Bohrhauer zu feuern als fünf gewählte, einfache Leute. Dem Arbeitgeber würde es leichter fallen, diese fünf Leute zu entlassen. Wenn wir weitere fünf Leute wählen würden, würde er wieder dasselbe machen, um unseren Plan zu vereiteln.

Am 11. wurden Arbeiter_innen aus West, Ost und Karee bestimmt, die zum Arbeitgeber gehen sollten. Wir beschlossen, falls sie unsere Unzufriedenheit mit den Löhnen nicht vorbringen können würden, dann [würden] die Arbeiter_innen zum NUM-Büro marschieren, das gleich neben dem Taxistandplatz von Wonderkop liegt, um mit den Führern dort zu sprechen. Dabei wurden zwei Leute schwer verletzt und zwei weitere starben vor Ort. Am 12. gingen die Arbeiter_innen zu den NUM-Führern. Auf ihrem Weg dorthin wurden sie vom Sicherheitsdienst von Lonmin beschossen. Die Arbeiter_innen erkannten, dass ihnen die Situation aus den Händen glitt. Sie versuchten wegzulaufen, einige versuchten auch, zurückzuschlagen, und das führte zum Tod einiger Mitarbeiter des Sicherheitsdienstes.

Am 13. … saßen wir auf einem Berg bei Wonderkop, als die Polizei daherkam [und] meinte, sie wollten Frieden mit uns schließen … [Wir sagten,] dass wir nichts von ihnen wollten, wir wollten lediglich mit unserem Arbeitgeber sprechen. Am Abend zog sich die Polizei zurück, am 14. kamen sie wieder [und] und sie sagten dasselbe wie am Vortag, dass sie in friedlicher Absicht da wären. Die Arbeiter_innen fragten sie, warum sie zurück gekommen wären, wir hätten ihnen doch erklärt, dass wir von ihnen lediglich wollten, dass sie den Arbeitgeber daher bringen. Sie sagten, sie seien da, um die Ordnung aufrecht zu erhalten. Das war schon etwas anderes als ihre ursprüngliche Rede von wegen Frieden schließen. Die Arbeiter_innen wurden ungeduldig und gereizt, es kam immer mehr Polizei. Das war ein wenig alarmierend angesichts ihrer früheren Rede, dass sie hier Frieden schaffen wollten. Sie begannen, Hippos hier zu parken [und] am Abend des 14. kam Präsident Zokwana. Er saß in einem Hippo [und] forderte uns auf, zurück an die Arbeit zu gehen. Die Arbeiter_innen sagten, dass wir ihm nichts zu sagen hätten, er solle am nächsten Morgen wieder kommen.

Am 15. kam der Präsident der NUM, Zokwana, nicht zurück. Stattdessen sahen wir den Präsident der AMCU, Joseph Mathunjwa, begleitet von Polizei. Er sagte, dass er mit dem, was wir als Arbeiter_innen durchmachen, sympathisiert. Er warnte uns, dass er es ebenfalls nicht geschafft hatte, mit unserem Arbeitgeber zu sprechen. Obwohl er nicht direkt in den Streik involviert war, hatte er doch Mitglieder in Karee, und deshalb, so meinte er, würde er am nächsten Tag nochmals versuchen, mit unserem Arbeitgeber zu verhandeln. Am selben Tag noch bemerkten wir Soldaten, auch die Polizei tauchte wieder auf. Soldaten zeigten offenbar mit Gewehren auf uns, aber die waren unter ihrer Kleidung versteckt, wir konnten sie nicht wirklich sehen. Wir nahmen das nicht so wichtig, und sie zogen wieder ab. Am 16. kamen die Hippos rein. Die Soldaten kamen in ihren Hippos zurück [und] die Arbeiter_innen beschlossen, zu ihnen zu gehen, um ihre Absichten herauszufinden. Denn wir belästigten niemand. „Alles, was wir von euch wollen ist, [dass] ihr uns den Arbeitgeber vorbei bringt". Die Polizisten sagten, dass sie aus einem einzigen Grund hier seien: Um uns aufzufordern, die Gegend zu räumen. Die Arbeiter_innen fragten, wer sie geschickt habe. Sie sagten, ihr Chef, William Phembe habe sie geschickt. Wir fragten, ob sie uns Telefonnummern geben könnten, damit wir Kontakt aufnehmen können …

Dann begannen sie, einen Zaun aus NATO-Draht zu errichten, der sie von den Arbeiter_innen abriegelte. Deshalb hatte uns der AMCU-Präsident gewarnt, sie würden uns umbringen, und das sei eine Entscheidung der NUM. Die Arbeiter_innen sagten, sie gehen nicht zurück zur Arbeit, bevor nicht der Arbeitgeber kommt und mit ihnen spricht. Alles andere wäre verschwendete Zeit. Nachdem [der Präsident der AMCU] gegangen war, sahen wir, dass die Medienvertreter_innen ihr Zeug zusammenpackten. Einige Minuten später sahen wir, dass eine Person aus dem Hippo stieg. Es schien ein Chef zu sein, der sich anschickte, in den Krieg zu ziehen. Danach sprach er die Polizisten an, er sagte „Rot!" und begann, auf die Arbeiter zu schießen. Sie führten die Hippos näher [an uns] heran [und] fuhren über bereits verletzte Arbeiter. Auch Hubschrauber waren da, etwa zehn, aus denen ebenfalls auf die Arbeiter geschossen wurde. Wir rannten davon, aber der gesamte Berg war von Polizei umstellt. Einige Polizisten kamen zu Pferd daher; das war einer der Hauptgründe dafür, dass so viele Arbeiter an diesem Tag sterben mussten. 259 Leute wurden am 16. verhaftet, des Polizistenmordes angeklagt. Am 17. trafen sich die überlebenden Arbeiter_innen wieder, um festzustellen, wer noch am Leben war, und um unsere Forderung nach 12.500 Rand weiter zu bringen.

Minenarbeiterin 7

INTERVIEWER: Wie bist du in die Mine gekommen?

MINENARBEITERIN: In die Mine? Naja, das war 2008, als ich hierher kam, frisch aus der Schule, nach der 12. Schulstufe. Ich kam auf der Suche nach Arbeit in die Mine. Ich habe es an vielen Orten versucht … und dann … stellten sie hier Leute an, mit Vertrag, also haben sie uns eingestellt, 2008. Und wir haben gearbeitet, auf Vertragsbasis, in der Mine. Ich meine, es war ein [Subvertrag] mit der Mine … 2009 hat sich mein Vertrag dann geändert, seither arbeite ich [direkt] für die Mine.

INTERVIEWER: Und welche Tätigkeit verrichtest du?

MINENARBEITERIN: Allgemeine Tätigkeiten.

INTERVIEWER: Wieviel verdienst du? Möchtest du das sagen?

MINENARBEITERIN: Als ich noch Kontraktarbeiterin war, vielleicht 3.000 Rand. Als ich von der Mine übernommen wurde, hat sich daran nichts geändert. Deshalb denke ich, als Kontraktarbeiterin hatte ich es besser. Es war ein Vertrag. Jetzt, in der Mine, ist alles nur noch schlechter geworden.

INTERVIEWER: Wieviel verdienst du jetzt?

MINENARBEITERIN: Immer noch 3.000 Rand, aber das variiert. Als Kontraktarbeiter_in zu arbeiten ist immer noch besser, als bei der Mine angestellt zu sein. Verstehst du …

INTERVIEWER: Was meinst du damit? Dass es schlechter wurde?

MINENARBEITERIN: Ich meine, als ich in die Mine kam, dachte ich, das würde mein Leben verändern, verstehst du? Aber der Vertrag war immer noch besser als die Anstellung in der Mine … Als Kontraktarbeiterin … gehst du nach Hause, wenn du fertig bist mit deiner Arbeit. Verstehst du? Die Arbeit ist nicht so schwer wie hier in der Mine. Aber als Angestellte der Mine verdienst du noch weniger als die Kontraktarbeiter_innen. Ich verstehe das nicht, deshalb sagte ich „es wurde schlimmer".

INTERVIEWER: Wie sind also die Arbeitsbedingungen an deinem Arbeitsplatz?

MINENARBEITERIN: Puh! Ha! Es ist nicht sicher, überhaupt nicht. Manchmal gibt es diese Sache, die sie „Sicherheit in der Mine" nennen. Aber das funktioniert meiner Meinung nach nicht. Denn manchmal merkst du, dass es nicht sicher ist dort, wo du gerade arbeitest. Wenn du damit beginnst, ,Sicherheit, Sicherheit, Sicherheit' zu sagen, werden sie nervös und sagen ,was sollen wir tun? Sollen wir den *stof*[12] nicht herausholen und einfach hier sitzen bleiben, bloß wegen Deiner Sicherheit?' Wenn du anfängst in der Mine zu arbeiten, dann beginnen sie erstmal mit der Sicherheit, sie beginnen mit den Sicherheitsregeln. Aber sobald du dabei bist, gibt es das nicht mehr. Unsere Arbeitsbedingungen sind derart mies, die Arbeit so hart und die Arbeitszeiten so lange. Da passt gar nichts.

INTERVIEWER: Hast du gesundheitliche Beschwerden, seit du in der Mine arbeitest, oder hattest du davor bereits welche?

MINENARBEITERIN: Tja. Es gibt niemand, die_der in der Mine arbeitet und nicht krank wird, das wäre eine Lüge. Denn die meiste Zeit arbeitest du so, ganz gekrümmt, verstehst du? Du musst dich dauernd bücken, stundenlang arbeitest du gebückt … Sie lassen dir nicht einmal Zeit für ein Mittagessen. Sie sagen einfach, deine Lunch-Box muss draußen an der Oberfläche bleiben. Manchmal, wenn es viel Arbeit gibt – manchmal geben sie dir extra viel zu tun, wenn Inspektoren_innen angekündigt sind. Die wissen doch genau, dass immer und überall die Sicherheitsvorschriften eingehalten werden müssten. Und zur Befriedigung dieser Inspektor_innen musst du so tun, als wäre alles in Ordnung. So läuft das. Mein Rücken schmerzt irrsinnig, weißt du?

Es ist der Rücken. Nicht, dass ich ständig so hart arbeite, aber ich bin ständig gebückt, immer. Ja, ich werde ärztlich behandelt, aber manchmal wird die Behandlung eingestellt. Sie behaupten, sie hätten kein Geld dafür. Dann muss ich mich auf eigene Kosten behandeln lassen. Manchmal schmerzen die Arme so sehr, dass ich nicht mehr arbeiten kann. Deshalb bin ich jeden Monat beim Arzt.

INTERVIEWER: Kannst du aufschlüsseln, wofür du deinen Lohn ausgibst?

MINENARBEITERIN: Meine Ausgaben? Wie gesagt, ich habe Geschwister, meine Mutter hat wieder geheiratet, ja. Den Mann, der mich aufgezogen hat – es war nicht mein Vater – werde ich nicht hängen lassen. Also jeden Monat schicke ich von diesen

12 AdÜ: gesprengtes, erzhaltiges Gestein

3.000 Rand die Hälfte nach Hause. Zum Glück brauche ich für meine Wohnung keine Miete zu bezahlen, denn es ist das Haus meines biologischen Vaters. Also 1.500 Rand schicke ich nach Hause, und dann gebe ich ungefähr 600 Rand für Lebensmittel aus. Und vom Rest sind 300 Rand für den Arzt, das ist klar, das muss sein, das wird zur Seite gelegt. Und was übrig bleibt, ist Taschengeld. Das ist aber kaum mehr ein Taschengeld, da kommt es mir gar nicht so vor, dass ich eine Angestellte bin oder so etwas in der Art.

INTERVIEWER: Beteiligst du dich an gewerkschaftlichen Aktivitäten?

MINENARBEITERIN: Hm. Ja! Es ist so, dass du bei einer Gewerkschaft Mitglied sein musst, wenn du in einer Mine zu arbeiten beginnst. Das ist so, du musst bei einer Gewerkschaft sein. Als wir in die Mine kamen, hatten wir gar keine Wahl. Dabei wussten wir nicht einmal, was Gewerkschaften sind, wozu sie gut sind, tja. Wir sind also in die Gewerkschaft reingeplumpst ... sie nennen sie NUM ... Sie haben uns in die Gewerkschaft gesteckt, denn wenn du in einer Mine arbeitest, musst du Gewerkschaftsmitglied sein. Hier ist also die Nationale Bla-bla von Bla-bla.

INTERVIEWER: Hast du aktiv teilgenommen, ab wann warst du bei Treffen?

MINENARBEITERIN: Nein, denn da sind eine Menge Leute und ... die geben uns keine Chance, verstehst du? Wenn sie einen Punkt haben, der ihnen wichtig ist, dann kümmern sie sich nur um diesen Punkt. Und dann kommt es doch zu keiner Übereinstimmung zwischen den Leuten und den Vorsitzenden; und so enden dann diese Treffen. Aber wenn sie dann berichten, ist bereits alles (AdÜ: von ihnen, den Gewerkschaftsführer_innen) beschlossen worden.

INTERVIEWER: [Was] hoffst du für die Zukunft, und wovor fürchtest du dich?

MINENARBEITERIN: Ja, meine Ängste! Weil wir Frauen sind – und bei der Arbeit gibt es nicht viele Frauen – kann ich mich bei diesen Streiks manchmal gar nicht blicken lassen. Denn die werden sofort auf dich aufmerksam: „Aha, die nimmt auch am Streik teil. Ich kenne sie, ich arbeite mit ihr in einer Gruppe". Wenn du dann in die Mine kommst, fliegst du raus. Das ist meine

Sorge, und deshalb gehe ich momentan auch nicht zu den Treffen, zu keinem. Ich habe Angst, meinen Job in der Mine zu verlieren. Wohin soll ich dann gehen? Ich möchte nicht weg, verstehst du, ich habe keine Eltern, ich meine keinen Vater, der für mich gearbeitet hat. Mein jetziger Vater ist von mir abhängig, verstehst du? Ich hoffe, dass unsere Schreie schlussendlich doch gehört werden, ich weiß nicht, das ist die Hoffnung, die wir hegen.

INTERVIEWER: Kannst du uns über den Streik berichten, der momentan hier in Marikana stattfindet?

MINENARBEITERIN: Es waren nur wenige Frauen dabei, ja. Ich war nicht lange dabei, ich schaute hin, aber wir sind nicht zum Berg gegangen. Wir merkten, dass dort keine Frauen waren, deshalb haben wir kehrt gemacht … Gut, wir blieben dann doch, bis zur Schießerei. Nach der Schießerei haben dann die Frauen begonnen, an den Treffen beim Berg teilzunehmen, ja. Aber ich war nicht dort, weil die Frauen, die hingingen, waren arbeitslos, die meisten zumindest. Es ist nicht so, dass die Beschäftigten nicht hingehen wollen würden. Aber sie haben Angst, denn letzten Mai gabs hier einen Streik, und da wurden viele Frauen gekündigt, weil sie daran teilgenommen hatten. Und viele Frauen sind bekannt … Wenn sie sehen, dass du streikst, bist du schon draußen. Ich denke also, dass die Frauen sich davor fürchten, dass es diesmal genauso sein könnte. Deshalb machen sie beim Streik nicht mit. Ich auch nicht, nur manchmal, verstehst du? [13]

13   AdH: Asanda Benya nennt weitere Gründe für die anfängliche Absenz von Frauen in der Streikführung: Der Streik wurde von Bohrhauern* begonnen, der einzigen Profession im Bergbau, die in Südafrika weiterhin nur von Männern ausgeübt wird. Außerdem versucht Benya den Berg, an dem sich die Streikenden versammelten, in seiner kulturellen Spezifik als gendered space zu konzeptualisieren. Und als solcher sei er in der Kultur der Mehrheit der Arbeiter_innen männlich konnotiert und in deren kulturellen Praxen – wie der Beschneidung und den kraal*-Versammlungen – ein Ort, an dem Frauen für gewöhnlich ausgeschlossen seien. Nach dem Massaker veränderte sich die anfangs periphere Position von Frauen stark: Sie organisierten sich in der *Sikhala Sonke* („Wir Schreien Gemeinsam") Women's Association, die sich gegen massive staatliche Kriminalisierungsstrategien, Repression und Gewalt durchsetzen konnte, und führten zahlreiche Protestmärsche für höhere Löhne und soziale Gerechtigkeit

INTERVIEWER: Wie war das, als du zum Berg gegangen bist, als Beschäftigte? Hast du beschlossen umzukehren oder hast du beschlossen, beim Berg zu bleiben? Was war der Grund dafür?

MINENARBEITERIN: Wie gesagt, als der Streik begann … ja, da waren nicht viele Frauen dabei. Wenn du dich unter lauter Männern befindest, dann denkst du dir letztlich „Nein". Verstehst Du? Wirklich, da gab es keinen Grund zu bleiben, nach dem, was ich gesehen habe. Ich habe einfach gemerkt, dass dort nicht viele Frauen sind, und deshalb bin ich wieder weg. Das war für mich der Grund.

INTERVIEWER: Kennst du das Komitee, das … das Arbeiterkomitee, das gewählt wurde, um für die Arbeiter_innen zu sprechen?

MINENARBEITERIN: Als wir am Berg waren? Ja, diese Leute, die sind da, weil wir nicht alle gleichzeitig sprechen können, wie wir gleichzeitig singen; sprechen können wir nicht gleichzeitig, aber singen. Also, wir … sie beschlossen, dass Leute gewählt werden sollten, für die Gespräche, ja, um darüber zu sprechen, was passiert, was passieren soll. Du bist nicht gewählt worden, weil du berühmt bist, oder weil du gefürchtet bist, verstehst Du? Sie haben Leute gewählt, die für ihr Verhandlungsgeschick bekannt sind, Leute, die sich nichts gefallen lassen. Wenn diese Leute die Gespräche führen, und es kommt dabei nichts raus, dann kämpfen sie mit den Leuten. Dafür wurden die Leute gewählt …

INTERVIEWER: Sind auch Frauen im Komitee?

MINENARBEITERIN: Nein. Aus einem Grund, wie ich schon gesagt habe. Bei den Wahlen überlegst du das vielleicht gar nicht so, aber wenn du dann … sagen wir, heute triffst du den Arbeitgeber, ja, aber nicht, dass du dort als Frau (AdÜ: mit „frauenspezifischen" Forderungen) bist. Der Arbeitgeber ist auch da, und er hat seine Leute dabei, klar, und darunter sind natürlich welche, die dich kennen. Wie ich gesagt habe, da ist diese Angst, dass sie uns auch diesmal raus werfen. Deshalb sind keine Frauen gewählt worden.

---

an. Siehe: Asanda Benya, „Absent from the Frontline but not Absent from the Struggle: Women in Mining", *Femina Politica*, 01/2013. S. 144-147.

INTERVIEWER: Die Frauen sind also aus Angst nicht im Komitee?

MINENARBEITERIN: Genau. Sie haben Angst.

INTERVIEWER: Wären sie gewählt worden, wenn sie keine Angst gehabt hätten?

MINENARBEITERIN: Natürlich wären welche gewählt worden. Wenn sie nicht Angst gehabt hätten, dass sie gefeuert werden. Wenn die uns nicht Angst gemacht hätten mit diesem „Du wirst entlassen, du wirst entlassen".

INTERVIEWER: Wenn wir über die Angst der Frauen sprechen davor, dass sie entlassen werden ... wer feuert denn die Frauen, und aus welchem Grund?

MINENARBEITERIN: Gut. Wir arbeiten also. Natürlich gibt es einen Gruppenleiter, einen Minenarbeiter, und so weiter. Diese Leute kennen sich alle, die haben bessere Positionen. Diese Leute, die mit ihnen zusammenarbeiten, die werfen Leute einfach raus, um selbst als zuverlässig dazustehen, zuverlässig. Ich sage nicht, dass sie Spitzel oder so etwas sind. Sie sind einfach zu genau ... Ich bin mir sicher, dass der Arbeitgeber dieser Mine mein Gesicht nicht kennt. Warum sollte er auf die Idee kommen, mich zu feuern? Natürlich fällt das jemand ein, der mich kennt, der auf mich zeigt und sagt „die da kenne ich, ich arbeite mit ihr." Diese Person, der Arbeitgeber, der kennt nicht mal mein Gesicht. Es ist also ganz sicher jemand, der mich bei diesem Streik erkennt, jemand, mit dem ich arbeite, so läuft das.

INTERVIEWER: Dank dir, Schwester.

Minenarbeiter 8

MINENARBEITER: Ich hatte kein Geld, deshalb habe ich Arbeit gesucht und gearbeitet ... erst im Kleidergeschäft, und schließlich bin ich 2006 hier in den Minen gelandet ...

INTERVIEWER: Als du hier in der Mine begonnen hast, warum bist du gerade hierher gekommen, und wie bist du hierher gekommen?

MINENARBEITER: Schau mal, Bruder, es war nicht mein Traum, hierher zu kommen, in die Mine. Es lag an der damaligen Situation daheim. Ich suchte verzweifelt nach Arbeit, und so bin ich schließlich hierher gekommen … Hier in der Mine zählen in Wirklichkeit Qualifikationen nichts, wenn sie dich einstellen. Es zählt nur Geld. Du musst dafür bezahlen, dass du den Job bekommst. Du bestichst jemand … Ja, hier in der Mine gibt es Orte, da findest du eine Menge Minenarbeiter_innen, die schon lange hier arbeiten. Die erzählen dir, wohin du gehen musst, was du tun musst. Die erklären dir, dass du, wenn du Geld hast, den Job bekommen wirst. Dann bestichst du jemand, und dann … Ich habe niemals daran gedacht, in der Mine zu arbeiten. Wie gesagt, ich war verzweifelt und so bin ich hier hergekommen. Ich habe mich selbst in die Mine geschmissen … Als ich hierher gekommen bin, habe ich schon am ersten Arbeitstag verstanden, dass sich etwas ändert, mein Leben war nicht mehr dasselbe. Jetzt war ich mit Männern zusammen, und ich merkte jede Menge schlechten Einfluss. Ich bedauerte es, hier zu sein. Dann ging ich unter Tage, und das gefiel mir überhaupt nicht. Ich wollte nicht mehr runter gehen. Sie haben mich bearbeitet, sie sagten, ich soll durchhalten, stark sein. Und so habe ich es bis 2012 gemacht …

Als ich noch zur Schule ging, war es mein Traum – das wusste sogar mein Vater, als er noch lebte; er wusste, dass ich Arzt werden wollte, verstehst du? Dann starb er, und mit mir gings finanziell bergab. Und so kam ich an Orte, die mir gar nicht gefallen.

…. Die Mine birgt eine Menge Gefahren, wenn du das erste Mal reingehst. Da drinnen geht es dauernd bergauf, bergab, überall Felsen, und die Luft, das ist künstliche Luft, die wir atmen … dann der Staub. Und wir arbeiten mit Chemikalien, weißt du? Und es gibt keine Sicherheit, ich könnte nicht behaupten, dass es in der Mine hundertprozentig sicher ist. Es passieren leicht Unfälle in der Mine, denn es können jederzeit Felsen herunterfallen, jemanden auf den Kopf fallen. Und auch das Werkzeug, das wir benutzen, ist gefährlich. Und der Staub wirkt sich natürlich auch aus. Und das alles … führt zu Tuberkulose, und dann musst du ins Spital. Wenn du krank wirst, möchten sie nicht, dass du in ein öffentliches Krankenhaus gehst. Sie wollen, dass du in das Spital der Mine gehst. Ich glaube, sie kümmern sich dort nicht sehr um die Leute. Die sagen nein, du hast AIDS und so Sachen. Denn eine Menge Leute werden krank wegen der Arbeit in der Mine.

Und wenn sie krank werden, sagen sie, sie haben AIDS. Ich weiß nicht, wie die das machen, aber in der Mine gibt es viele Risiken, und jeden Tag erleben wir eine Menge Unfälle.

INTERVIEWER: Wie gehst du mit dieser Frage der Sicherheit am Arbeitsplatz um, mit den Unfällen in der Mine?

MINENARBEITER: Naja, sie versuchen, die Sicherheit unter Tage zu erhöhen, aber die Mine selbst wird sich nie ändern ... die Hauptursache für die Unfälle in der Mine ist dieser Druck. Wir stehen stark unter dem Druck unserer Bosse. Denn die wollen Produktion. Und dann gibt es Einschüchterungen. Sie möchten, dass du Sachen machst, die unterhalb jeglicher Standards sind. Wenn du das nicht machen willst und dich an die Vorschriften hältst ... sagen sie, sie werden dich feuern, oder sie schlagen dich, solche Sachen geschehen ... Ich kann dir über diesen Mann berichten, er war unser Sicherheitsbeauftragter. Er verletzte sich am Bein, sein Bein wurde abgerissen. Das war gegen 11:30, vielleicht auch um 10 Uhr morgens ... im Jahr 2008. Da hat er sein Bein verloren, obwohl er dort gar nicht arbeiten wollte. Aber sie hatten uns dazu gezwungen, und sie sagten, wenn uns das nicht passt, dann werden sie uns bestrafen, und dies und das. Und schließlich wurde der Mann verletzt ...

Meist vertuschen unsere Bosse in der Mine diese Unfälle. Wenn es einen Unfall gibt, wird er vertuscht, und sie basteln sich Geschichten zurecht, wie du dich verletzt haben könntest. Sie sagen, du bist selbst schuld. Du kennst die Vorschriften, aber sie haben dich beeinflusst mit ihren Einschüchterungen. Aber wenn du dich dann verletzt, sagen sie, du bist selbst schuld, und sie vertuschen das und achten darauf, dass die Regierung nichts davon erfährt.

INTERVIEWER: Bei welcher Gewerkschaft warst du vor diesem Streik?

MINENARBEITER: Ich war bei der NUM ... es war am 21. Mai, da hätten wir Geld bekommen sollen wegen der Aktienkurse des Unternehmens. Alle Minenarbeiter_innen hätten Geld bekommen sollen. Ich habe keine Ahnung, wo sie investieren, aber uns wurde gesagt, dass sie das Geld investiert hätten, bei der Bank, für fünf Jahre. Und dass wir nach diesen fünf Jahren das Geld erhalten werden, die Arbeiter_innen in Karee. Karee ist ein

Teil von Lonmin, ein ziemlich großer und mit mehreren Abteilungen. In der Karee-Abteilung … und dann am 28. Mai letzten Jahres haben wir herausgefunden, dass unser Vorsitzender suspendiert worden war. Wir wussten nicht warum und wo das Problem lag. Da wollten wir nicht mehr zur Arbeit gehen, aber erst fragten wir bei unserem Manager, den Zweigstellenleiter. Wir gingen zu unserem Verantwortlichen hier in Karre, damit er uns unterstützt und die NUM-Leute aus der Region zusammentrommelt. Damit sie uns erklären, warum unser Vorsitzender suspendiert wurde. Aber das tat unser Manager nicht, also streikten wir. Fünf Tage lang, glaube ich. Dann kamen fünf Leute von der NUM, gingen zum Arbeitgeber und forderten ihn auf, uns rauszuwerfen, weil wir nicht arbeiteten. Der Arbeitgeber zögerte nicht, er feuerte uns auf der Stelle.

Dann haben sie uns wieder eingestellt, aber da sagte ich mir, ich pfeife auf die NUM in Karee. Wir versuchten, eine andere Gewerkschaft zu finden, der wir beitreten hätten können, denn bei der NUM wollten wir nicht mehr bleiben, verstehst du? Und als die AMCU in Karee auftauchte, traten wir der AMCU bei. Ich glaube, von 100 Prozent der Leute in Karee traten 60 Prozent zur AMCU über; es war offensichtlich, dass die AMCU in Karee das Sagen hatte. Es war eine Gewerkschaft, die für die Arbeiter_innen da war.

INTERVIEWER: Was du mir hier gerade erklärst, können wir da ein wenig zurückgehen? Du hast gesagt, als du hier begonnen hast, warst du Teil der NUM?

MINENARBEITER: Ehrlich gesagt, die NUM steht immer auf der Seite des Arbeitgebers, nicht auf der Seite der Arbeiter_innen, so hält es die NUM. Wenn jemand unter Tage stirbt, dann sind sich die NUM und der Arbeitgeber einig, es zu vertuschen. Wir Arbeiter_innen aber werden uns bemühen herauszufinden, was tatsächlich mit der Person geschehen ist, wie sie sich verletzt hat, hier in der Mine. Wenn hier unten jemand verletzt wird, dann verändern der Arbeitgeber und die NUM die Geschichte, sie sagen, die_der hat sich in seiner Baracke verletzt, verstehst du? Oder sie sagen, sie_er hat sich irgendwo verletzt, aber diese Person hat sich heute verletzt, und zwar unter Tage. Wir haben das bekämpft, aber dazu fehlt uns die Macht. Denn die Gewerkschaft hilft uns nicht dabei. Deshalb können wir uns nicht durchsetzen oder diese Sache weiterbringen.

… Bruder, was ich zur NUM sagen kann ist, dass sie am Zusammenbrechen ist. Sie sprechen nicht mit uns über die Punkte, von denen sie wissen, dass sie angegangen werden müssten. Sie möchten nicht mit uns sprechen. Sie reden sich selbst ein, dass sie die einzigen sind, die das Recht haben, mit dem Arbeitgeber zu verhandeln. Sie meinen, sie allein können unsere Beschwerden beim Arbeitgeber vorbringen. Aber andererseits können sie mit uns nicht sprechen. Wenn wir ein Treffen mit ihnen wollen, dann organisieren sie keines. Denn dann könnten wir ja unsere Punkte ansprechen. Das ist die NUM, Bruder.

INTERVIEWER: Du hast gesagt, dass ihr gestreikt habt? Wann haben sie euren Vorsitzenden gefeuert?

MINENARBEITER: Wir haben ihn immer wiedergewählt, denn wir haben unseren Vorsitzenden [Steve] geliebt. Er hat immer das getan, was wir von ihm wollten, selbst wenn sie ihn deshalb gehasst haben. Die Leute von der NUM haben ihn nie gemocht, denn er hat die Dinge immer gerade heraus angesprochen. Unser Vorsitzender [hat uns Sachen erklärt], von denen die NUM niemals wollte, dass wir sie wissen. Beispielsweise, was das Management zu ihnen gesagt hat. Unser Vorsitzender sagt uns „Leute, da geht was vor sich, da geschieht etwas, das wird euch umbringen." Er würde uns das sagen, aber sie wollten nicht, dass er uns das sagt … Wenn sie dich in der Mine anstellen, sagen sie, deine Arbeitszeit beträgt täglich 8 Stunden und 45 Minuten. Aber wir arbeiten 15, 14, 12 Stunden lang, weil du für drei Leute arbeiten musst. Und du musst diese Arbeit am selben Tag fertig kriegen, ehe du gehen darfst. Wenn du um 6 Uhr beginnst, dann arbeitest du bis 7 Uhr am Abend. Ich mache Nachtarbeit. Ich beginne um 21 Uhr, aber ich komme erst um 7 oder 8 Uhr wieder raus. Da beginnt die Tagschicht.

INTERVIEWER: Was hat euren Vorsitzenden so anders gemacht?

MINENARBEITER: Er nahm kein Schmiergeld, denn die Mine arbeitet mit Bestechung. Sie besticht diese Leute. Sie bestechen unsere Führer, damit sie Regeln absegnen, die die Arbeiter_ innen unterdrücken. Da wollte er nicht mitmachen. Er wollte keine Schmiergelder vom Management. Das lehnte er ab.

INTERVIEWER: Wann habt ihr beschlossen zu streiken?

MINENARBEITER: Wir trafen uns am Dienstag [17. Mai 2011], und den Streik begannen wir am Donnerstag. Aber an das Datum kann ich mich nicht mehr erinnern, es war jedenfalls letztes Jahr. Wir begannen den Streik am Donnerstag, und dann kamen der Freitag, der Samstag, und am Sonntag setzten wir aus. Am Montag machten wir weiter … und dann, am Donnerstag [26. Mai] kamen sie daher … die Leute aus der Region. Sie gingen zu unserem Arbeitgeber und erklärten ihm, dass er uns alle rausschmeißen solle. Und das tat er dann auch … Aber damals wollten wir von ihnen hören, warum sie unseren Vorsitzenden suspendiert hatten, und stattdessen gingen sie zum Arbeitgeber und forderten ihn auf, uns zu entlassen. Weil wir nicht arbeiten wollten … Unser Arbeitgeber feuerte uns, und dann hat er uns wieder eingestellt, obwohl, einige Leute wurden nicht mehr wiedereingestellt, bis heute nicht …

INTERVIEWER: In diesen drei Monaten [nach dem Streik, und ehe AMCU sich engagierte], hattet ihr da Treffen, oder was lief in dieser Zeit?

MINENARBEITER: In diesen drei Monaten war es schlimm, sehr schlimm. Wenn du keine Gewerkschaft hast, kann der Unternehmer machen, was er will. Wir arbeiteten unter sehr schweren Bedingungen, und wir hatten kein Recht, darüber zu sprechen, verstehst du? Ja, wir haben Versammlungen organisiert, als Arbeiter_innen. Wir haben Versammlungen organisiert, uns als Arbeiter_innen zusammengesetzt und überlegt, woher wir eine Gewerkschaft nehmen könnten. Oder ob wir zurück zur NUM gehen sollten … Das war der Punkt: Wie kommen wir an eine Gewerkschaft, und damals war klar, dass es schwer werden würde. Denn die Mehrheit von uns wollte nicht zurück zur NUM. Wir hätten jede andere Gewerkschaft willkommen geheißen damals, jede, die vorbeigekommen wäre. Und dann kam die AMCU …

INTERVIEWER: Wie kam es dann zur Entscheidung vom 9. [August], bei dieser Versammlung?

MINENARBEITER: Schau mal, ich habe gesagt, dass das Karee hierher [in das Stadion von] Wonderkop kam, das war am

9., ein Feiertag ... Da haben wir uns hier in Wonderkop getroffen, haben verhandelt. Als die Leute von Karee hierher nach Wonderkop kamen, kamen auch die von Ost her. Und es wurde beschlossen, dass sie am Freitag, 10. August, zum Arbeitgeber gehen würden, und dann gingen sie los ... Gut, sie beschlossen, am 10. zum Arbeitgeber zu marschieren. Dann am Freitag [10. August] trafen sie sich, alle Bohrhauer. Zu diesem Zeitpunkt waren wir [die Nicht-Bohrhauer] alle noch auf Arbeit. Aber wir hatten nichts zu tun, denn es gibt nichts zu tun, wenn die Bohrhauer nicht arbeiten. Also die Bohrhauer gingen zum Büro des Arbeitgebers ...

Am selben Tag ging der Arbeitgeber in sein Büro und rief die NUM herbei, unsere Führer ... Die NUM antwortete ihm, indem sie sagte, dass er uns erklären soll, wir hätten kein Recht, zu ihm zu marschieren. Wir sollten erst mit ihnen reden, dann würden sie zu ihm kommen. Und der Arbeitgeber kam zurück zu uns und erzählte uns, dass die NUM ihn angesprochen habe. Dass sie ihm gesagt hätten, dass wir kein Recht haben, zu ihm zu marschieren. Dass wir nicht mit ihnen gesprochen hätten, das heißt, wir wären hinter ihrem Rücken zu ihm gekommen. Die Arbeiter_innen haben nicht gekämpft. Sie kamen bloß zurück zum Stadion am Freitag, am selben Tag ... Dann am Samstag kamen sie hierher [ins Stadion], und am Morgen hatten sie eine Besprechung. Und nachdem sie ihren Bericht fertig hatten, sagten sie, nein, am Samstag wird niemand zur Nachtschicht erscheinen.

INTERVIEWER: Ihr habt euch also alle am Samstag [11. August] morgens getroffen?

MINENARBEITER: Ja, am Samstag, in der Früh, und da waren alle da. Denn ich war auch dort. Und ich habe alles mögliche gemacht, weil es ging drunter und drüber, kein Plan. An diesem Tag haben wir uns getroffen und gesagt, gehen wir zum NUM-Büro hier in Wonderkop. Denn in Karee haben sie kein Büro. Also gingen wir zu ihrem Büro, aber als wir näher kamen, standen sie schon draußen, diese Leute, unsere Führer. Sie kamen raus. Unsere Führer kamen raus aus den Büros, hatten bereits Gewehre in den Händen, sie kamen einfach raus und schossen ...

INTERVIEWER: Was meinst du also nun, warum hat die Gewerkschaft, die ihr doch bezahlt, euch nicht beschützt, sondern auf euch geschossen?

MINENARBEITER: Sie wollen nicht, dass wir mehr verdienen, davon bin ich überzeugt. Sie wollen das nicht. Wären wir zu ihnen gegangen und hätten ihnen erklärt, dass niemand von uns zum Arbeitgeber gehen wird und die 12.500 verlangen wird, wäre für sie klar gewesen, dass wir das Geld niemals bekommen werden. Denn sie sind diejenigen, die immer auf der Seite des Managements stehen.

INTERVIEWER: Als ihr zur NUM gegangen seid, hattet ihr auf diesem Marsch eure Waffen dabei?

MINENARBEITER: Nein, wir hatten keine Waffen an diesem Tag ... unsere Waffen haben wir im veld getragen, da haben wir darüber gesprochen. Wir schlafen jetzt im veld, nicht in unseren Häusern, denn wir [haben Angst], dass die NUM-Leute daherkommen, von Tür zu Tür gehen, und uns erschießen, verstehst du? Deshalb haben wir beschlossen, dass wir besser im veld bleiben. Und seither schlafen wir dort, teilen unser Geld und kaufen damit Brot und kalte Getränke, machen Feuer. Ja, und wir haben über Sicherheit gesprochen und beschlossen, unsere Waffen zu holen, und wir blieben im veld, weil wir uns mit ihnen dort sicherer fühlten.

INTERVIEWER: Als ihr eure Waffen geholt habt, weil ihr beim Berg geblieben seid, was dachtet ihr, wer euch angreifen könnte?

MINENARBEITER: Die NUM ... wir hatten Angst, dass die NUM uns angreifen würde.

INTERVIEWER: Die NUM hat euch also dazu getrieben, eure Waffen mitzunehmen?

MINENARBEITER: Ja, weil sie auf uns geschossen haben. Und wir fürchteten, dass sie wieder kommen würden; wir haben keine Gewehre, deshalb dachten wir, besser, wir nehmen unsere traditionellen Waffen mit.

INTERVIEWER: Was geschah am 12.?

MINENARBEITER: Am 12. waren wir hier, den ganzen Tag waren wir am Berg. Wir sangen, sprachen und tauschten Gedanken aus. Wir sprachen einander Mut zu. Hier ist es nicht wie daheim. Du musst stark sein, und das sind die Leute hier am Berg offensichtlich. Es gibt hier Häuser, aber wir saßen einfach da, machten Feuer, legten unser Geld zusammen, nicht mal gewaschen haben wir uns. Wir saßen einfach da und taten nichts, warteten darauf, dass der Arbeitgeber daherkommt. Wir gingen nicht mehr nach Hause, denn wir hatten Angst, dass sie kommen und uns erschießen …

Am 13. … am Montag fanden wir heraus, dass es noch Arbeiter_innen gab, die in Karee arbeiteten. Also beschlossen wir, ein paar Leute auszuwählen, ich denke, es waren um die dreißig Leute aus Ost. Die sollten zu diesen Leuten gehen, ihnen erzählen, dass wir im veld sind, dass wir hier bleiben werden, und dass sie kommen und sich uns anschließen sollten. Damals hatten wir bereits unsere Waffen. Wir sind nicht durch das township gegangen, wir gingen übers veld zu Schacht 3. Da trafen wir auf die Minenpolizei, und die fragten uns, wohin wir gehen, was wir wollen. Wir erklärten ihnen, dass wir die Leute, die im Schacht arbeiten, informieren wollten, dass wir am Berg seien. Dort sind wir, und sie sollten sich uns anschließen. Die Minenpolizei akzeptierte das und sagte, sie werden es den Leuten sagen. Sie gingen und gaben die Information weiter, und dann gingen wir durch das veld zurück.

Wenn man durch das veld geht, gibt es da so einen kleinen Ort, an dem wir vorbei kamen, mit einem kleinen Damm. Dort trafen wir auf Regierungspolizei. Ich denke, es waren vielleicht drei Hippos und mehr oder weniger 20 Kleinbusse. Ich bin mir nicht sicher, wie viele es waren. Sie kamen und hielten uns an. Sie sagten, wir sollten ihnen unsere Waffen geben, und wir antworteten, das können wir erst, wenn sie uns zum Berg eskortiert haben. Dort sind die anderen Arbeiter_innen und dort werden sie alle Waffen zusammen übernehmen können. Die Regierungspolizei ging darauf nicht ein. Sie sagten, sie zählen bis fünf, und sie begannen zu zählen, eins, zwei, drei, vier, fünf. Als wir bei fünf waren, begannen sie einfach zu schießen.[14] Dabei erschossen sie eine Person, andere wurden verletzt. Und wir rannten zurück zum Berg und berichteten, dass wir auf die Regierungspolizei getroffen sind und dass sie auf uns geschossen hatten und dass einer tot ist und andere verletzt sind und wir sind nicht alle zurückgekommen; wir erklärten dann, was geschehen war.

INTERVIEWER: Und was geschah dann am 15.?

MINENARBEITER: Sie kamen und sagten, sie möchten fünf Männer. Wir gaben ihnen diese fünf Männer, damit sie mit der

14 AdH: siehe Anmerkung 39, Seite 56

Polizei sprechen. Als sie zur Polizei kamen, sagte diese, sie hätten den Arbeitgeber dabei, und wir sagten, na dann soll er mit uns sprechen. Und als er zu sprechen begann, merkten wir, dass das nicht der Arbeitgeber war, sondern der Präsident der NUM, Herr Zokwana. Und Herr Zokwana sagte, der einzige Grund seines Kommens sei, uns zu sagen, dass er wolle, dass wir zurück an die Arbeit gehen. Mehr hätte er mit uns nicht zu besprechen. „Alles, was ich euch sage, ist, dass ihr zurück an die Arbeit gehen sollt." Wir erklärten ihm, dass er nicht der Arbeitgeber von Lonmin sei, er sei Zokwana, und wir fragten ihn, wie er uns anschaffen könne, dass wir arbeiten gehen sollten? Er sagte, dass wir an die Arbeit sollten, mehr hätte er uns nicht zu sagen … wir erzählten ihm, dass wir nur mit dem Arbeitgeber sprechen wollten, und nicht mit Zokwana. Wir sagten „nach dir haben wir nicht verlangt, auch nicht nach der AMCU. Wir wollten die NUM nicht bei unseren Treffen dabei haben. Wir wollten nur den Arbeitgeber". Dann ging er. Vielleicht fünf Minuten danach sahen wir ein weiteres Auto und ein Hippo daherkommen; in dem Auto saß der AMCU-Präsident, Herr Joseph Mathunjwa. Und er sagte, dass er mit einer Regierungseskorte gekommen sei, worauf wir meinten „dann sag, was du zu sagen hast" … Dann meinten wir, dass wir weder die AMCU noch die NUM bei unseren Verhandlungen haben wollten. Wir wollten bloß den Arbeitgeber, mehr nicht … und sie fuhren wieder ab.

INTERVIEWER: Und am 16.?

MINENARBEITER: Regierungspolizei kam. Sie kamen wieder mit der gleichen Geschichte; sie sagten, sie wollten eine Beziehung zu uns aufbauen. Wir erklärten ihnen, sie könnten tun, was sie wollten, wir aber wollten, dass sie uns erklären, wie sie eine Beziehung zu uns aufbauen wollten. Und sie antworteten, sie würden hier bei uns sitzen bleiben und uns beschützen, denn wir säßen auf Regierungsgrund. Und wir meinten ok., setzen wir uns, und wir setzten uns … was mich aber am meisten erstaunte, war, dass sie diesmal mit NATO-Drahtzaun kamen; sie hatten ihn hinten in ihren Anhängern. Alle Hippos führten Stacheldraht mit sich. Wir fragten uns, was sie jetzt machen würden. Und dann versuchten sie, uns hinter diesem Zaun einzusperren. Wir sagten, wir bräuchten keinerlei Schutz, und wir wollten nicht, dass sie dieses Ding um uns aufziehen. Wir sagten, sie sollten es zurückbringen, wo immer sie es her hätten. Und sie meinten ok., und dann setzten wir uns und sangen unsere Lieder.

Interviewer: Also nach ihrer Aussage: Haben sie den ganzen Platz eingezäunt, oder haben sie nur einen kleinen Bereich eingezäunt?

Minenarbeiter: Da, an dieser Seite der Baracke haben sie mit der Einzäunung begonnen, da bei den Strommasten, wo es zu den Schmelzen geht. Sie haben den Zaun hier entlang dieser Strecke aufgestellt, hier in der Ecke haben sie halt gemacht. Da haben wir sie ersucht, dass sie damit aufhören, uns in einen NATO-Drahtzaun zu sperren. Verstehst du? Denn wir haben ihnen nicht sehr getraut, wir wussten nicht, würden sie uns auch noch schlagen oder was … sie haben ihn hier gelassen, und dann, am Nachmittag kam Herr Joseph Mathunjwa von der AMCU. Und er sagte, dass wir heimgehen sollten, denn er denke, dass wir hier, am Berg, nicht mehr sicher seien. Und dass wir uns am nächsten Morgen wieder treffen sollten, denn „unser Arbeitgeber wollte nicht herkommen und euch treffen. Ich bin heute wieder hingegangen, und ich habe ihm gesagt, dass ihr ihn treffen wollt, aber er ist nicht willens herzukommen. Ich bin deswegen inzwischen sehr misstrauisch, ich denke, ihr seid hier nicht mehr sicher. Ich glaube, euer Arbeitgeber und die NUM führen irgendetwas Großes im Schilde, und deshalb denke ich, es ist besser, ihr geht nach Hause." Wir haben ihm erklärt, dass wir uns nicht spalten lassen, und dass wir nirgendwo hingehen, denn dieser Ort sei nun unser Zuhause. Wir haben hier gegessen und Feuer gemacht, und wir können uns nicht einmal waschen, wir haben keine Waschmöglichkeit, wir haben jeden Tag unser Brot hier gegessen, wir gehen nirgendwohin, wir bleiben hier.

Wir setzten uns und dann sagte er „ok., wenn ihr nicht gehen wollt, dann kann ich auch nichts machen", und wir [forderten ihn] auf zu gehen. [Wir sagten, dass wir ihm] schon mal erklärt hätten, dass wir hier keine Gewerkschaft wollen, egal welche, und dass wir nur mit dem Arbeitgeber sprechen müssten. Dann ging er zu seinem Wagen, und zu dieser Zeit gab es keine Eskorte. Dann kam er zu Fuß zurück, und wir fragen ihn, wo denn seine Regierungseskorte sei. Und er meinte, das Management wollte ihm keine

Begleitung mitgeben, damit er zu uns kommen könne. Aber [wir antworteten ihm], dass sie gestern gesagt hatten, dass alle Führer begleitet werden sollten, so sähen es die Regeln der Regierung vor. Wie kommt es also, dass du jetzt keine hast? Und er meinte, als AMCU erhielten sie keine Begleitung vom Management, also seien sie einfach so zurückgekommen, zu Fuß. „Denn wir kennen euch und wir sind gekommen, um mit euch zu reden. Aber ihr sagt uns nun, dass wir gehen sollen – also gehen wir."

Wir sagten ihnen, dass sie gehen sollten, und sie sollten diesem Mann, dem Manager von Lonmin sagen, dass wir nur auf den Arbeitgeber warten. [AdÜ: Sie antworteten, dass] es sie nichts angehe, was der Arbeitgeber vorhat. Alles, was sie tun können, ist, zu gehen und dem Arbeitgeber erklären, dass wir mit ihm sprechen wollen. Und wir sagten, „wir möchten 12.500 Rand, mein Herr, und wenn du die jetzt nicht hast, dann sag uns, wann du sie haben wirst. Und sag uns, wieviel du jetzt hast, und wir werden das nehmen und zurück zur Arbeit gehen."

Auch damit war unser Arbeitgeber nicht einverstanden. Wir machten uns deshalb keine Sorgen. Um diese Zeit war Herr Mathunjwa gegangen, und gegen 12 Uhr ... nein, gegen 15 Uhr kam er zurück und sagte, ich bin hier, um euch auf Knien anzuflehen, als Arbeiter_innen. Und er ging wirklich in die Knie und weinte, hier vor uns. Er sagte „Bitte, Männer, geht. Wir werden uns morgen in der Früh wiedertreffen. Ihr solltet euch aufteilen, und jeder sollte nach Hause gehen." Wir entgegneten, dass wir Angst davor hätten, nach Hause zu gehen. Denn wir wüssten nicht, wer da auftauchen würde. Deshalb bleiben wir unter allen Umständen hier, was immer geschieht, soll geschehen wenn Lonmin, wenn die Regierung etwas geplant hätten.

Na gut. Er ging so um drei, vier Uhr nachmittags, und um vier Uhr begann die Polizei wieder den NATO-Drahtzaun aufzustellen. Wir ersuchten sie wieder, „bitte, schließt den NATO-Drahtzaun nicht, bitte." Sie hörten damit auf, für vielleicht eine halbe Stunde. Wir saßen da, und gegen fünf Uhr kamen sie zurück, und wir sahen zwei Hippos mit Soldaten kommen, die sich ihnen anschlossen, und acht Soldaten stiegen aus den Hippos aus. Sie trugen Gewehre. Und jetzt waren da eine Menge Polizisten, die ebenfalls diese großen Gewehre hatten. Ich weiß nicht, wie die heißen, aber jeder einzelne Polizist hatte sein eigenes Gewehr, und sie formierten sich zu einer Linie, einer sehr langen Linie. Ich bin sicher, dass sie an die 100 Meter lang war, denn es waren viele Polizisten. Und während wir noch dieses Schauspiel betrachteten, sahen wir, dass der Bus der Mine daherkam. Die großen Busse von der Mine. Es gab zwei Busse, und als sie nun näher kamen, blieben die anderen Polizisten stehen. Und eine Menge weiterer Polizisten stiegen aus und schlossen sich den anderen in dieser Linie an. Und jetzt reichte [die Polizeikette] von Wonderkop nach Marikana hier oben, von dem *veld* weg. Wir waren nun von der Polizei umzingelt. Sie kamen näher, einer nach dem anderen. Und alle trugen sie diese großen Gewehre. Und währenddessen kamen zwei weiße Hippos im Retourgang daher, und dann noch zwei Hippos mit Soldaten, von der Front, und sie schlossen sich den anderen an. Und oben auf den Hippos tauchten die Soldaten mit ihren Gewehren auf. Und der andere Hippo legte nun den NATO-Drahtzaun weiter aus, verband ihn mit dem anderen Zaun in der Nähe der Baracken. Dann war da noch ein Zwischenraum, vielleicht 20 bis 30 Meter breit, genauer kann ich das nicht mehr sagen. Aber wir bemerkten weitere Soldaten, und dann noch ein Hippo näher kommen, das dritte. Aber was mich wirklich aufregte war der LKW, der Wasser führte, und der andere, der Tränengas dabei hatte. Sie standen weiter hinten, viel weiter hinten.

Ich machte mir jetzt echt Sorgen, denn ich sah, dass sich etwas zusammenbraute. Wir setzten uns nieder. Zu diesem Zeitpunkt sprach die Polizei nicht mehr mit uns, sie verrichteten ihre Jobs, und währenddessen kam ein weiterer Hippo mit Soldaten. Aber dieser war ein wenig kleiner als die anderen. Und dann kam noch einer, und noch einer und dann noch einer, der dritte und der Polizei-Hippo kamen, und dann wieder einer und dann der dritte. Und der kam echt nah ran an uns. Und als sie ankamen, war da ein weiterer *weißer*. Er trug eine braune Hose und ein weißes T-Shirt. Er war groß und forderte die anderen Polizisten auf, näher zu kommen, in die Kette. Und die Polizisten und die Soldaten in dem Hippo begannen da auf uns zu schießen. Zuerst erschossen sie eine Person, eine Kugel traf ihn am Kopf, eine im Rücken, und die kam vorne wieder raus. Wir hörten das, und dann begannen wir zu rennen. Als wir zu flüchten versuchten, näherten sich diese Hippos, und jetzt hatte auch die Polizei zu schießen begonnen. Und die Hippos kamen an uns ran, und einige wurden von ihnen überrollt. Ich bin mir sicher, dass viele Leute dort umgebracht wurden, indem sie überfahren wurden. Einige wurden von den Gewehren getroffen. Es empört mich sehr, wenn die Polizei sagt, sie habe sich selbst verteidigt; wogegen sollten sie sich denn verteidigt haben? Was war denn passiert, dass sie sich selbst verteidigen mussten?

INTERVIEWER: Was denkst du und wie fühlst du dich? Wie geht es Dir nach all dem?

MINENARBEITER: Hör zu, Mann, mein Kopf arbeitete an diesem Tag nicht; ich war sehr, sehr betäubt und sehr, sehr nervös, denn ich hatte Angst. Ich hatte von solchen Dingen keine Ahnung. Ich wusste nur aus der Geschichte über Dinge, die geschehen waren, wie 1976 [Soweto] und 1992 [B(h)isho]. Sieh mal, ich habe von Massakern gehört. Üblicherweise habe ich darüber nur etwas im Geschichtsunterricht gehört, aber an diesem Tag kam die Geschichte zurück, nun habe ich sie erlebt. Sogar jetzt, wenn ich mich erinnere, fühle ich mich schrecklich, und wenn ich daran denke, werde ich immer noch ganz traurig.

INTERVIEWER: Was hältst du jetzt von der Polizei?

MINENARBEITER: Die Polizei? Ich mag sie nicht. Selbst wenn mir einer von ihnen in einem Geschäft bei Shoprite (AdÜ.: südafrikanische Supermarktkette) nur auf die Zehe steigt, werde ich ihm vielleicht einen Schlag versetzen. Denn ich möchte keinen Polizisten mehr sehen, schon gar nicht mit ihnen reden. Ich möchte einfach nichts mehr mit ihnen zu tun haben. Ich brauche sie bloß zu sehen. Für mich sind sie jetzt wie Hunde. Selbst wenn ich einen Polizeibeamten in meiner Familie hätte, würde ich nichts mit ihm zu tun haben wollen. Wenn ich jetzt einen Polizisten sehe, kommt mir das Kotzen.

INTERVIEWER: Wenn du also ein Verbrechen beobachten würdest, würdest du die Polizei verständigen?

MINENARBEITER: Würde ich nicht, Bruder. Da müssen sie selbst drauf kommen. Selbst wenn ich angegriffen würde, würde ich nicht zu ihnen gehen. Denn ich traue ihnen überhaupt nicht mehr. Für mich sind sie jetzt wie Feinde.

Minenarbeiter 9

INTERVIEWER: Wie sind die Lebensbedingungen in den Minen?

MINENARBEITER: Überhaupt nicht gut, acht Menschen leben in einem Zimmer und teilen sich ein Esszimmer. Das ist gesundheitsgefährdend, denn wenn vor dir jemand krank wird, oder wenn wer ins Spital geht und zurückkommt, dann riskierst du, dass du mit der Krankheit angesteckt wirst.

INTERVIEWER: Welche Arbeit verrichtest du?

MINENARBEITER: Ich bin ein Bohrhauer, ich zermahle den Fels.

INTERVIEWER: Wie sind die Arbeitsbedingungen in der Mine?

MINENARBEITER: Die Arbeitsbedingungen sind ganz mies. Erstens befinden sich die Arbeitsplätze in einem schlechten Zustand. Zweitens sind die Arbeitszeiten sehr lange. Wenn deine acht Stunden um sind, und du das Tagespensum nicht geschafft hast, dann arbeitest du länger als acht Stunden. Du musst jeden Tag sprengen, und wenn du gehst, ohne das getan zu haben, dann wirst du dafür verantwortlich gemacht … Wir bohren in das Gestein, damit wir das Platin herausholen, erstens bohren wir die Löcher in den Fels, dann säubern wir sie, danach bringen wir den Sprengstoff an, damit das Platin herausgeholt werden kann, dann sammeln wir es vom Boden auf.

INTERVIEWER: Hast du an dem Streik teilgenommen, bei dem 12.500 Rand gefordert wurden?

MINENARBEITER: Ja, das stimmt, das kann ich nicht bestreiten. Wir arbeiten immer noch nicht, wir wissen nicht einmal, wann wir wieder arbeiten werden, sondern wir bitten die Regierung, unsere Gehälter zu erhöhen; das Geld, das wir bisher erhalten, ist eine Beleidigung. Was wir nicht wollen, wir wollen unsere Jobs nicht verlieren. Wir wollen unser Geld, darum geht es. Wir müssen 200 Rand Miete bezahlen, und alles wird von meinem Lohn abgezogen, jeden Monat. Wieviel bleibt mir von den 5.000 Rand, die ich monatlich verdiene? Schau dir meinen Körper an, das ist nicht die originale Haut. Was du siehst, kommt vom Platin. Das hat schlimme Auswirkungen auf meine Haut und in ein paar Jahren, wenn ich krank werde, wird mich die Firma rauswerfen. 5.000 Rand sind nichts, wenn deine Frau und deine Kinder davon abhängig sind.

INTERVIEWER: Wie hat dieser Streik begonnen?

MINENARBEITER: Zwei Wochen vor der Woche des 16. trafen sich alle Schachte, um die schlechten Arbeitsbedingungen, denen wir ausgesetzt sind, sowie die niedrigen Löhne, die wir erhalten, zu besprechen. Wir trafen uns, weil wir Mitglieder der Gewerkschaft NUM sind, die von Herrn Zokwana geleitet wird, und die kläglich dabei gescheitert ist, die Bedürfnisse der Arbeiter_innen zu vertreten. Wir sind die ganze Zeit von unseren Führern in die Irre geleitet worden, wir haben herausgefunden, dass unsere Beschwerden nicht einmal bis zum Arbeitgeber durchgedrungen sind. Also beschlossen wir, uns selbst an den Arbeitgeber zu wenden, um herausfinden zu können, ob er unsere Löhne erhöhen würde oder nicht. Am 9., einem Feiertag, gingen wir tatsächlich als Arbeiter_innen und Bohrhauer hin, denn unsere Jobs sind sehr schwierig. Wie geplant gingen wir zu Nummer 1, wo unser Arbeitgeber sitzt, erhielten aber keinerlei Antwort. Als wir ankamen, war da ein *weißer*, der uns erklärte, dass unser Arbeitgeber in 15 Minuten für [uns] da sein werde. Er wisse von unserer Forderung. Aber er log uns an, denn wir warteten und warteten.

Was uns verwirrte, war, dass er sagte, der Arbeitgeber wisse Bescheid über unsere Forderung. Wie konnte er das wissen, wo wir ihn doch gar nicht getroffen hatten. Wir beschlossen, direkt zu unserem Arbeitgeber zu gehen, der uns nichts gibt. Am selben 9. gingen wir zurück ins Stadion, um zu diskutieren, wie wir weiterkommen könnten. Die NUM haben wir nicht hinzugezogen. Also beschlossen wir, dass wir am folgenden Tag den NUM-Büros zu gehen, unseren Fehler einzugestehen und um draufzukommen, wie wir an unseren Arbeitgeber rankommen könnten, damit wir direkt von ihm eine Antwort bekommen. Am Samstag gingen wir hin.

Zehn Minuten, ehe wir die Gewerkschaftsbüros erreichten, trafen wir auf Genossen der NUM. Sie begannen sofort auf uns zu schießen, zwei unserer Genossen verloren ihr Leben. Es wurde klar, dass wir von genau der Gewerkschaft nicht akzeptiert wurden, die wir gewählt hatten. Und weiters zeigte sich, dass sie enge Beziehungen zum Arbeitgeber unterhielten. Wir rannten also zum Berg, wo wir uns alle versammelten. Als wir dort ankamen, erkannten wir, dass es keinen anderen Ort gab, zu dem wir hätten laufen können. Die Gewerkschaft brachte uns um, und der Arbeitgeber wollte nicht mit uns sprechen. Also beschlossen wir, das Eigentum der Mine zu verlassen, und stattdessen beim Berg zu bleiben. Dieses Land gehört der Regierung, die wir gewählt haben, also dachten wir, dass dies der einzige Ort sei, an dem wir Zuflucht finden könnten.

Wir schliefen hier, denn wir hatten Angst, zurück nach Hause zu gehen. Wir schliefen hier am Sonntag, und als wir aufwachten, besprachen wir, wie es weitergehen könnte. Weil unser Arbeitgeber nichts mit uns zu tun haben wollte, mussten wir einen Weg finden, es über die Gewerkschaft zu machen, sie dazu zu benutzen, an den Arbeitgeber ranzukommen. Und da hat uns der Sicherheitsdienst der Mine den Zutritt verwehrt ... also haben wir ihnen erklärt, dass wir nicht kämpfen. Wir wollten einfach mit unserem Arbeitgeber sprechen und ihm die Liste unserer Forderungen übergeben. Wir wollten bloß eine Möglichkeit, unseren Arbeitgeber zu treffen, wir gingen entschlossen dort hin, und da beschlossen wir, selbst um unsere Forderungen zu kämpfen. Sie begannen auf uns zu schießen, wir wehrten uns, bis sie davonrannten, und wir gingen zurück zum Berg. Am Montag kam die Polizei und sagte, sie wollten Frieden schließen. Und weil wir niemand an unserer Seite hatten, fragten wir sie nach ihren Namen, was sie verweigerten.

Daraufhin ersuchten wir sie, den Arbeitgeber herzubringen. Sie gingen, und am Dienstag kamen sie zurück, um Forderungen zu diskutieren. Wir sagten ihnen, dass wir den Berg nicht verlassen würden, bis wir mit unserem Arbeitgeber gesprochen hätten, und unsere Forderungen erfüllt seien. Denn sie würden nicht so mit ihm sprechen, wie wir wollten, dass mit unserem Arbeitgeber gesprochen wird.

Die Polizei ging und kam am 16. zurück. Diesmal waren sie sehr aufgebracht. Sie kamen mit Genosse Zokwana in einem Hippo. Wir haben hier in den Minen eine Kombination aus allen afrikanischen Sprachen: Zulu, Sotho, Shangaan und Xhosa, Fanakalo genannt. Er sagte „Kollegen, ich habe nicht mit euch gekämpft". Einer von der Polizei gab dieses Statement für ihn ab, „ich kam hierher, um Frieden zu schließen."

Interviewer: Was genau hat er gesagt?

Minenarbeiter: Er sagte „meine Brüder, ich bin zurück. Gestern ging ich, um Antworten zu erhalten. Aber euer Arbeitgeber stellte klar, dass er euch nichts zu sagen hat." Er sagte, er sei ein Besucher, deshalb wollte er aus dem Hippo zu uns sprechen, denn er habe Angst.

Interviewer: Meinst du Angst vor Zokwana?

Minenarbeiter: Er hatte Angst vor Zokwana. Wir sagten ihm, wir werden deinem Besucher nichts antun, wir wollten lediglich das Gesicht des Besuchers sehen. Er sagte, er fühle sich nicht sicher. Wir sagten ihm, alles, was wir wollten, sei ein Gespräch mit unserem Arbeitgeber. Er sagte, wir müssen fünf Leute auswählen, die mit ihm sprechen sollten. Wir akzeptierten das, damit wir hören könnten, was er zu sagen hatte. Leider wurden drei von ihnen an diesem Tag umgebracht. Wir entließen den Mann, wie verlangt. Sie wiesen uns an, alle unsere Waffen niederzulegen, es war bereits sechs Uhr. Wir erklärten ihnen, wenn sie ihn beim Hippo haben, sollten sie ihm sagen, dass er am Donnerstag zurückkommen solle. Genosse Zokwana sagte, deswegen sei er nicht gekommen. Er sagte, er sei gekommen, um uns aufzutragen, wieder zur Arbeit zu gehen. Wir sagten, wir werden mit ihm nicht diskutieren. Wir wiesen ihn an, wie er verlangt hatte zur Menge zu sprechen. Er nahm das Megaphon und sagte, morgen müsst ihr alle wieder zur Arbeit erscheinen. Wir antworteten, dass wir nicht zur Arbeit zurückkehren würden, bevor wir nicht unseren Arbeitgeber getroffen hätten. Dann haute er ab, und sagte, dass er die Hintergründe klären wird, was immer das bedeutet.

Wir ließen weitere fünf Männer zur Polizei zu den Hippos gehen und ihnen ausrichten, dass wir schlafen wollten. Wenn sie mit uns sprechen wollten, müssten sie morgen wieder kommen, um 9 Uhr morgens. Tatsächlich fuhren sie ab und wir schliefen am 15. August. Wir hatten nichts zu essen, während wir beim Berg waren. Die Leute aus den umliegenden Baracken halfen uns, brachten uns Lebensmittel. Wir fürchteten uns davor, nach Hause zu gehen, wir fürchteten, umgebracht zu werden. Am Morgen des 16. sahen wir Soldaten, die von Marikana her zu uns kamen, das war gegen acht Uhr morgens. Wir riefen nach den anderen Arbeiter_innen. Es war ein Auto, ein Tuch deckte ein Gerät zu, das auf uns zeigte. Wir forderten alle anderen Genossen auf, von oben herunterzukommen. Währenddessen kamen fünf Hippos mit NATO-Drahtzaun an. Wieder schickten wir fünf Männer aus, die ihnen sagen sollten, sie sollten den Zaun nicht aufstellen. Sie gingen rüber und ersuchten sie, die Gegend nicht einzuzäunen, ehe wir mit dem Arbeitgeber gesprochen hätten. Sie antworteten, sie hätten nichts mit der Mine zu tun, sie seien von der Regierung geschickt worden und hätten hier ihren Job zu erledigen. Wir fragten sie, was wir denn falsch gemacht hätten, denn wir hatten niemand etwas angetan. Wir fragten sie, ob es möglich [sei], dass einige von ihnen mit den fünf Genossen mitkommen, um mit ihrem Arbeitgeber zu sprechen, dann könnten wir ihn fragen, wem wir dadurch schaden, dass wir uns am Berg aufhalten.

INTERVIEWER: Haben sie gesagt, wer sie geschickt hat?

MINENARBEITER: Sie sagten, ihr Chef habe sie hergeschickt. Sie haben den Namen dieser Person erwähnt, ich kann mich aber nicht an ihn erinnern. Aber einige Genossen haben sich den Namen gemerkt. Auch der Präsident der AMCU versprach uns am Vortag, dass er heute zurückkommen werde, um zu berichten. Als er mit seinen Leuten angekommen war, wurde er rausgeworfen, und sie durften nicht rein. Zokwana und seine Leute setzten sich durch. Zokwana erzählte uns, dass er, wie davor vereinbart, versucht habe, mit unserem Arbeitgeber zu sprechen, dass aber nichts dabei raus gekommen sei. Es ging auch das Gerücht um, dass wir an diesem Tag umgebracht werden sollten. Der AMCU-Genosse kam am Nachmittag gegen 14 Uhr zurück. Er forderte uns auf, den Berg zu verlassen, denn unser Arbeitgeber und die Regierung seien übereingekommen, herzukommen und uns umzubringen.

Er sagte: „Die NUM sagte, sie habe keine Mitglieder am Berg, alle Gewerkschaftsmitglieder dort gehörten zur AMCU. Als Präsident der AMCU bin ich gekommen um euch zu bitten, den Berg zu verlassen, wieder an die Arbeit zu gehen. Wir werden später versuchen, die Sache zu klären." Wir sagten, „Genosse, geh heim. Du hast alles versucht, aber wir werden hier nicht abziehen, ehe wir die geforderten 12.500 Rand bekommen, und wenn wir in diesem Kampf sterben müssen, dann soll es so sein. Madiba[15] hat für dieses Land gekämpft, und er hat klargemacht, dass Gewalt keine Lösung ist. Wir sollten sprechen und verhandeln, indem wir streiken; so hat auch Mandela für unser Land gekämpft." Er ging, es war bereits nach 15 Uhr. Dann kam er zurück und wollte für uns beten, weil es nun ernst wurde. Als er ging, begannen sie, den Zaun bis hin zu einem kraal aufzubauen. Sie warfen etwas in die Luft, das wie ein Vogel aussah und per Fernbedienung kontrolliert wurde. Die Soldaten, die in der Früh gekommen waren, kamen in ihrem Auto zurück, und ein weiteres Polizei-Hippo kam an. Ein Mann stieg aus diesem Wagen aus und rief „Feuer", und sie begannen zu schießen.

INTERVIEWER: Du hast erwähnt, dass du hier am Berg gelebt hast, und auch, dass es hier einen Ort gab, an dem viele Leute abgeschlachtet wurden. [Der] Zaun wurde hochgezogen, die Baracken waren auf der anderen Seite. Was genau hast du da gesehen?

MINENARBEITER: Beginnen wir mit dem Berg. Wie du sehen kannst, ist er ganz schön hoch [und] deshalb haben wir ihn ausgesucht, nachdem die NUM unsere Mitglieder umgebracht hat. Damit wir sofort sehen konnten, wenn sich Leute näherten. Wir konnten Marikana sehen und alles rundherum. Der Busch hier in der Nähe, dort sind die meisten Leute verhaftet worden, nachdem sie begonnen hatten, uns mit Wasser zu bespritzen, mit dem grünen Wasser. Die Leute rannten zum Berg, und dort saßen sie in der Falle, sie waren umzingelt von der Polizei.

INTERVIEWER: Was ist mit dem Areal, von dem behauptet wird, dass dort Blut und Kleidungsstücke der Leute gefunden wurden. Auch dort sind Menschen gestorben?

MINENARBEITER: Eine Menge Leute sind dort gestorben. Unsere Mitglieder sind dort hingegangen, und sie sind nicht zurückgekehrt ... die Leute, die in den Busch rannten, wurden später abtransportiert [in Ambulanzen und Polizei-LKWs].

INTERVIEWER: Danke, dass du dir so viel Zeit für mich genommen hast.

---

15   AdH: Madiba ist der – in Südafrika häufig verwendete – Clan-Name von Nelson Mandela.

Minenarbeiter 10

INTERVIEWER: Was machst du, wenn du am Wochenende nicht arbeitest?

MINENARBEITER: Ich mache die Wäsche, danach gehe ich in die Kirche, nach drei Uhr. Weil bei ZCC[16] ist täglich um drei Uhr Messe. Ich spiele sehr gerne Fußball, deshalb gehe ich manchmal in die Turnhalle zum Training. Ich wechsle das ab: Wenn ich heute nicht zur Kirche gehe, dann gehe ich morgen. Wenn ich also heute zur Turnhalle gehe, dann werde ich morgen in die Kirche schauen, in dieser Art, denn ich mag Sport sehr.

INTERVIEWER: Wie würdest du die Arbeitsbedingungen hier in den Minen beschreiben?

MINENARBEITER: Die Arbeitsbedingungen hier sind sehr schlecht. Ich hätte nicht gedacht, dass ich hier auch nur fünf Jahre lang arbeiten könnte. Aber ich habe keine Wahl, ich brauche das Geld, ich muss arbeiten. Aber die Bedingungen, unter denen wir arbeiten, sind überhaupt nicht in Ordnung … Erstens ist unser Wohnort nicht in Ordnung, die Bezahlung stimmt nicht, der Arbeitsplatz ist ebenfalls nicht in Ordnung, das Gehalt, das wir bekommen, ist eine Verarschung, wenn mensch es mit dem harten Job vergleicht, den wir täglich verrichten. Sie wollten uns nicht einmal 4.000 Rand bezahlen, aber weil wir sonst keine Möglichkeit haben, müssen wir arbeiten, ansonsten wären wir längst weg.

INTERVIEWER: Wie sieht die NUM die Situation?

MINENARBEITER: Als ich hier 2006 eingestellt wurde, war ich bei der NUM. Aber seither hat sich nichts geändert, dieselben schlechten Arbeitsbedingungen, denen bereits mein Vater ausgesetzt war – ich arbeite unter genau solchen Bedingungen. Wie du siehst, leben wir in Baracken. Als wir hier ankamen, haben wir in hostels gewohnt, aber sobald du Wohnungszuschuss erhältst, musst du raus, zu den Baracken. Hier ist es überall heiß. In der Mine ist es heiß und im Schacht ist alles dicht; manchmal bekommen wir nicht einmal Luft oder Wasser; alles, was wir abbekommen, ist Staub. Wir fahren mit einem Aufzug runter, und das Seil, das den Korb hält, das Seil kann jederzeit reißen. Es gibt die

16   AdÜ.: Zion Christian Church, eine der populärsten Kirchen in Südafrika. Sie ist eine der unabhängigen Afrikanischen Kichen.

Gewerkschaft NUM, aber es gibt nichts, das jemals durchgesetzt worden ist, kein einziger Punkt, der die Arbeiter_innen betrifft. Sie sprechen mit dem Arbeitgeber, berichten den Arbeiter_innen aber niemals etwas Konkretes. Deshalb sind sie nutzlos. Für mich als Arbeiter haben sie nie etwas getan. Nicht, dass irgendetwas aufgriffen würde, wenn ich eine Beschwerde habe. Sie meinen bloß, dass der Boss dies und jenes gesagt hat, aber sie haben es nie geschafft, irgendein Problem zu lösen.

INTERVIEWER: Wie hat also dieser Streik begonnen? Was hat diesen Streik angetrieben?

MINENARBEITER: Was den Streik betrifft: Was geschah, war, dass sich Arbeiter_innen am 9. im Stadion von Wonderkop versammelt haben. Das Ziel war es, Lohnerhöhungen für die Arbeiter_innen zu diskutieren. Bei der Diskussion am 9. beschlossen wir, alle Minen in Lonmin einzubeziehen, weil wir nicht entsprechend entlohnt werden. Als wir uns am 9. getroffen haben, stimmten wir alle darin überein, dass die Arbeiter_innen zum Arbeitgeber gehen und sich selbst vertreten sollten. Denn das sind einfach Gewerkschaften, die nie mit irgendetwas Logischem zurückkommen. Sie sagen immer nur „Feedback". Das ganze Jahr lang Feedback. Aber sie berichten den Arbeiter_innen nie etwas Sinnvolles. Als Arbeiter_innen beschlossen wir, unseren Arbeitgeber von Angesicht zu Angesicht zu treffen, damit wir ihm unmittelbar eine Liste unserer Forderungen übergeben könnten, und damit wir von ihm eine direkte Antwort erhalten.

Wir beschlossen, das selbst in die Hand zu nehmen, anstatt uns wie immer auf die Gewerkschaft zu verlassen, die uns nie etwas berichtet. Wir beschlossen also, es diesmal selbst zu machen. Wir waren es leid, niemals eine Antwort zu bekommen. Vielleicht hat ja diese sogenannte Gewerkschaft den Arbeitgeber nicht einmal darauf angesprochen, sie verarschen uns bloß. Wir wollten ihn über unsere Probleme informieren, mit denen wir konfrontiert sind. Und wie wir damit umgehen können, wie wir uns auf halbem Wege treffen können, damit etwas weitergeht. Wir waren uns alle einig, dass die Bohrhauer uns vertreten würden, denn sie sind dafür verantwortlich, dass die Arbeit voran geht. Vielleicht würden wir eine ordentliche Antwort erhalten, wenn sie uns vertreten. Außerdem mussten einige Arbeiter_innen zurück an die Arbeit, so dass wir nicht alle die Arbeit niederlegten. Am Freitag gingen also alle Bohrhauer zum Arbeitgeber, und einige der Arbeiter_innen gingen zur Arbeit. Die Bohrhauer trafen sich in Wonderkop und gingen zu Nummer 1, um den Arbeitgeber zu treffen.

Auf ihrem Weg zum Arbeitgeber wurden sie vom Sicherheitsdienst aufgehalten. Denn üblicherweise singen wir Lieder wenn wir zum Arbeitgeber gehen. Als sie ankamen, wurden sie von den Sicherheitsleuten angehalten, die Arbeiter_innen gingen an sie heran. Wir kamen in friedlicher Absicht, wir wollten bloß mit dem Arbeitgeber sprechen. Es gab kein Problem, der Sicherheitsdienst ließ sie durch. Als sie ankamen, trafen sie jemand, der behauptete, unser Arbeitgeber zu sein. Er fragte, was wir hier wollten, wir sagten, wir wollen unseren Arbeitgeber sprechen. Er sagte, eure Gewerkschaft ist die NUM, und die hat hier, in dieser Mine, keine Mitglieder. Deshalb habt ihr kein Recht, hier zu sein. Eure Gewerkschaft muss mit mir reden. Aber in Wirklichkeit hatten wir keine Gewerkschaft informiert – wir wollten den Arbeitgeber selbst treffen, damit wir eine direkte Antwort bekommen. Er hatte recht, es stellte sich heraus, dass wir die NUM informieren mussten. Dass wir ihnen mitteilen mussten, dass wir nicht wollten, dass sie uns vertritt. Dass wir uns selbst vertreten wollten. Wir machten einen Fehler, da wir die Gewerkschaft nicht darüber informierten, dass wir beschlossen hatten, selbst den Arbeitgeber zu treffen. Trotzdem gingen wir am Freitag zurück. Dann wurde beschlossen, dass wir am Samstag zurück zu den Arbeiter_innen gehen würden und sie darüber informieren würden, was schief gelaufen war. Wir gestanden ein, dass wir einen Fehler gemacht hatten und dass wir, obwohl wir nicht wollten, dass sie [die NUM] uns vertreten, sie zumindest darüber informieren hätten müssen, dass wir losziehen, um den Arbeitgeber zu treffen...

Wir versammelten uns und gingen los, wie schon zuvor beschlossen. Und am Freitag beschlossen wir, dass am Samstag alle Arbeiter_innen die Arbeit niederlegen sollten, damit wir zur NUM gehen und sie über unsere Absichten informieren könnten. Und danach würden wir geradewegs zum Arbeitgeber gehen. Am Samstag, ich glaube, es war der 11., versammelten sich Arbeiter_innen wie vereinbart beim Stadion. Die Bohrhauer informierten die Arbeiter_innen, also gingen wir zu den NUM-Büros, um

[sie] zu informieren: „Gestern haben wir beschlossen, etwas zu unternehmen. Wir sind aber aufgehalten worden, weil wir euch als unsere Führer nicht informiert hatten. Das Ziel unseres Besuches ist es also, euch über unsere Aktionen zu informieren, denn es gibt bestimmte Dinge, die wir direkt von unserem Arbeitgeber hören wollen. Vor allem aber habt ihr uns kein befriedigendes Feedback gegeben, deshalb wollen wir vom Arbeitgeber wissen, was an unseren Beschwerden unklar war, die wir an ihn gerichtet haben."

Den halben Weg zu den NUM-Büros sangen wir, niemand hatte eine Waffe dabei. Als die NUM sah, dass wir uns ihren Büros näherten, fragten sie nicht einmal, sie eröffneten einfach das Feuer auf die Arbeiter_innen. Alle suchten Deckung, niemand hatte so etwas erwartet. Wir dachten, als Mitglieder würden sie uns willkommen heißen und sich anhören, was wir zu sagen hatten. Uns kritisieren, denn sie hatten das Recht, uns zu kritisieren, nachdem wir über ihre Köpfe hinweg agiert hatten. Also würden wir uns dafür entschuldigen, dass wir über sie hinweg agiert hatten, denn wir hätten sie informieren müssen, ehe wir losmarschiert waren. Stattdessen feuerten sie Kugeln auf uns ab, und zwei Bohrhauer wurden auf der Stelle getötet. Der Rest von uns rannte zum Stadion. Als wir dort ankamen, schlossen Leute vom Sicherheitsdienst das Stadion; wir konnten nicht hinein, also liefen wir nach Hause. Am nächsten Tag trafen wir uns … Bei unserer Ankunft hatte der Sicherheitsdienst das Stadion geschlossen, aber ich war am Sonntag gar nicht da. Ich habe das von Leuten gehört, dass ein Fahrzeug des Sicherheitsdienstes niedergebrannt wurde, und dass zwei Leute vom Sicherheitsdienst starben.

… [Am Dienstag] sagten sie „Arbeiter_innen, wir kämpfen nicht mit euch, wir kommen in friedlicher Absicht. Wir bitten euch, geht wieder an die Arbeit und löst eure Probleme." Wir hatten die Polizei nie zuvor in Fanakalo sprechen hören, aber an diesem Tag taten sie es. Uns war nicht wichtig, wer das sagte. Wer immer diese Durchsage machte, er saß in einem Polizei-Hippo, das war alles, worum wir uns kümmerten. Sie verlangten, dass [die] obersten fünf [madoda] kommen und mit ihnen sprechen sollten. Wie verlangt, gingen diese Leute hin und es stellte sich heraus, dass es zwischen den verschiedenen Sprechern einige Missverständnisse gab. Die Leute durften nicht in den Hippo hinein.

Die Person, die im Hippo sprach, verwendete einen Lautsprecher. Wir sagten ihnen „wir gehen nicht zurück an die Arbeit, ehe wir nicht mit dem Arbeitgeber gesprochen haben." Dieser Tag verging, dann, am Mittwoch, kam ein Mann namens Zokwana, Führer der NUM, in einem Hippo daher. Wir sahen ihn nicht. Uns wurde nur erklärt, wir sollten auf unseren Führer hören. Es wurde erwartet, dass er aus dem Hippo aussteigt, herunterkommt und sich den Leuten stellt. Die obersten fünf, nach denen verlangt worden war, erklärten ihm „wir akzeptieren, dass du hierher kommst, aber wir möchten, dass du direkt zu den Leuten unten sprichst." Das war am Donnerstag. Er sagte, er habe uns nichts zu sagen, wir sollten einfach wieder an die Arbeit gehen. Wir ersuchten ihn nochmals zu uns zu kommen, um mit den Leuten unten zu sprechen; er hätte sogar von den Soldaten oder der Polizei begleitet werden können, wenn er das gewollt hätte. Und er sagte, er wird die AMCU rufen.

Tatsächlich sahen wir [einen] Kleinbus der AMCU auf uns zukommen. Sie sagten „Arbeiter_innen, wir wissen, ihr seid Menschen, ihr seid keine Tiere. Deshalb hoffen wir, mit euch ins Gespräch zu kommen." Aber wir erklärten ihnen, dass es uns das Gesetz verbietet, zu ihnen zu kommen und direkt mit ihnen zu sprechen. „Wir werden bleiben, wo wir lieber sind, am Berg." Obwohl sie in Hippos kamen, konnten wir ihre Stimmen erkennen. Als sie ankamen, sagte Herr Zokwana überhaupt nichts. Die AMCU sagte, dass der Arbeitgeber kommen und mit uns sprechen möchte, aber weil es schon spät sei, könne er nicht kommen. Und die Situation sehe gar nicht gut aus. Wir sagten, das ist ok., wir würden den Arbeitgeber am nächsten Tag um 9 Uhr früh treffen.

INTERVIEWER: Wer sagte, dass ihr den Arbeitgeber um 9 Uhr treffen werdet? War das vielleicht die AMCU?

MINENARBEITER: Wir waren das, die Arbeiter_innen, denn uns wurde gesagt, dass der Arbeitgeber kommen wollte, uns sehen wollte, aber weil es schon spät sei – ich denke, es war gegen 18 Uhr … schlugen wir vor, dass er morgen um 9 Uhr kommen soll. Als wir am Donnerstag ankamen, waren wir hoffnungsfroh, dass unser Arbeitgeber um 9 Uhr kommen würde, um sich unsere Punkte anzuhören, und wir hofften, dass er auf alle eingehen würde. Aber das geschah nicht. Neun Uhr verging [und] stattdessen wurde der

Ort von Polizisten überflutet. Die AMCU kam am Donnerstag ohne den Hippo. Wir fragten sie „was ist mit dem Hippo passiert?" Sie sagten, sie seien zur Polizei gegangen und hatten sie um Begleitschutz ersucht. Die Polizei sagte nein, sie müssten ohne den Hippo gehen. Es wurde klar, dass nur wichtige Leute wie Zokwana eskortiert würden. Sie erzählten uns, dass sie ein Treffen vereinbart hätten, um morgens den Arbeitgeber zu treffen, aber er sei niemals aufgetaucht. (AdÜ: Die AMCU-Leute berichteten:) „Wir fragten, wo er denn sei. Sie sagten, dass er zu irgendeinem anderen Treffen gegangen sei. Wir fragten, wo die anderen Gewerkschaften seien. Sie sagten, das ginge uns nichts an. Wir versuchten, unseren Arbeitgeber anzurufen, um herauszufinden, wo er war, und wiederum – uns wurde erklärt, dass das nichts mit uns zu tun habe."

Sie sagten, als AMCU raten sie uns, zurück an die Arbeit zu gehen. Denn wenn wir hier blieben, könnte [eine] Menge Leute sterben, denn sie hätten nicht die Macht, uns zu beschützen. Wir erklärten ihnen, auch uns erscheine die Lage trostlos, und wir schätzen alles, was sie für uns getan haben. Aber jetzt müssten sie gehen, wir brauchen jetzt keine Gewerkschaft. Und das hatte weder mit der AMCU, noch mit der NUM zu tun, die auf uns geschossen hat, weil sogar Zokwana selbst mit uns von einem Hippo aus gesprochen hatte, und er hatte uns absolut nichts Vernünftiges gesagt. Zirka 20 Minuten, nachdem sie gegangen waren, sahen wir [mehr] Hippos, von denen welche Soldaten und andere Polizisten transportierten. Die ersten drei Hippos fuhren an uns vorbei. In ihnen waren Soldaten, und ihnen folgte Polizei. Aber uns regte das überhaupt nicht auf, denn wir hatten nichts Falsches getan. Wir warteten bloß, dass der Arbeitgeber kommt und etwas zu diesem Punkt sagt. Als die Hippos näher kamen, begannen sie, einen NATO-Drahtzaun auszulegen, um uns damit einzuschließen.

INTERVIEWER: Um welche Zeit war das?

MINENARBEITER: Das war spät am Abend, gegen fünf Uhr [ungefähr]. Wir sahen den NATO-Drahtzaun, und die Hippos kamen ebenfalls immer näher. Wir sahen das, ja, es stand schlimm, und wir hatten niemand, an den wir uns wenden konnten, wir hatten keine Anwält_innen, nichts. Unsere einzige Hoffnung war, dass wir nichts Falsches getan hatten. Aber alle verstreuten sich. Einer ging zu einem Hippo und flehte sie an, wir verstünden nicht, warum sie den NATO-Drahtzaun gebracht hatten. [Wir erklärten, dass wir diejenigen waren, die] von dem Ort, an dem sie sich üblicherweise trafen, vertrieben worden waren, und dass wir auch Menschen seien. Wir kamen hierher, aber hier wurden wir wiederum gestört, wohin sollen wir gehen. Sie ignorierten ihn einfach und machten weiter mit der Einzäunung. Wir versuchten eine Öffnung zu finden, durch die wir entkommen konnten. Als wir uns daran machten, rauszukommen, stand vor uns ein Hippo, wir saßen also in der Falle …

In der Nähe des kraal, dort versuchten wir zu entkommen. Die Polizei blockierte mit dem Hippo den Weg, während Polizisten im Hippo und andere draußen, dahinter, mit Gewehren auf die Menschen zielten. Wenn jemand zu entkommen versuchte, wurde auf ihn geschossen. Das erste Gewehr ging los, und der Rest folgte. Es gab einen *weißen* Polizisten, der sagte „Feuer". Es wurde chaotisch, Leute wurden von den Hippos niedergewalzt, den Kugeln folgten Wasser und Tränengas. Das war widersinnig, denn wer auch immer das Tränengas einatmete, wurde von den Hippos zermalmt. Die meisten Leute, die getötet wurden, starben, weil sie von Hippos überfahren wurden. Sie verwendeten Tränengas, um sie benommen zu machen, dann überfuhren sie sie und zerquetschten sie. Sie logen bezüglich der Gummigeschosse, sie setzten sie nicht ein. Es gab auch Hubschrauber, die auf meine Brüder und Kollegen schossen. Manche Leute spazierten gerade einfach nur vorbei und hatten mit der ganzen Sache gar nichts zu tun. [Trotzdem] starben sie. Einige brachten Lebensmittel zu ihren Brüdern, und waren plötzlich im Kreuzfeuer gefangen und starben. Wie du sehen kannst, leben wir immer noch unter denselben Bedingungen, wir essen nicht [einmal], gar nichts.

INTERVIEWER: Wenn du rekapitulierst, was geschehen ist, meinst du, die Arbeiter_innen werden ihre Mitgliedschaften aufkündigen?

MINENARBEITER: Ich bin mir so gut wie sicher, dass sie ihre Mitgliedschaften aufgeben werden, denn alle machen die NUM verantwortlich für den Verlust ihrer Liebsten; manche sitzen jetzt im Rollstuhl. Wenn die NUM auf unser Mandat gewartet hätte, wäre all das nicht geschehen. Ich möchte also sagen, dass wir den

Arbeitgeber verantwortlich machen dafür, dass er sich um uns nicht geschert hat. Denn als Vater, als Bürochef muss er, wenn es in der Familie Streit gibt, diesen aufgreifen, herausfinden, wo das Problem liegt, damit seine Kinder ihm ihre Herzen ausschütten. Damit sie ihm erzählen, was ihre Probleme sind. So wollen wir, dass das gelöst wird, damit wir dies und jenes bekommen. Er wird um Geduld ersuchen und sagen, ich habe noch ein, zwei, drei andere Probleme zu lösen, und so wird [er] auch eure lösen. Hätte er das getan, wären die beiden Leute noch am Leben, und es wären ihnen nicht weitere 34 Tote gefolgt. Die NUM hat ihre eigenen Leute erschossen. Der Arbeitgeber hätte kommen sollen, während wir immer noch am Berg gewartet haben, dass er kommt und diese Punkte aufgreift.

6. Analyse und Schlussfolgerungen

Peter Alexander

Das Massaker von Marikana hat mindestens 34 Menschenleben gekostet, von denen fast alle bei Lonmin beschäftigte, streikende Arbeiter waren. Es war ein außerordentliches Ereignis, zumindest für Südafrika. 1992 hat die Ciskei-Defence-Force 28 Anti-Apartheid-Aktivist_innen in B(h)isho ermordet. Im selben Jahr starben rund 40 Menschen in Boipatong*, hier jedoch ist eher die Inkatha Freedom Party als der Staat dafür verantwortlich zu machen.[1] Mensch muss bis zum Aufstand von Soweto 1976 zurückgehen, um ein Beispiel dafür zu finden, dass staatliche Sicherheitskräfte mehr Protestierende umgebracht haben als in Marikana.[2] Das letzte Mal, dass eine so große Anzahl von *Streikenden* umgebracht wurde, war 1922, aber die meisten Menschen verloren damals ihr Leben bei einem Vorfall, der als „Rand-*Revolte*"* bekannt ist, nicht durch ein Massaker. Nicht nur Arbeiter_innen, sondern auch Soldaten kamen dabei ums Leben.[3] Erheblich weniger Todesopfer gab es bei den Streiks von Schwarzen Minenarbeiter_innen in den Jahren 1920, 1946 und 1987. Besonders bitter ist, dass die Gräueltat nicht unter einem Apartheid-Regime, das der Schwarzen Mehrheit gegenüber feindlich eingestellt ist, geschah, sondern unter einer demokratisch gewählten Regierung. Rund um die Welt wurde der Sieg 1994 begeistert und mit großen Hoffnungen verbunden begrüßt; der damalige Held der Unter-

---

1 The Truth and Reconciliation Commission, *Bisho Massacre*, unter: www.justice.gov.za/trc; Staff Reporters, „Boipatong still no real answers", *Mail & Guardian*, 6. Oktober 2000.

2 Sifiso Mxolisi Ndlovu, *The Soweto Uprising: Counter-memories of June 1976*

3 Jeremy Krikler, *The Rand Revolte: The 1922 Insurrection and Racial Killing in South Africa* (Jonathan Ball, Johannesburg, 2005).

drückten jedoch, der African National Congress (ANC), hat sich nun als der Unterdrücker erwiesen.

Als seismischer Vorfall hat Marikana dem bestehenden tektonischen Druck neue Verwerfungen hinzugefügt. Unser Bericht hat das Beben vom Standpunkt der Arbeiter_innen aus untersucht; in diesem Fall „vom Berg aus betrachtet". Er muss vorläufig bleiben; die Untersuchungskommission unter Vorsitz von Richter Farlam wird weitere Daten erbringen. Doch zeigt unser Bericht eine Perspektive, die für eine ausgewogene Einschätzung der Ereignisse zentral ist. Nicht nur, weil er von der Seite der Ermordeten kommt, sondern auch, weil er einen Kontrapunkt zu den vorherrschenden und dominierenden Darstellungen der Ereignisse in den Medien bietet. Jane Duncan hat eine Quellenanalyse von südafrikanischen Zeitungen zu deren Berichterstattung über Marikana und Lonmin zwischen 12. und 22. August durchgeführt, einem Zeitraum, in dem die Meinungen stark beeinflusst wurden. Sie zeigt, das 27 Prozent der Bezugnahmen Wirtschaftsquellen (business sources) waren, 14 Prozent kamen von Manager_innen und Eigentümer_innen von Minen, und nur drei Prozent kamen von Arbeiter_innen selbst.[4] Diese Tendenz wurde verstärkt, ergänzt und verfestigt durch die dramatische Berichterstattung über die Morde, die von TV-Kameras aufgenommen wurden, die sich praktischerweise gleich hinter der polizeilichen Frontlinie befunden haben.[5]

---

4   Dank an Jane Duncan, die mir diese Informationen in einer email am 19. September zukommen ließ. In absteigender Reihenfolge beinhalteten die verbliebenen Kategorien: andere – 13%, Parlament/politische Parteien: 10%, Regierung: 9%, unabhängige Expert_innen: 8%, NUM: 6%, Polizei: 5% und AMCU: 5%.

5   Jane Duncan, „Media underplaying police, state brutality", *Sunday Independent*, 26. August 2012. AdH: Auch die ersten, undeutlichen TV-Bilder, aufgenommen im aufgewirbelten Staub hinter der Polizeilinie, trugen also zur Kriminalisierung der Arbeiter_innen bei. Vgl. dazu die Parallelen auf Ebene der Bilder in der medialen Konstruktion des Minenarbeiter_innen-Streiks von 1984 in England. „Am 18. Juni 1984 kam es in der Nähe der Kokerei Orgreave zu einer heftigen Auseinandersetzung zwischen Arbeitern und der Polizei. Die Schlacht fand in einer medial außerordentlich aufgeheizten Atmosphäre statt – Premierministerin Thatcher bezeichnete die Bergleute in klassischer Kalter-Kriegs-Rhetorik als ‚innere Feinde'. Auch die mediale Darstellung des Ereignisses ist von vornherein

Abgesehen von ehrenwerten Ausnahmen mangelte es den Journalist_innen an Glaubwürdigkeit, Engagement und Geduld, um das Vertrauen aufzubauen, das nötig ist, die Geschichte der Arbeiter_innen zu erfahren. Unsere eigenen Enthüllungen über den Killing Koppie wurden erstmals am 21. August veröffentlicht, aber es dauerte weitere zehn Tage, ehe dieses Wissen über diese Vorfälle in die Mainstream-Medien einsickerte. Und da war die Polizeiversion dessen, was geschehen war, bereits tief verankert.[6] In dieser Zusammenfassung stützen wir uns auf unsere, in diesem Buch erarbeiteten und versammelten alternativen Berichte sowie auf weitere verfügbare Quellen, um beurteilen zu können, wer an diesem tragischen Vorfall die Schuld trägt; wir machen dies auch, um Hinweise für eine Analyse der Spannungen und begangenen Fehler vor und nach dem Massaker zu erarbeiten.

Mehr Rauch als Licht

Zwei Vermutungen, von denen jede mehr Rauch als Licht erzeugte, herrschten in der anfänglichen Medienberichterstattung vor. Die erste Theorie, die von Lonmin, der südafrikanischen Polizei (SAPS – South African Police Forces) und Susan Shabangu, der Ministerin für Bergbau, favorisiert wurde, lautete, dass die Gewalt von der Rivalität zwischen der National Union of Mineworkers (NUM) und der Association of Mineworkers

kontrovers: Jahre später entschuldigt sich die BBC für Fehler in der damaligen Berichterstattung. Durch die Umkehrung der Chronologie in einer Sequenz war der Eindruck entstanden, dass die Bergleute die Polizei angegriffen hätten. Tatsächlich war es umgekehrt. Darstellungen wie diese festigten die Wahrnehmung der Bergleute als notorische Krawallbrüder und Feinde der inneren Sicherheit." Hito Steyerl, *Die Farbe der Wahrheit. Dokumentarismen im Kunstfeld* (Turia + Kant, Wien/Berlin, 2008) S. 50.

6   Thapelo Lekgowa, Botsang Mmope, Peter Alexander, „Geography of a massacre", *Socialist Worker*, 21. August 2012; Khadija Patel, "Marikana: What really happened?" *Daily Maverick*, 23. August 2012; Greg Marinovich, "The Murder Fields of Marikana", *Daily Maverick*, 30. August 2012. Der letztgenannte Bericht wurde im *Mail & Guardian* am 31. August 2012 nachgedruckt. (AdÜ.: Eine deutschsprachige Fassung dieses Berichts findet sich auf *http://akkrise.wordpress.com/2012/08/30/kaltblutige-morde-in-marikana/*)

and Construction Union (AMCU) ausging.[7] Während das von
der NUM zurückgewiesen wurde, verliehen ihre kriegerischen
Angriffe auf die AMCU der Behauptung Substanz.[8] Bei einem
Besuch in Marikana am 18. August wurde sofort offensichtlich,
dass der Streik die Belegschaft vereinte und die Gewerkschaften
trennte. Später gab es Berichte, dass 10 oder 11 der Arbeiter, die
bei dem Massaker gestorben waren, NUM-Mitglieder gewesen
waren, während 17 von der AMCU kamen. Marikana steht für
eine Rebellion von unten, nicht für eine Auseinandersetzung zwischen Gewerkschaften – das machen unsere Interviews klar und
deutlich. In anderen Minen, in denen es ähnliche Revolten gegen
die Eigentümer_innen und die NUM gegeben hat, gab es keine
AMCU-Mitglieder. Wir wollen die Rolle nicht schmälern, die jene
AMCU-Aktivist_innen in Marikana hatten, die eine Kampagne
für einen angemessenen Mindestlohn führten und die Unterstützung ihrer Kolleg_innen für den Streik erhielten. Aber die gewerkschaftlichen Aktivitäten waren eher Auswirkung als die Ursache
für die Probleme in der Mine.

Die zweite Theorie lautete, dass die Streikenden die Polizei
angegriffen hätten, weil sie von muti* „high" waren, das ihnen
ein_e sangoma* gegeben hatte (also, dass sie ein Heilmittel von
einem_einer traditionellen Heiler_in erhalten hätten, das ihnen
die Kommunikation mit den Geistern der Ahnen ermöglichte).
Diese Erklärung wurde erstmals von einem höheren Beamten vorgelegt, der den Berg von einem Hubschrauber aus betrachtet hatte.[9] Meine erste Reaktion, als ich die Geschichte las, war, dass ich

7   Reuters, „Two killed in union violence at Lonmin mine", 13. August 2012,
     veröffentlicht von *Mail & Guardian* online; Rahima Essop und Stephen
     Grootes, "Police must do more at Lonmin", *Eyewitness News*, 13. August
     2012; "Mines minister Shabangu ready to intervene to stop Lonmin vio-
     lence", *SA Labour News*, 15. August 2012.

8   Frans Baleni, „State probe must reveal the real force behind the mine tra-
     gedy", *Sunday Independent*, 26. August 2012.

9   Sibongakonke Shoba und Isaac Mahlangu, „Muti ‚protected' miners",
     Sunday Times, 19. August 2012. Dieser Beitrag war verantwortlich für ein
     Drittel der von Duncan gezählten "Arbeiter_innen"-Quellen (siehe weiter
     oben). Von ihnen waren zwei eher "lokale Einwohner_innen" als Arbei-
     ter_innen, und die beiden anderen, die am Berg gewesen waren, konnten
     die Geschichte nicht bestätigen.

mich darüber lustig machte – Minenarbeiter_innen, die muti nehmen: das ist keine Schlagzeile wert. Die Arbeit in den Minen ist
gefährlich, und einige Arbeiter_innen nehmen muti unter Tage,
im Glauben dadurch die Gefahr zu mindern, zu sterben oder verletzt zu werden (in dieser Hinsicht entspricht es dem Beten). Auf
einem Berg zu sitzen, und von bewaffneter Polizei umzingelt zu
sein – inklusive Hubschraubern darüber – ist ebenfalls gefährlich,
und die Einnahme von muti ist daher eine rationale Antwort, wie
es auch bei anderen Streiks der Fall war.[10] Doch bei unseren Interviews und zahlreichen Gesprächen gab es keinen Hinweis darauf, dass muti – ganz im Gegensatz zum gemeinsamen Gesang
und dem Tragen traditioneller Waffen – eine Rolle zur Steige-
rung von Mut spielte. In seiner Auswirkung war diese „sangoma-
Geschichte" Teil eines Diskurses, der die Streikenden als verrückte
Wilde darzustellen versuchte.[11] Die Hervorhebung der_des sangoma, mehr noch als von muti, ist ein Nachhall der alten „Agita-
toren-Theorie" bei Streiks, die jetzt weithin diskreditiert ist (zum
Einen weil sie eher wertend als erklärend ist, und zum Anderen,
da sie Streikende vielmehr als bloße Verschubmasse denn als han-
delnde Subjekte darstellt).[12]

10   Siehe beispielsweise: T. Dunbar Moodie, „Becoming a social movement
     union: Cyril Ramaphosa and the National Union of Mineworkers",
     Transformation 72/73 (2010), S. 153 – 154. Moodie erzählt die Geschichte
     von Lira Setona, einem „Führer" der Minenarbeiter_innen, der Muti
     nahm. Als Setonas Kumpel zu muti befragt wurde, lachte er und meinte:
     „Nein. Es war Weihwasser, das ihn (d.h. Setona) schützte." Moodie fügt
     hinzu: "Ich dachte, also ebenso eine Art muti."
11   Vor der Untersuchungskommission hat die SAPS das Sangoma-Argu-
     ment als Teil ihrer Selbstverteidigung verwendet. Bischof Jo Seoka, Vor-
     sitzender des Südafrikanischen Kirchenrates, antwortete, indem er der
     Kommission erzählte: „Anschuldigungen, dass muti die Arbeiter_innen
     vor Kugeln schützen sollte, sind dumm, sind Unsinn, ihr stellt Schwarze
     als Idiot_innen dar." Lucas Ledwaba, „Shadow of Man in the Green Blan-
     ket", *City Press*, 18. November 2012.
12   Ralph Darlington, „'Agitator theory' of strikes re-evaluated", *Labor His-
     tory* 47(2) (2006).
     AdÜ: Im abstract zu seinem Aufsatz schreibt Ralph Darlington: Die-
     ser Beitrag bewertet die sogenannte „Agitator_innentheorie" von Streiks
     neu, v.a. die gängige (oft von den Medien eingebrachte) Auffassung,
     dass Arbeiter_innenunruhen das Ergebnis einiger weniger, zum harten

Schuldige I: Polizei und Regierung

Bei der Beurteilung des Massakers sollten wir erstmal die Tatsache unterstreichen, dass die 34 Menschen, die am 16. August gestorben sind, von der Polizei umgebracht wurden. In der durch die TV-Bilder berühmt gewordenen Szenerie eröffnete die Polizei mit R5-Sturmgewehren das Feuer auf Arbeiter und verletzte innerhalb von zehn Sekunden 12 von ihnen tödlich. Innerhalb der nächsten Stunde, vielleicht noch kürzer, wurden weitere 22 Arbeiter hingemetzelt. Die Polizei verteidigte ihren „maximalen" oder „lethalen" Einsatz von Waffen mit drei Gründen: Erstens musste etwas unternommen werden, um ein illegales Treffen zu beenden, das eine Bedrohung für die öffentliche Sicherheit darstellte.[13] Zweitens erklärte Riah Phiyega, die Beauftragte der südafrikanischen Polizei, die oberste Polizistin des Landes, dass es Absicht gewesen wäre, „die Protestierenden aus ihrer Festung in kleinere Gruppen zu zerstreuen, die die Polizei leichter hätte entwaffnen

---

Kern gehörenden kämpferischen shop-stewards und/oder linken politischen „Agitator_innen" sei. Er arbeitet heraus, dass sich viele Akademiker_innen, die sich mit Arbeiter_innenunruhen beschäftigen, geweigert haben, solch eine eindimensionale Erklärung für Streiks zu akzeptieren – beispielsweise im Verhältnis zur Kommunistischen Partei in den Nachkriegsjahren –, während andere zu weit gegangen sind und in die andere Falle, nämlich den Einfluss politisch inspirierter Aktivist_innen und shop stewards zu ignorieren, getappt sind. Indem er die Agitator_innen"theorie" durch eine gleichermaßen kritische Betrachtung von sechs Gegenargumenten, die in der Vergangenheit von akademischen Gegner_innen vorgebracht worden sind, neu bewertet, erbringt der Beitrag den Nachweis, dass es trotz Übertreibungen und Verzerrungen in der These eine wichtige Wahrheit gibt; die Auswirkungen auf kollektive Mobilisierungen an den Arbeitsplätzen, vor allem die Rolle der Führung durch militante Gewerkschafter_innen und linke Aktivist_innen, können eine wichtige (wenn auch keinesfalls eine allein entscheidende) Variable beim Verständnis der Dynamik von Arbeiter_innenunruhen darstellen, sowohl bei aktuellen als auch historischen Szenarien. (Aus: http://www.tandfonline.com/doi/abs/10.1080/00236560600899024?journalCode=clah20#. UhzAp6z4Knc)

13 Lebogang Seale, Baldwin Ndaba, Poloko Tau und Solly Maphumulo, „A Nation Seethes", *The Star*, 20. August 2012; David Bruce, "The truth about Marikana", *Sunday Times Review*, 9. September 2012.

Arbeiter_innen versammeln sich am Berg (links) und dem Hügel davor (rechts).
Das Foto wurde aufgenommen kurz bevor der Vorsitzende der AMCU den Ort am
Tag des Massakers verlassen hat. (Joseph Mathunjwa)

können".[14] Drittens habe die Polizei aus Notwehr und in Selbstverteidigung geschossen.[15]

Rechtlich betrachtet ist es wichtig festzuhalten, dass die südafrikanische Verfassung das Streikrecht und das Versammlungs-
recht vorsieht. Streiks mögen „ungeschützt" sein, das heißt, dass
Arbeitgeber_innen das Recht haben, involvierte Arbeiter_innen
zu entlassen; aber Streiks als solche sind nicht „illegal" in dem
Sinn, dass sie „gegen das Gesetz verstoßen". Die Versammlungsfreiheit ist nur dadurch eingeschränkt, dass Teilnehmende „unbewaffnet" zu sein haben; aber traditionelle Waffen sind nicht notwendigerweise „Waffen" (sie werden beispielsweise bei Hochzeiten
getragen und im Sport, der Landwirtschaft und zur Selbstverteidigung verwendet). Jedenfalls ist schwer einzusehen, inwiefern Männer, die auf einem Berg sitzen, irgendeine unmittelbare Gefahr
für die Öffentlichkeit darstellen. Andererseits, wie Rechtsanwalt
George Bizos der Farlam-Kommission erklärte: „Tödliche Gewalt
[wie sie von der Polizei angewendet wurde] wird weder von unse-

---

14 South African Police Service, „Media Statement: General Phiyega Pro-
    nounces on Mine Unrest", 17. August 2012.
15 Ebda; Dennis Adriao, Polizeisprecher, zitiert in *SA Labour News*, 17.
    August 2012.

rem bürgerlichen Recht, noch von irgendeiner Gesetzgebung oder der Verfassung gedeckt."[16]

In Südafrika ist das erwähnte „Zerstreuen" ein simples Problem der öffentlichen Ordnung; die Polizei setzt dazu Gummigeschosse, Tränengas, Wasserwerfer, Blendgranaten oder Schrot ein. Wenn nötig, kann das alles von gepanzerten Fahrzeugen und/oder Hubschraubern abgefeuert werden, wodurch der Einsatz von Sicherheitskräften zu Fuß, die verwundbarer wären, vermieden werden kann. Aber Generalin Phiyega wollte die Streikenden sowohl *entwaffnen* als auch *zerstreuen*. Wenn mensch davon ausgeht, dass Stöcke, Speere und Macheten leicht zu beschaffen sind, war diese Zielvorgabe von zweifelhaftem Wert – aber lassen wir das mal beiseite. Eine „Entwaffnung" hätte mit relativ wenig Verletzten durchgesetzt werden können, wäre sie durchgeführt worden, sobald die Arbeiter ihre hostels, Baracken und Häuser erreicht hätten. In der Praxis ist genau das in den Wochen nach dem Massaker geschehen. Damit ist offensichtlich, dass die Polizei ein weiteres Motiv hatte. Warum sonst würde sie paramilitärische Spezialeinheiten mobilisieren, die im Gebrauch von automatischen Waffen gegen bewaffnete Banden, die Geldtransporter überfallen, trainiert sind?[17] Es waren diese Einheiten, die das Massaker angeführt haben. Warum darauf bestehen, das Loch im Zaun dicht zu machen, wenn eine schmale Lücke hätte gelassen werden können, um sich zerstreuende Streikende zu entwaffnen? Und warum kein oder kaum Einsatz von Gummigeschossen und dem regulären Arsenal zur Aufrechterhaltung der öffentlichen Ordnung vor dem Trommelfeuer aus automatischen Gewehren?

Die Polizei kann das Argument der „Selbstverteidigung" schwerlich aufrecht erhalten. Wie wir gesehen haben, haben die Protestierenden die Polizei nicht angegriffen; kein Polizist wurde

---

16   Niren Tolsi, „Miners killed like ‚possessed vermin' says lawyer", *Mail & Guardian* online, 22. Oktober 2012.

17   Das waren die Special Task Force, die National Intervention Unit and Tactical Response Teams, alles Gruppen, die den SAPSs Operational Response Services unterstehen und zu denen auch die Einheiten zur Aufrechterhaltung der öffentlichen Ordnung zählen. David Bruce, „The Road to Marikana: Abuses of Force During Public Order Policing Operations", *South African Civil Society Information Service*, 12. Oktober 2012.

verletzt. Fotos, die der Untersuchung zugänglich waren, enthül-
len, dass neben die Leichen von Arbeitern Waffen gelegt wurden,
was darauf hindeutet, dass die Polizei einen Beweis konstruie-
ren musste, der ihre Darstellung untermauert.[18] Darüber hinaus
machte die Polizei keinen ernsthaften Versuch, ihre „Angreifer"
abzuschrecken, indem sie Gummigeschosse oder Warnschüsse
abfeuerte oder, als letztes Mittel, einzelne Salven aus den R5,
anstatt automatisches Dauerfeuer. Weiters wird das Argument der
Selbstverteidigung von den gnadenlosen Morden konterkariert,
die beim ersten Blutbad stattfanden. Es wurden Hippos eingesetzt,
um die Körper von Protestierenden zu überrollen, es gab die Vorfälle am Killing Koppie und, wie wir aus den Autopsie-Berichten
wissen, 14 der streikenden Minenarbeiter wurden durch Schüsse
in den Rücken getötet.[19] Die Körper von anderen, darunter Mambush, waren von Kugeln regelrecht durchsiebt.

Eine alternative Erklärung ist leicht gefunden. Unmittelbar vor dem Massaker, am selben Tag, erzählte Captain Dennis Adriao, Sprecher der südafrikanischen Polizei in der Provinz
Nordwest (in der sich Marikana befindet), den Medien: „Leider ist
heute D-Day."[20] Diese Formulierung macht klar, dass es in Marikana nicht um polizeiliche Aufrechterhaltung der öffentlichen
Ordnung ging. Das Ausmaß der Mobilisierung, der Einsatz paramilitärischer Einheiten, die in Armeekleidung steckten, und der
Einsatz der R5-Maschinengewehre deuten ganz stark darauf hin,
dass die Polizeioperation wie ein kriegerischer Akt geplant wurde;
Teil eines Krieges gegen den inneren Feind, einen Klassenfeind.[21]
Die Streikenden sollten bestraft werden, und allen, die – wo auch
immer – renitent protestierten, sollte ein Zeichen gegeben werden. Ronnie Kasrils, ein ehemaliger ANC-Geheimdienstminister,
hat die Logik perfekt erkannt. Er sagte, es gab „einen Auftrag von

---

18   Poloko Tau, „Marikana Riddle", *The Star*, 6. November 2012.

19   Tolsi, wie oben.

20   John Mkize, „Marikana: Bodies seen on the groune", *Business Report*, 16.
      August 2012. (AdÜ.: "D-Day" bedeutet "Tag X", historisch der Tag der
      Landung der Alliierten in der Normandie am 6. Juni 1944)

21   Am 16. August waren in Marikana 630 Polizeibeamt_innen tagsüber und 88
      in der Nacht im Einsatz. *Time Live*, "Marikana inquiry updates 8 Novem-
      ber 2012", unter http://www.timeslive.co.za [19. November 2012.]

oben", eine „gefährliche und fragwürdige Operation durchzuführen, um mit einem isolierten, abgebrannten Auswurf verzweifelter Streikender, die mit Stöcken und Speeren, die in unserem Land oft als ‚kulturelle' Waffen bezeichnet werden, ausgerüstet waren, abzurechnen." Er schloss:

„Diese Leute haben keinen strategischen Punkt besetzt, eine wichtige Autobahn oder einen entscheidenden Platz in einer Stadt. Sie hatten keine Geiseln genommen. Sie besetzten nicht einmal Mineneigentum. Wozu so ein Manöver riskieren, wenn nicht, um die Streikenden mit allen Mitteln zurück zur Arbeit zu bringen, im Namen der Bosse, die um ihre Profite fürchteten?"[22]

Die Identität der Person, die den „Auftrag von oben" gegeben hat, ist nicht schwierig zu eruieren. Da die Polizisten aus verschiedenen Provinzen im ganzen Land mobilisiert wurden, und weil der Einsatz „maximaler Gewalt" gegen die Polizeiregeln zur Aufrechterhaltung der Ordnung verstößt, muss die Entscheidung dafür an der Spitze der SAPS getroffen worden sein.[23] Als Generalin Phiyega „gefragt wurde, wer der Polizei den Schießbefehl gab", antwortete sie: „Als Commissioner habe ich der Polizei die Verantwortung dafür übertragen, die Aufgabe so durchzuführen, wie es notwendig war."[24] Das heißt, sie verpflichtete die Offiziere dazu, tödliche Gewalt anzuwenden, falls diese sie für notwendig hielten.

Diese Vorgangsweise benötigte zweifellos die Zustimmung von Polizeiminister Nathi Mthethwa. Nur wenige Wochen vor dem Massaker hatte sein Büro über die aktuelle Politik der SAPS bezüglich der Aufrechterhaltung der öffentlichen Ordnung informiert, und dabei festgestellt: „Gummigeschosse dürfen nur dazu eingesetzt werden, eine Menge unter extremen Bedingungen zu zerstreuen, wenn sich andere, weniger gewalttätige Mittel als ineffizient erweisen sollten." Nun waren es aber keine Gummigeschosse, sondern „maximale" – tödliche – Mittel, die eingesetzt wurden. Aus Mthethwas Perspektive war das zu vertreten, wenn das Prob-

---

22 Ronnie Kasrils, „It was like poking a hornet's nest", *Sunday Times*, 26. August 2012.

23 Louise Flanagan, „Now police go shopping for pepper spray, shields", *The Star*, 17. Oktober 2012.

24 Bericht über ein Medienbriefing von General Phiyega, *News24*, 17. August 2012, und *Sowetan Live*, 17. August 2012.

lem als „kriminelles" anstatt als eines der „öffentlichen Ordnung" konstruiert werden konnte. Laut David Bruce: „Obwohl sie illegal ist, wurde diese Doktrin [mit maximaler Gewalt gegen Kriminelle vorzugehen, mit minimaler gegen Bürger_innen] von Mthethwa bei unzähligen Gelegenheiten eingesetzt."[25]

Folgt mensch dem NUM-Präsidenten Senzeni Zokwana, dann versprach Mthethwa „alles Notwendige zu unternehmen, um die erforderliche Menge an Beamt_innen zur Mine zu bringen."[26] Jetzt müssen wir herausfinden, ob die Beteiligung des Ministers über die Festlegung der *Größenordnung* der Mobilisierung hinausging und auch den *Charakter* dieser Mobilisierung betraf. Selbst wenn er nicht gewusst haben sollte, *was* die Polizei vor hatte, könnte mensch ihn als Komplize des Massakers bezeichnen.[27]

Zentral ist, ob Präsident Jacob Zuma an der Entscheidung beteiligt war. Weil in Marikana drei Minister direkt involviert waren (Ministerium für Bodenschätze, Ministerium für Arbeit

---

25 Zur Politik der Aufrechterhaltung der öffentlichen Ordnung und Sicherheit siehe ein internes Kommunique von M. V. Phiyega, National Commissioner, „Public Order Police (POP): Use of Force During Crowd Management", 20. Juli 2012. Dieses ersetzte die Richtlinie vom 20. Dezember 2011, nach der der Einsatz von „Gummigeschossen und scharfer Munition" ausdrücklich untersagt war. Ein Grund für diesen Schwenk könnte darin bestehen, dass die SAPS für die Aufrechterhaltung der öffentlichen Ordnung schlecht ausgerüstet war während einer Zeit, in der die Proteste und ihre Heftigkeit ständig zunahmen. Beispielsweise wurde berichtet, dass es im ganzen Land nur zehn Wasserwerfer gab. Siehe Staff reporters, „Lonmin: Questions for Zuma", *City Press*, 19. August 2011. Zum Zitat von David Bruce siehe Bruce, "Marikana not Ramaphosa's finest moment", *Mail & Guardian*, 22. März 2013.

26 Kwanele Sosibo, „Beginning of the end for Riah Phiyega", *Mail & Guardian*, 22. März 2013.

27 David Bruce, „Marikana not Ramaphosa's finest moment", *Mail & Guardian*, 18. Jänner 2013. Unmittelbar nach dem Massaker forderte Mthethwa Lonmin auf, ihre Arbeiter_innen nicht zu entlassen (aus Respekt gegenüber der vom Staat angeordneten Trauerwoche); hätte er eine ähnliche Haltung in der Woche vor dem 16. August eingenommen, indem er das Unternehmen aufgefordert hätte, mit den Arbeiter_innen zu sprechen, hätten die Morde vermieden werden können. Siehe SAPA und *M & G Online*-Bericht, "Mthethwa tells Lonmin to dial down threat to fire Marikana strikers", *Mail & Guardian*, 21. August 2012.

und die Polizei), ist es unwahrscheinlich, dass er nicht irgendwann konsultiert worden ist. Es wäre töricht gewesen von einem Minister, eine so weitreichende Entscheidung ohne Rücksprache mit dem Präsidenten zu treffen; Zuma selbst hat sich von Mthethwas Entscheidung nicht distanziert, deshalb ist höchst wahrscheinlich, dass er bereits im Vorfeld Kenntnis davon hatte, was geschehen würde. Die Untersuchung muss nicht zuletzt diesen Punkt klären. Auf politischer Ebene bedeutet Mthethwas Rolle jedenfalls, dass die regierende Partei, der ANC, in das Massaker involviert war und ist.

Schuldige II: Lonmin

Die Polizei hat eng mit Lonmin zusammengearbeitet; das Unternehmen selbst muss ebenfalls als schuldig betrachtet werden. 1973 wurde diese in Großbritannien beheimatete Firma, damals noch unter dem Namen Lonrho, von Edward Heath, dem konservativen Premierminister, als „ein inakzeptables Antlitz des Kapitalismus" beschrieben; viele meinen, diese Charakterisierung hat bis heute nichts an Gültigkeit verloren. Um ein Beispiel zu nennen: die Arbeiter_innen von Lonmin und die Menschen, die in der Nähe der Mine wohnen, leben unter fürchterlichen Bedingungen.[28] Während Ian Farmer, der Vorstandsvorsitzende von Lonmin, 2011 behauptete, dass Forderungen nach Lohnerhöhungen überzogen seien, verdiente er 350mal so viel wie ein_e durchschnittliche_r Arbeiter_in in der Mineninindustrie.[29] Das Unternehmen stimmte zwar letztlich doch substanziel-

---

28 Bench Marks Foundation, *Communities in the Platinum Minefields* (Bench Marks Foundation, Johannesburg, 2012), S. 73 und 81.

29 Michele Taal, Saliem Patel und Trenton Elsley, „A minerworker's wage: the only argument against the R 12.500 is greed." Labour Research Services, 28. August 2012, siehe auch *Amandla 26/27*, September 2012. Im am 30. September 2011 endenden Geschäftsjahr machte Lonmin – nach Abzug der Material- und Lohnkosten – einen Gewinn von 1.549 Millionen Dollar. 51,8 Prozent davon gingen in „salaries and benefits", 2,4 Prozent an die Direktor_innen und Aktionär_innen. Weitere 43,1 Prozent gingen an „cash retained for sustainable growth"; das heißt, Investitionen in zukünftige Profite. Die Arbeiter_innen subventionierten neue Investments in enormem Ausmaß, und Lonmin fiel es nicht schwer, ein wenig von diesem Geld in Form von Lohnerhöhungen an die Arbeiter_innen

len Lohnerhöhungen zu, bei denen den Bohrhauern und anderen 22 Prozent zusätzlich zugestanden wurden – aber das geschah erst *nach* dem Massaker an seinen Angestellten! Eine einfache Tat hätte dieses Blutbad verhindert. Wie Bischof Jo Seoka, der am 16. August Gespräche zu vermitteln versuchte, und der entscheidend dazu beitrug, dass schließlich ein Übereinkommen erreicht wurde, erläuterte: „Das Massaker hätte verhindert werden können, wenn das Management von Lonmin sich die Sorgen der Arbeiter_innen angehört hätte".[30] Stattdessen zog es das Unternehmen vor, die Öffentlichkeit in die Irre zu führen.

Am 13. August erzählte der Chef von Lonmin, Bernard Mokwena, der Presse, er wüsste nicht, was die Gewalt in Marikana entzündet hätte, denn er habe keinerlei Beschwerden gehört; doch drei Tage zuvor hatten Arbeiter_innen ihre Beschwerden *alle zusammen* präsentiert (siehe: Interviews).[31] Am 16. August rechtfertigte Mokwena die Haltung von Lonmin, indem er behauptete, dass es „illegal" sei, mit den Streikenden zu verhandeln.[32] Lassen wir seine falsche Behauptung über Legalität mal beiseite. Hier geht es um „Zuhören", etwas, das Lonmin mehrere Tage zuvor tat, als es den Bohrhauern einen Bonus verlieh, und etwas, das es wieder machte, als das Lohnübereinkommen erreicht wurde. In der Zwischenzeit hatten andere bei Lonmin die Polizei fleißig mit beachtlicher logistischer Unterstützung versorgt – Baracken, Transport, ein Gefangenenlager und vermutlich noch viel mehr.

---

zurück zu leiten. Lonmin Plc, *Building for the Future* (Lonmin Plc, London, 2011), S. 55.

30 Jo Seoka, „Charges against miners raise questions", *Business Day*, 5. September 2012.

31 Gia Nicolaides, „Two cops killed in Lonmin violence", *Eyewitness News*, 13. August 2012. Später wurde vor der Untersuchungskommission bekannt, dass handgeschriebene Plakate mit der Forderung nach 12.500 Rand bei Karee bereits im Juni 2012 auftauchten. Kwanele Sosibo, „Lonmin cut deal with rock drillers", *Mail & Guardian*, 7. Dezember 2012.

32 Malcolm Rees, „Lonmin death toll at 34, 78 injured", *Money Web*, 16. August 2012.

Schuldige III: Die National Union of Mineworkers

Für Sozialist_innen wie mich, die jahrzehntelang die NUM unterstützt haben, war es besonders deprimierend zu sehen, wie die Führung der Gewerkschaft auf die Krise in Marikana reagierte. Wie wir in Kapitel 2 gesehen haben, haben am 11. August mehrere NUM-Mitarbeiter auf unbewaffnete Arbeiter_innen geschossen, von denen zwei ernsthaft verletzt wurden. Die Arbeiter_innen, die damals glaubten, dass zwei ihrer Genoss_innen umgebracht worden waren, versammelten sich anschließend – viele mit ihren traditionellen Waffen – auf der Bergkuppe. Das führte zu den tragischen Vorfällen, die in dem Massaker gipfelten. Am 13. August verlautbarte Frans Baleni, Generalsekretär der NUM: „Wir fordern dringend die Entsendung von Spezial-Einsatzkräften oder der südafrikanischen Armee, ehe die Situation entgleitet."[33] Während Baleni nicht für 34 Tote verantwortlich gemacht werden kann, fragt mensch sich, ob die Regierung ihre Haltung geändert hat, nachdem sie seinen Aufruf gehört hatte. In einer unmittelbaren Reaktion hielt Baleni noch fest, dass „alle beteiligten Parteien Verantwortung übernehmen müssen". Er schwenkte jedoch rasch zum Standpunkt defensiver Hardliner um.[34] In einem Kommentar im *Sunday Independent* verurteilte er die Arbeitgeber, die AMCU und die Streikenden für die Gewalt, nicht aber die Polizei. Ungeachtet der Tatsache, dass mindestens zehn NUM-Mitglieder von der Polizei umgebracht worden waren, klammerte er die Polizei in seiner Kritik aus.[35]

Wie kam es dazu? In seinem *Politischen Bericht* an die Konferenz des Congress of South African Trade Unions (COSATU), Mitte September 2012 abgehalten, beklagte Zwelinzima Vavi, der Generalsekretär der Föderation, „eine wachsende Distanz zwischen Führer_innen und Mitgliedern sowie die zunehmend negative Wahrnehmung unter den Mitgliedern wegen ‚Korruption' in

---

33 Frans Baleni und Lesiba Seshoka, „NUM calls for a Special Task Force in the mines", *COSATU Today*, gefunden unter www.cosatu.org.za/docs/cosatu2day/2012/pro813a am 31. Oktober 2012.

34 Siehe Baleni auf YouTube, www.youtube.com/watch?v=bDU71-rJkY, [5. Oktober 2012.]

35 Frans Baleni, „State probe must reveal the real force behind the mine tragedy", *Sunday Independent*, 26. August 2012.

der Bewegung".[36] Hinsichtlich der Renumerationen ist der Unterschied nirgendwo größer als bei der NUM, deren Generalsekretär inzwischen 77.000 Rand monatlich verdient.[37] Diese Unterschiede bestehen auch dort, wo sie besonders schmerzen: an den Arbeitsplätzen selbst. Dazu der ehemalige Gewerkschafter Gavin Hartford:

„Einkommen sind ein Hauptthema. Wenn Arbeiter_innen shop stewards werden, werden sie auf Level C1 gehoben und verdienen typischerweise dreimal so viel wie ein_e durchschnittliche_r Arbeiter_in. Sie werden von der Produktion oder der Arbeit unter Tage abgezogen. Sie arbeiten in Büros mit Klimaanlage und genießen weitgehende Bewegungsfreiheit quer durch die Abteilungen. Sie erhalten eine Fülle an Vergütungen und Beihilfen, darunter bedeutende Arbeitszeitreduktionen für externe gewerkschaftliche Verpflichtungen."[38]

Shop steward zu werden, kann den ersten Schritt in der Entwicklung einer neuen Karriere bedeuten, entweder innerhalb des Unternehmens oder in der NUM. Gewerkschaftspositionen können zu Macht und Ruhm führen. Tatsächlich waren sowohl Cyril Ramaphosa[39], Kgalema Motlanthe (jetzt Vize-Präsident Südafri-

36 COSATU, *Secretariat Political Report of the 11th National Congress (COSATU, Johannesburg, 2012)*, S. 33.

37 Matuma Letsoalo, „Uproar over unionist's huge salary hike just ‚a campaign'", *Mail & Guardian Online*, 18. Mai 2012.

38 Gavin Hartford, „Alienation, paucity and despair", *Mail & Guardian*, 12. Oktober 2012. Die Bezugnahme auf shop stewards sollte eingeschränkt werden. Hartford bezieht sich auf höhere stewards, Branchenführer, die entlohnt werden wie Personalist_innen; einfache shop stewards beziehen bedeutend niedrigere Vergünstigungen. Siehe Andries Bezuidenhout und Sakhela Buhlungu, „Old Victories, New Struggles: the State of the National Union of Mineworkers." In Sakhela Buhlungu, John Daniel, Roger Southall und Jessica Latchman, *State of the Nation: South Africa 2007* (HRSG Press, Kapstadt 2007), S. 251.

39 AdH: Er war der „unerbittliche Held der Minenarbeiter_innen" – wie ihn Mamphela Ramphele in ihrer Autobiographie bezeichnete (*Meiner Freiheit keine Grenzen. Autobiographie* (Lamuv Black Women, Göttingen 1995) S. 240). Cyril Ramaphosa (geboren 1952), gelernter Rechtsanwalt, deklarierter Sozialist und mehrmals verhafteter Anti-Apartheidaktivist, war 1982 Mitbegründer der National Union of Mineworkers, deren erster Generalsekretär er auch war; ebenso war er an der Gründung des Con-

kas) wie auch Gwede Mantashe Generalsekretär der NUM und stiegen jeweils hernach zu Generalsekretären des ANC auf.[40] Es wäre falsch, Aufstieg und Opportunismus einfach gleichzusetzen. Gewerkschaftliche Aktivist_innen sind oft intelligent, engagiert und ehrgeizig; ihr eigenes Können mag sie in qualifizierte, leitende Managementpositionen heben. Trotzdem lässt sich der Effekt, dass dadurch die Distanz zwischen der Gewerkschaft und ihren Mitgliedern generell zunimmt, nicht übersehen.[41] Dieser Entfremdungseffekt des Aufstiegs mag mit ein Grund für das Versagen der NUM sein, sich um die Verbesserung der Arbeitsbedingungen und Organisierungsmöglichkeiten der Arbeiter_innen auf unterstem Level zu kümmern, was wiederum den Raum für unabhängige Initiativen durch die Arbeiter_innen selbst vergrößerte.[42] Die Soziologen Sakhela Buhlungu und Andries Bezuidenhout führen weitere Faktoren an, die eine schwache shop steward-Organisation schaffen, darunter: „Interne Konflikte, Karrierismus, Korruption, Erbfolgekämpfe und Tribalismus oder Ethnizismus".[43]

gress of South African Trade Union (COSATU) im Jahre 1985 beteiligt. Zurückgekehrt aus dem Exil in England und Schweden stieg Ramaphosa, bekannt für sein Verhandlungsgeschick, innerhalb des ANC schnell auf und wurde dessen Chefverhandler bei den Übergangsgesprächen mit der National Party Anfang der 1990er-Jahre. Ramaphosa zog sich ab 1996 immer wieder aus der Politik zurück und machte anschließend Karriere als Privatunternehmer, Manager und Aufsichtsrat; unter anderem ist er seit 2010 an Lonmin beteiligt. Er gilt als einer der reichsten Menschen in Südafrika. Im Dezember 2012 wurde er zum ANC-Vizepräsidenten gewählt.

40 Zu Ramaphosa siehe Anthony Butler, *Cyril Ramaphosa* (Jacana Media, Johannesburg 2007). Zu Motlanthe siehe Ebrahim Harey, *Kgalema Motlanthe: A Political Biography* (Jacana Media, Johannesburg 2012).

41 Siehe Bezuidenhout und Buhlungu, „Old Victories, New Struggles: the State of the National Union of Mineworkers." In Sakhela Buhlungu, John Daniel, Roger Southall und Jessica Latchman, *State of the Nation: South Africa 2007* (HRSG Press, Kapstadt 2007), S. 250 – 251.

42 Timothy Sizwe Phakathi, „Worker agency in colonial, apartheid und post-apartheid gold mining workplace regimes", *Review of African Political Economy* 39(132) (2008), S. 279 – 294.

43 Sakhela Buhlungu und Andries Bezuidenhout, „Union Solidarity under Stress: the case of the National Union of Mineworkers in South Africa", *Labour Studies Journal* 33(3) (2008), S. 262 – 287.

Korruption ist ein zyklisch wiederkehrendes Thema. Eine Umfrage des Congress of South African Trade Unions (COSATU) unter seinen Mitgliedern zeigte, dass 20 Prozent der NUM-Mitglieder in der Umfrage „persönlich Korruption" in ihrer Gewerkschaft „beobachtet haben", der höchste Wert unter allen Gewerkschaften; 43 Prozent bestanden darauf, dass sie existiert.[44] Bereits 2007 hoben Bezuidenhout und Buhlungu hervor, dass es in der Karee-Mine Berichte darüber gab, dass Jobs verkauft würden, und ein Arbeiter behauptete, dass „der Preis für einen Arbeitsplatz 1.500 Rand beträgt, wovon die Hälfte an den shop steward und die andere Hälfte an die Person in der Personalabteilung des Unternehmens geht".[45] Angesichts der Tatsache, dass die Karee-Mine im Zentrum des Marikana-Streiks stand, ist das eine wichtige Erkenntnis; das Unternehmen und die NUM waren sich des Problems sicher bewusst, das nach einem unserer Interviewten immer noch besteht. In einem Interview zu den Gründen des Streiks antwortete Crispin Chinguno, ein PhD-Student, der in der Platin-Industrie arbeitet, auf die Frage, warum jetzt Streiks zunehmen, ganz offen: „Ich glaube, sie [die Minenarbeiter_innen] haben jetzt kapiert, dass die NUM ... nicht mehr auf ihrer Seite steht." Diese Einschätzung wird durch Massenaustritte aus der NUM bei allen drei großen Platin-Produzenten bestätigt: Impala, Lonmin und der größten von allen, Anglopat.

COSATU hat eindeutig die NUM, ihr größtes Mitglied, unterstützt. Eine achtseitige COSATU-Deklaration zu Marikana spricht von einer „Tragödie" und nie von einem „Massaker"; obwohl sie die „Morde vom 16. August" verurteilt, schafft sie es nicht, zu erwähnen, dass die Polizei dafür verantwortlich ist. Die Deklaration prangert zwar an, dass die „Platin-Bosse ... systematisch das System der Kollektivverträge untergraben haben", vermeidet dabei aber jeden Hinweis auf Marikana (worum es in dieser Erklärung eigentlich geht), obwohl die „Tragödie" ja gerade aus der Verteidigung des Kollektivvertragssystems von Lonmin – in Übereinstimmung mit der NUM – entstand. Es ist darin zu lesen, dass die Polizei „die Interessen der Arbeitgeber verteidigt";

---

44 COSATU, *Workers Survey* (Johannesburg, COSATU, 2012), S. 37.

45 Bezuidenhout und Buhlungu, Old Victories, S. 252.

dies wird jedoch vielmehr als eine von vielen möglichen „*Sicht-weisen*" umschrieben. Die SAPS, so wird uns erzählt, „hat völlig dabei versagt", auf „physische Angriffe gegen NUM-Mitglieder zu reagieren", aber in Marikana hat sie – in Übereinstimmung mit der Aufforderung der NUM, dass etwas geschehen müsse – *reagiert* und dabei 10 ihrer Mitglieder ermordet. Das wird einfach ignoriert.[46] Im *Politischen Bericht* fährt Vavi nach seinen Angriffen auf „Distanz" und „Korruption" mit der Feststellung fort, dass die COSATU jegliche „Verharmlosung des Ausmaßes der Herausforderungen" vermeiden muss, und dass „wir uns nicht vor unserer Verantwortung, diesen zu begegnen, drücken dürfen." Es fällt schwer, nicht zur Schlußfolgerung zu gelangen, dass die Antwort von COSATU auf Marikana von „Ignoranz" und „Herumdrücken" gekennzeichnet war.[47] Den Zugang, den die Südafrikanische Kommunistische Partei (SACP), Verbündete des ANC und von COSATU, wählte, ging noch einen Schritt weiter. In seiner Rede vor dem COSATU-Kongress betonte der Generalsekretär der SACP, Blade Nzimande, die Unterstützung seiner Partei für die „Maßregelung durch die Regierung", und fügte hinzu, dass „die Rädelsführer abgesetzt und von den in die Irre geleiteten streikenden Massen separiert werden müssen".[48] Die Führer_innen

---

46   COSATU, „COSATU's 11th Congress Declaration on the Lonmin Mari-
      kana platinum mine tragedy, the mining industry, and general poverty
      wages, as adopted with amendments 17th September 2012". Entgegen der
      vorherrschenden Meinung „verurteilte" die National Union of Metalwor-
      kers of South Africa (NUMSA) „die Unnachgiebigkeit und Gefühlskälte
      der Minenbosse … und die unzivilisierten, meuchlerischen Aktionen sowie
      die exzessive Gewaltanwendung durch die Polizei, die unausweichlich [sic]
      (…) zu dem Polizeimassaker an 34 [Arbeitern] führte." Siehe NUMSA,
      Statement zu „The Marikana Massacre", „NUMSA Central Committee
      (CC) Press Statement", datiert mit 2. September 2012. Im Gegensatz zu
      COSATU verurteilte AMCU's Föderation, das National Council of Trade
      Unions (NACTU), „das brutale Massaker an Minenarbeitern durch die
      Polizei, die auf Grundlage von Befehlen von ganz oben, von der ANC-
      Regierung agierte." Siehe Narius Moloto, „NACTU Press Statement on the
      recent development on Lonmin Marikana", 18. September 2012.
47   COSATU, Secretariat Political Report, S. 33.
48   Blade Nzimande, „Defend the gains of the working class. Take responsi-
      bility for the national democratic revolution", Ansprache, verteilt am 11.
      COSATU-Kongress.

Frauen bei einer Demonstration am 18. August 2012. Sie fordern die Nationalisierung der Minen: „Zuma, wann übernimmst Du die Minen? Die, in dessen Besitz sie jetzt sind, haben versagt." (Thapelo Lekgowa)

der NUM sind auch Teil der SACP-Führung, und der Partei werden enge Verbindungen zur Zuma-Fraktion im ANC nachgesagt.

Ein Gewalt-Dreieck und das Regime der Arbeitsbeziehungen

Es gibt so etwas wie ein *Gewalt-Dreieck*, das Lonmin, die Polizei und NUM miteinander verbindet. Es reicht über Marikana hinaus und umfasst die Regierung/den ANC, das Big Business (vor allem das Minenkapital) und COSATU. Sogar die Investmentfirma J.P. Morgan hat das Problem beleuchtet und präzisiert: „Die NUM ist in ein zu enges Naheverhältnis sowohl zum Minenmanagement als auch zu dem regierenden ANC geraten (…) und hat den Kontakt zu ihrer Basis verloren."[49] Hartford, der mit den Gewerkschaften sympathisiert, spricht von einer „co-abhängigen Komfortzone", in der es sich die Gewerkschaft und die Minen-

---

49 Olebogeng Molatilwa, „Report takes swipe at state, unions and mining bosses", *Sowetan*, 7. September 2012.

eigentümer_innen gemütlich machen.[50] In einem Radio-Kommentar zu einem Arbeitskampf in seinem Unternehmen erzählte ein Sprecher von Goldfields: „Das letzte Mal kam die NUM uns zu Hilfe; und wir hoffen, das werden sie nun auch tun".[51] Am COSATU-Kongress hielt Vavi eine Brandrede gegen das Kapital, um gleich danach Patrice Motsepe herzlich willkommen zu heißen, der die Veranstaltung subventionierte.[52] Motsepe ist Vorsitzender von Harmony Gold und hat starke Interessen in Anglo Platinum; er ist der Bruder von Bridgette, die mit dem Justizminister Jeff Radebe verheiratet ist.[53] Das Big Business verlässt sich nicht nur auf Klientelsysteme, wenn es darum geht, die Regierung zu beeinflussen; immer wieder macht es das auch durch Drohungen, Investitionen abzuziehen und manchmal durch die schlichte Weigerung, zu investieren. Dies sind ebenfalls Streiks – sie werden nur nicht als solche benannt. Die Beziehungen innerhalb des Gewalt-Dreiecks sind jedoch nicht immer gemütlich; manchmal kommt es zu Spannungen – wie den Protest von COSATU gegen die Regierungspolitik, den Kampf zwischen NUM und der Minenkammer, und den gelegentlichen Zank zwischen Regierungssektionen und der Platin-Industrie über Black Economic Empowerment und soziale Investments[54] – aber bei Marikana, einem ernsthaften Test, hielten die Verbindungen.[55]

50 Hartford, „Alienation, paucity and despair".

51 Sprecher von Goldfields, Interview von SAfm um 7:30 Uhr am 21. September 2012.

52 Anmerkung des Autors zum COSATU-Kongress.

53 Laut *Sunday Times* war Motsepe 2011 der reichste Südafrikaner, rutschte aber 2012 auf den vierten Platz ab (er war aber immer noch 20,1 Milliarden Rand reich). Radebes Abteilung stellte die Unterstützung für all jene Familien von ermordeten Arbeitern von Marikana ein, die an der Farlam-Kommission teilnehmen wollten. Jana Marais, „Rich still in pound seats", *Sunday Times*, 16. September 2012; *News24*, Marikana families lose travel funding.

54 Siehe Gavin Capps, „A bourgeois reform with social justice? The contradictions of the Mineral Development Bill and black economic empowerment in the South African platinum industry", *Review of Political Economy* 39(132).

55 Vor der Untersuchungskommission, bei der Anwält_innen gezwungen sind, die unmittelbaren Interessen ihrer Klient_innen zu vertreten,

In diesem Fall sind die Verbindungen personalisiert durch Cyril Ramaphosa, der nicht nur eine zentrale Figur innerhalb des ANC ist, sondern auch 9,1 Prozent von Lonmin besitzt.[56] In der Farlam-Untersuchung listete Dali Mpofu, Rat für verletzte und verhaftete Minenarbeiter_innen, die Inhalte einer Serie von beweiskräftigen e-mails auf, darunter auch einige von Ramaphosa. Unter ihnen befand sich eine Mahnung an Mthethwa, den Streikenden einen ordentlichen Denkzettel zu verpassen sowie eine e-mail an Bergbauministerin Susan Shabangu, in der zu lesen war, dass „Stille und Nichtstun" bei den Vorfällen „schlecht für sie und ihre Regierung" sei. In einer e-mail mit dem Betreff „Sicherheitslage" ist zu lesen: „Ihr habt völlig recht, wenn ihr darauf besteht, dass die Ministerin [Shabangu] und in Wirklichkeit alle Regierungsvertreter_innen begreifen müssen, dass wir es im Grunde genommen mit einem kriminellen Akt zu tun haben. Ich habe das dem Minister für Sicherheit (AdÜ.: minister of safety and security) [vermutlich gemeint der Minister für Staatssicherheit, Siyabonga Cwele] oft genug gesagt". Weiters beriet er NUM-Führer und plante, mit ANC-Generalsekretär Mantashe zu sprechen.[57] Wenn diese e-mails nicht gefälscht sind [AdH: und davon ist auszugehen, da Ramaphosa sie bis heute nicht bestritten hat], dann spielte Ramaphosa eine entscheidende Rolle bei den Vorfällen; die auf Ramaphosa bezogene Schlagzeile des britischen Guardian „Blut an seinen Händen" wäre dann keineswegs übertrieben.[58] Im Jahr

standen Vertreter_innen der Polizei, von Lonmin und der NUM oft in Widerspruch zueinander.

56 Lloyd Gedye, „The ANC's prodigal son returns", *Mail & Guardian*, 2. November 2012. Im Jahr 2011 erhielt Ramaphosa 680.000 Rand an Direktorenprovisionen. Jacques Pauw und Thanduxolo Jika, „The great R 1.2 divide", *City Press*, 26. August 2012. Ramaphosa war Vorsitzender des nationalen Disziplinarkomitees für Berufungen des ANC, und ist nun Vizepräsident der Partei (sowie höchstwahrscheinlich nächster Vizepräsident von Südafrika).

57 Graeme Hoskins, „Marikana inquiry shown Ramaphosa emails", *The Times*, 24. Oktober 2012, gefunden auf Sowetan Live.

58 David Smith, „Ramaphosa has blood on his hands, say miners", *The Guardian*, 25. Oktober 2012.

1997, als Ramaphosa Vorsitzender von Johnnic[59] wurde (womit er das Interesse von Anglo-American, das Unternehmen zu kontrollieren, vertrat), schrieb Mark Gevisser: „Der Unternehmenssektor jubelt. ‚Cyril Ramaphosa war der Mann, der in den 1980er Jahren die Gewerkschaften aufbaute', erzählt mir einer der obersten Bosse von Anglo-American, ‚und er wird derjenige sein, der ihre Macht in den 1990er Jahren brechen wird'."[60] Auch wenn der zeitliche Rahmen etwas zu eng gefasst wurde, kann dieser Einschätzung nur zugestimmt werden.

Die Hauptkraft, die den Zusammenhalt des Gewalt-Dreiecks stützte, sowie der Hauptgrund für das Massaker selbst waren nicht unmittelbar materielle Interessen, sondern es war vielmehr eine Frage des Prinzips. Ich meine hier das *Regime der Arbeitsbeziehungen* – jene Mittel, mit denen Klassenantagonismen zu einem bestimmten Zeitpunkt durch Institutionalisierung eines Kräftegleichgewichts reguliert werden. Praktisch wird dieses Regime durch bestimmte, wichtige Gesetze erreicht, die manchmal als „Rahmengesetzgebung" bezeichnet werden. Das wichtigste unter ihnen ist der Labour Relations Act (LRA) von 1995. Dieses relativ junge Gesetz ist wiederum in die Kontinuität des Industrial Conciliation Act (ICA)* von 1924 zu rücken, dessen Grundlagen sich als bemerkenswert beständig erwiesen haben. Das ICA wurde nach der Rand-Revolte und deren Niederschla-

---

59   AdÜ: Johnnic Holdings Limited, gegründet 1889 unter dem Namen Johnnies Industrial Corporation Ltd., umbenannt im Jahr 2000; Investmentgesellschaft mit Sitz in Kapstadt und Anteilen an Ausstellungs- und Energieunternehmen sowie im Hotel-, Glücksspiel- und Kasinogeschäft in Südafrika und den USA. Seit dem 15.8.2008 Tochtergesellschaft von Hosken Consolidated Investments Ltd.

60   Mark Gevisser, „Ending Economic Apartheid: South Africa's New Captains of Industry", *The Nation*, 29. September 1997, S. 24, zitiert in John S. Saul, *The Next Liberation Struggle: Capitalism, Socialism and Democracy in Southern Africa* (UKZN Press, Scotsville, 2005), S. 211 – 212.
AdÜ: Mark Gevisser ist einer der führenden Autor_innen Südafrikas und lebt in Paris und Kapstadt. Sein Buch „A Legacy of Liberation: Thabo Mbeki and the Future of the South African Dream" erhielt 2008 den Alan Paton-Preis der Sunday Times und wurde als das "vermutlich beste Sachbuch aus Südafrika seit dem Ende der Apartheid" bezeichnet. (Aus: http://www.markgevisser.com/)

gung beschlossen; es führte Schiedsgerichte (industrial councils) ein, die aus Vertreter_innen von Gewerkschaften und Arbeitgebervereinigungen einer bestimmten Branche beschickt wurden. Das war nichts anderes als ein korporatistisches Übereinkommen, innerhalb dessen die Gewerkschaften die Arbeiter_innen disziplinierten, während gleichzeitig die Arbeitgeber_innenvereinigungen skrupellose Kapitalist_innen zur Räson zu bringen versuchten. Die Unternehmer_innen waren grundsätzlich darauf bedacht, Gewerkschaftsbeiträge bei den Lohnauszahlungen einzubehalten („Check-Off"); Streiks wurden für die Dauer eines Lohnabkommens verboten.[61] Wie Rob Davies darlegte, hatte das Gesetz „den Effekt, dass die Gewerkschaften bürokratisiert wurden ... (oder zumindest die bereits bestehende Bürokratisierung verstärkten)."[62] Die größte Beschränkung des ICA war, dass *de facto* und später auch *de jure* afrikanische, Schwarze Arbeiter_innen aus der Definition von „Beschäftigten" ausgeschlossen wurden und deshalb auch von den Vorteilen, die das Gesetz mit sich brachte. Als Konsequenz dieser rassistischen Maßnahme tendierten sie dazu, sich eigenen, Schwarzen Gewerkschaften anzuschließen. Das Recht für Schwarze Arbeiter_innen, als Beschäftigte anerkannt zu werden, wurde erst 1979 errungen, im Gefolge der Streiks in Durban 1973* und des Aufstands in Soweto 1976. Im Jahr 1980 wurde das Gesetz in LRA umbenannt, aber die Schiedsgerichte und andere wichtige Bestimmungen des ICA blieben in Kraft.

Aber das Gesetz erwies sich als unfähig, die aufständische Arbeiter_innenbewegung der 1980er Jahre zu stoppen, die mit dem Streik der Minenarbeiter_innen 1987 ihren Höhepunkt erreichte. Die Gewerkschaft NUM forderte ein „Existenzminimum", das einer Lohnerhöhung um 30 Prozent entsprach, aber die Arbeitgeber_innen weigerten sich, darüber auch nur zu verhandeln. Für beide Seiten ging es in diesem Kampf um mehr – es ging um „Kontrolle"! Im Rahmen einer Konferenz rief die NUM 1987 zur Bildung einer „demokratischen, sozialistischen Gesellschaft,

---

61 Peter Alexander, *Workers, War and the Origins of Apartheid: Labour and Politics in South Africa, 1939-'48*, (James Currey, Oxford 2000), S. 11.

62 Robert H. Davies, *Capital, State and White Labour in South Africa 1900 – 1960: An Historical Materialist Analysis of Class Formation and Class Relations* (Harvester, Brighton, 1979), S. 195.

die von der Arbeiter_innenklasse kontrolliert wird" auf. Genau wie 1922 (Rand-Revolte) arbeiteten die Mineneigentümer_innen und die Polizei eng zusammen – die Arbeiter_innen verloren den Streik. Und wie nach 1922 akzeptierten die Unternehmer_innen, dass langfristige Stabilität auf Kompromissen basiert: Stück für Stück anerkannten sie die Gewerkschaft, wobei sie sie in Verhandlungsstrukturen pressten, die von der Kammer der Minenbesitzer_innen eingeführt wurden. An anderer Stelle habe ich bereits vorgeschlagen, dieses Resultat als Ausgangspunkt für das politische Übereinkommen von 1994 zu betrachten.[63] Bezeichnenderweise war Ramaphosa 1987 Vorsitzender der NUM und wurde gleichzeitig zum Chefverhandler des ANC in den Verhandlungen, die zu 1994 führten. Dunbar Moodie hebt hervor, „während Ramaphosa geneigt war, in bestimmten Punkten Kompromisse einzugehen (…) schwankte sein Bekenntnis zur Selbstachtung der Arbeiter_innen nie."[64]

Das abgeänderte LRA von 1995 beinhaltete einige neue Besonderheiten wie die Einrichtung der Schlichtungsstelle (Commission for Conciliation, Mediation and Arbitration), aber die wichtigsten Charakteristika des alten ICA blieben intakt (wobei die Schiedsgerichte lediglich in „Verhandlungsräte" umbenannt wurden). In den Minen gibt es branchenweite Kollektivvertragsverhandlungen bei Gold und Kohle, die Verhandlungen bei Platin werden jedoch innerhalb der jeweiligen Unternehmen geführt. Gewerkschaften, die 50 Prozent oder mehr der Arbeiter_innen innerhalb einer bestimmten Kategorie vertreten, können für sich in Anspruch nehmen, alle Arbeiter_innen in dieser Kategorie zu vertreten, was auch regelmäßig geschieht. Diese Praxis, bekannt als „Majoritarismus", ist eine Hürde für kleinere Gewerkschaften; in Verbindung mit dem „Check-Off" (dem direkten Abzug des

---

63   Peter Alexander, „South Africa's Great Miners' Strike of 1987: Towards a Re-Examination", *Proceedings of the Sixth International Mining History Conference, Akabira City, Hokkaido, Japan*, 18 (2003).

64   T. Dunbar Moodie, „Managing the 1987 Mine Workers' Strike", *Journal of Southern African Studies* 35(1), S. 51. Siehe auch T. Dunbar Moodie, "Comprehending Class Compromise in the History of Class Struggle on the South African Gold Mines: Variations and Vicissitudes of Class Power", *South African Review of Sociology* 41(3) (2010).

Teil der Arbeiter_innenversammlung am 18. August 2012 in der Nähe der informellen Siedlung Nkaneng. Auf dieser Versammlung wurde beschlossen, den Streik für 12.500 Rand fortzusetzen. (Thapelo Lekgowa)

Gewerkschaftsbeitrages vom Lohn der Arbeiter_innen) schafft sie eine Basis dafür, dass Gewerkschaften sich im Grunde nicht mehr um die Belange ihrer Mitglieder kümmern müssen. Diese Gleichgültigkeit der Führung erreichte ihren Höhepunkt in der Minenindustrie, vor allem bei Lonmin. Indem die Arbeiter_innen von Marikana verlangten, direkt mit ihrem Boss zu sprechen, griffen sie die entscheidende Komponente eines Arbeitsregimes an, das die Gewerkschaftsführer ebenso bevorzugt wie die Unternehmen selbst.

Am selben Tag, an dem die Arbeiter_innen von Lonmin ihre Lohnerhöhung durchsetzten, kommentierte Baleni: „Die normalen Verhandlungsprozesse wurden ausgehebelt. Das suggeriert, dass ungeschützte Aktionen, ein Element von Anarchie, honoriert werden."[65] Auch Vavi war alarmiert: „Wir sagen nicht, dass Arbeiter_innen nicht ihr Geld verdienen sollen, aber wenn wir nicht

---

65 AFP, „S. African union warns Lonmin deal ‚rewards anarchy'", AFP, 19. September 2012.

aufpassen, kann das [zum] Ende des zentralen Verhandlungs-
systems im Land führen. Arbeiter_innen werden einfach wilde
Streiks anzetteln und vorwärts stürmen, und uns [die Gewerk-
schaftsführer] zwingen, ihnen zu folgen."[66] Shabangu verwies auf
Impala, das bereits vor Lonmin zwei ungewöhnliche Lohnerhöhungen eingeführt hatte – nach einem massiven wilden Streik, der
im Februar 2012 endete.[67] Das, so argumentierte sie, war ein Sig-
nal für inoffizielle Aktionen anderswo. Wiederum verwies sie auf
die Bedrohung des bestehenden Verhandlungsarrangements, von
dem die NUM profitiert hatte.

Das größere Problem

Nach Lonmin traten die Arbeiter_innen bei Anglopat in den
Streik und verstärkten damit den Eindruck, dass die Platinunter-
nehmen sich selbst besondere Probleme geschaffen hätten, weil
sie sich, anders als die Goldminen, gegen zentralisierte, branchenweite Verhandlungen stemmten. Jedenfalls breiteten sich von der
Basis ausgehende Streiks auch anderswo hin aus: zur KDC-Mine,
die Goldfields gehört, dem weltweit fünftgrößten Goldproduzen-
ten; zu den Minen, die von Anglo Gold Ashanti betrieben werden; zu einer Kohlengrube und einer Diamantenmine; zu der sehr
großen und sehr profitablen Sishen Eisenerzmine (an der Anglo
American die Mehrheit der Aktien hält); und zu Raffinerie- und
Schmelzanlagen, die mit Minen verbunden sind. In diesem Prozess
wurde die NUM durch Massenübertritte zu AMCU bestraft. Jay
Naidoo, erster Generalsekretär von COSATU, und Hartford griffen den Majoritarismus an, indem ersterer argumentierte: „Wenn
man eine Gewerkschaft anerkennt, sie aber von den Kollektivver-

---

66 Ranjeni Munusamy, „Cosatu at the crossroads", *New Age*, 21. September
2012.

67 Allen Seccombe und Natasha Marrian, „Shabangu blames Implats for
spreading strikes", *Business Day*, 3. Oktober 2012. Zum Streik bei Imp-
lats siehe auch Crispin Chinguno, „Impala Platinum Strike: Lessons and
Implications", *South African Labour Bulletin 36 (2)*, August 2012; Trevor
Ngwane und Botsang Mmope, „Impala strike linking workplace with
community struggles", *South African Labour Bulletin 36 (2)*, August 2012.
Als wir unsere Referenzgruppe zu Impala befragten, verneinten sie dessen
Bedeutung für ihren eigenen Kampf.

tragsverhandlungen ausschließt, dem Herzstück der Lohnfrage, dann ist das ein Kochrezept für eine Katastrophe.“[68] Rein hypothetisch könnte diese Praxis geändert werden, aber wie? Im gegenwärtigen Klima ist es schwer, ein neues Modell zu planen, das für alle drei wichtigen Protagonisten akzeptabel wäre: die Minenbesitzer_innen, die NUM (und ihre mächtigen Verbündeten) und die AMCU (die unter dem Druck neuer Mitglieder mit hohen Erwartungen steht). AMCU verzeichnet neue Mitglieder, die Untersuchungen gehen weiter, die NUM leidet an Kriegsneurose und der ANC und COSATU konzentrieren sich auf andere, weniger komplizierte Punkte. Eher wahrscheinlich ist, dass es Zugeständnisse bei der Entlohnung, einige Einsparungen und lokale Repression geben wird.

Doch das *Regime der Arbeitsbeziehungen* kann nicht getrennt von zentralen Problemlagen, denen die südafrikanische Gesellschaft als Ganzes gegenübersteht, betrachtet werden. Die Krise in der Minenindustrie nach Marikana ist Teil eines größeren Dilemmas, dem sich der ANC, das Big Business und Gewerkschaftsführer_innen ausgesetzt sehen; es unterstreicht mithin das Versagen des Kompromisses von 1994. Hier ist nicht der Platz, die Literatur zu diesem umfangreichen Thema zu besprechen; verwiesen sei hier lediglich auf die letzten, wertvollen Ergänzungen von Hein Marais und John Saul.[69] Wie in einer Stellungnahme zu Marikana, von mehreren hundert südafrikanischen Sozialwissenschafter_innen unterzeichnet, unterstrichen wird, sind die Kontinuitäten der Apartheidära umfassend und allerorten greifbar:[70] Es gibt zwar nun einige wenige Schwarze Kapitalist_innen; Facharbeiter_innen und ausgebildete Arbeiter_innen erhalten bessere Löhne, es gab zudem einige Verbesserungen bei der sozialen Wohlfahrt, aber für einen großen Teil der Bevölkerung hat sich kaum etwas verändert. Die Wirtschaft ist immer noch um den Mineral-Energie-Komplex

68 Jay Naidoo, „Marikana: the aftermath“, *City Press*, 26. August 2012; Hartford, Alienation, paucity and despair.

69 Hein Marais, *South Africa Pushed to the Limit: the Political Economy of Change* (UCT Press, Kapstadt, 2011); John S. Saul, "The transition in South Africa: choice, fate... or recolonisation?" Critical Arts 26(4) (2006).

70 „Marikana: Statement by South African Social Scientists“, http:// marikanastatement.blogspot.com

strukturiert, ist immer noch auf exportorientiertes Wachstum ausgerichtet; ausländische Kapitalist_innen nehmen ihre Profite weiterhin praktisch ungehindert mit nach Hause.[71] Arbeitslosigkeit
und Ungleichheit sind schlimmer als gegen Ende der Apartheid;
sechs von zehn Menschen im arbeitsfähigen Alter haben keinen
wie auch immer gearteten Job. Obwohl die Minenarbeiter_innen
schlecht entlohnt werden, sind die Medianeinkommen in anderen
Sektoren noch niedriger.[72] Das Problem der niedrigen Löhne wird
durch die Kosten verschärft, die mensch für seine einkommens-
losen Familienmitglieder aufbringen muss; es ist diese Kombination, die Arbeiter_innen gegen das *Regime der Arbeitsbeziehungen*
ankämpfen lässt.

Seit 2005 hat Südafrika vermutlich mehr Streiktage pro Kopf
erlebt als jedes andere Land.[73] Die zwei größten fanden im öffentlichen Sektor in den Jahren 2007 und 2010 statt, wobei Letzterer
eine noch größere Basisbeteiligung aufwies.[74] Eine Arbeiter_inne-
numfrage zeigte überdies, dass „rund die Hälfte der COSATU-
Mitglieder, die an einem Streik beteiligt waren, der Meinung sind,
dass Gewalt nötig sei", wobei die meiste Gewalt oder Drohung
von Gewalt sich gegen Streikbrecher_innen richtete.[75] Zusätzlich
ist das Ausmaß anhaltender Unruhen in den Städten Südafrikas

71   Sam Ashman, Ben Fine und Susan Newman, „Amnesty International?
      The Nature, Scale and Impact of Capital Flight from South Africa", *Jour-
      nal of Southern African Studies 37 (1)* (2011). Zur politischen Ökonomie
      von Platin siehe Gavin Capps, „Victim of its own success? The platinum
      mining industry and the apartheid mineral property system in South
      Africa's political transition", *Review of African Political Economy 39 (131)*
      (2012).

72   Taal, Patel und Elsley, A mineworker's wage, S. 3.

73   Peter Alexander, „Barricades, ballots and experimentation: making sense
      of the 2011 local government elections with a social movement lens". In
      Marcelle C. Dawson und Luke Sinwell, *Contesting Transformation: Popu-
      lar Resistance in Twenty-first Century South Africa* (Pluto Press, London,
      2012).

74   Claire Ceruti, „The hidden element in the 2010 public-sector strike in
      South Africa", *Review of African Political Economy* 38(117) (2011).

75   COSATU, Workers Survey, S. 23. Der Bericht fährt fort: „Rund zwei von
      fünf dachten, dass Gewalt seitens der Polizei oder des Managements eine
      angemessene Antwort auf das Verhalten der Streikenden war."

größer als irgendwo sonst in der Welt; in den ersten sechs Monaten 2012 gab es mehr community-Proteste als in irgendeinem ganzen Jahr davor.[76] Die Arbeiter_innenklasse hat durch die zentrale Rolle, die sie bei der Überwindung der Apartheid gespielt hat, Selbstvertrauen gewonnen. Sie hat in der Periode nach der Apartheid keine größeren Niederlagen erlitten. Und sie hat immer mehr Gründe, sich zu beklagen. Für die Führer_innen des Landes ist das ein gefährlicher Moment; zur Zeit ist es schwieriger, das *Regime der Arbeitsbeziehungen* zu reformieren, als 1924, 1979 oder 1985. Zweifellos wird es im Kabinett einige geben, die sich an Alexis de Tocquevilles Aphorismus erinnern, dass „der gefährlichste Augenblick für eine schlechte Regierung derjenige ist, in dem sie mit Reformen beginnt."

Auf der Seite der Arbeiter_innen

Einfach betrachtet: es kam zu einem Massaker, weil die Polizei streikende Minenarbeiter umbrachte, aber es geschah auch, weil sich die Streikenden nicht einschüchtern ließen. Sie wussten im Vorhinein, dass sie umgebracht werden könnten, aber sie blieben am Berg. *Warum haben sie sich so verhalten?* Verfügbare Studien von Historiker_innen der Arbeiter_innenbewegung verweisen vor allem auf die Stärke bestehender Solidarität; sie werfen dabei wertvolle Fragen für weitere Untersuchungen auf, die zweifellos notwendig sind.[77] Unsere eigenen Forschungsergeb-

---

76   Lonmin beklagte, dass im ersten Halbjahr 2012 community-Unruhen „mehrmals" zu Produktionsausfällen geführt hätten. Diese Störungen, sagten sie, seien „eine Folge von hoher Arbeitslosigkeit und Armut", Lonmin Plc, „2012 Interim Results Announcement", 14. Mai 2012, S. 9 und 12.

77   Die Schlüsseltexte sind T. Dunbar Moodie gemeinsam mit Vivienne Ndatshe, *Going or Gold: Men, Mines and Migration* (University of California Press, Berkeley, 1994) und die drei Bände von Vic Allen, *The History of Black Mineworkers in South Africa*. Siehe auch William Beinarts Arbeit zu Pondoland und amaPondo-Migrant_innen; Peter Alexander, „Oscillating Migrants, ‚Detribalised Families' and Militancy: Mozambicans on Witbank Collieries, 1918 - 1927", *Journal of South African Studies 27 (3)* (2001); Eddy Tshidiso Maloka, *Basotho and the Mines: A Social History of Labour Migrancy in Lesotho and South Africa* (CODESIRA, Dakar, 2004); Dhiraj Nite und Paul Stewart (Hrsg.), *Mining Faces: An Oral History of*

Arbeiter von Marikana feiern ihren Sieg im Wonderkop Stadion am 18. September 2012. (Reuters/The Bigger Picture)

nisse sind in diesem Punkt eher zwiespältig. Wir wissen, dass die meisten der Arbeiter_innen bei Lonmin männliche Migranten aus Pondoland sind und dass die Bohrhauer aus dem Karee die Führung übernommen haben – aber was bedeuten diese demographischen und beruflichen Kategorien? Waren sie in irgendeiner Weise ausschlaggebend oder werden sie bloß durch ihre Art der Distanzierung von der NUM derart sichtbar und bedeutend? Wenn wir nach Erklärungen für diese bemerkenswerte Widerstandsfähigkeit suchen, sollten wir die Bedeutung der vorangegangenen Tage des Kampfes und der Nächte auf dem Berg nicht unterschätzen; wir sollten zudem die Bedeutung der Freundschaften und engen familiären Beziehungen nicht vergessen (die manchmal bestimmten, wer mit wem zusammen war, als der Druck stieg und das Morden begann). Klar ist, dass die Lohnfrage der zentrale Punkt war, nicht nur, weil sie die Mittel betraf, die für Überweisungen nach Hause, Lebensmittel und so weiter verfügbar waren, sondern viel-

Work in Gold and Coal Mines in South Africa: 1931 – 2011 (Jacana Media, Johannesburg, 2012).

leicht auch, weil sie mit Arbeitsintensität, Gesundheit und Sicherheit zusammenhängt. Es ist klar, dass die Weigerung des Managements, zu sprechen, von zentraler Bedeutung ist. Aber worum ging es dabei? Ist es zu weit hergeholt zu meinen, dass es etwas betraf, das Ramaphosa einst verstanden hat: „Selbstachtung der Arbeiter_innen"?

Nach dem Sieg bei Lonmin breiteten sich Streiks wie ein Lauffeuer aus, sie schufen neue Möglichkeiten für die Arbeiter_innen. Die erste Lektion war, dass die NUM ein Hindernis war; die zweite lautete, dass Streikkomitees die Arbeiter_innen vereinigen können. Binnen kurzem gab es Versuche, die Streiks zu koordinieren. Am 19. September wurde im Namen des Vereinten Streik-Koordinierungskomitees Rustenburg eine Erklärung veröffentlicht. Diese gratulierte zum Sieg bei Lonmin und stellte fest, dass er sie dazu angeregt hatte, weiter zu kämpfen, und dass das „Rahmenwerk der Verhandlungen[78], [das es] über unseren Köpfen und hinter unseren Rücken [gibt], zerschlagen worden ist." Sie schloss, indem sie zahlreiche Forderungen aufzählte, darunter: ein Existenzminimum; Schluss mit dem [inoffiziellen] Ausnahmezustand; Wiedereinstellung der entlassenen Arbeiter_innen; Nationalisierung der Minen unter demokratischer Kontrolle der Arbeiter_innen und der communities; ordentliche Häuser, grundlegende Dienstleistungen (AdÜ.: gemeint ist der Zugang zu Strom, Wasser, Toiletten, u.ä.), Bildung und: Arbeit für alle.[79] Das Rustenburg-Komitee lud zur Teilnahme auch von außerhalb der Gegend ein; mindestens 70 Personen nahmen am Treffen des Nationalen Streik-Koordinierungskomitees am 13. Oktober teil. Unter ihnen waren Vertreter_innen der streikenden Goldminen im District Carltonville. Die meisten Arbeiter_innen sind jetzt an die Arbeit zurückgekehrt, die Bewegung ist abgeflaut, aber die Arbeiter_innenorganisationen in den Minen werden nie wieder dieselben sein. Tausende Arbeiter_innen haben ihrer alten Gewerkschaft

---

78 AdH: Gemeint sind damit die gesetzlichen Rahmenbedingungen innerhalb dessen, was weiter oben als *Regime der Arbeitsbeziehungen* beschrieben und analysiert worden ist.

79 Das Statement erschien auf den Seiten 3 – 5 von Maria van Driel (Hrsg.), *Documents of the Social Movements 2012. Special Edition: Marikana* (Khanya Publishing, Johannesburg, 2012).

den Rücken gekehrt und viele von ihnen haben die Mobilisierung
für Streiks mit einer neuen Art von Politik verknüpft.

Wahrscheinlich haben sich im Minendistrikt Rustenburg,
dem größten im Land, die meisten Arbeiter_innen der AMCU
angeschlossen oder werden das in der nahen Zukunft tun. Die
Gewerkschaft wird auch anderswo bedeutende Zugewinne verzeichnen können. Die AMCU bietet den Arbeiter_innen zwei
große Vorteile: Erstens scheint sie, was das Engagement der Vorsitzenden der Gewerkschaft betrifft, eher der demokratischen Mei-
nungsfindung verpflichtet als die NUM; zumindest zu Beginn
wird sie positiv auf die Forderungen ihrer Mitglieder reagieren.
Zweitens schleppt sie nicht die Bürde einer Allianz mit der Regierungspartei mit sich herum. Doch es gibt auch Herausforderungen. Die erste ist, dass die Entfremdung der NUM von den
einfachen Arbeiter_innen nicht nur ein Resultat mangelnden Ver-
antwortungsbewusstseins war, sie manifestierte sich zudem mate-
riell. Die AMCU wird die eingefahrenen Praktiken überdenken
müssen, darunter die C1-Bezahlung der höheren shop stewards.
Zweitens sollte – was die Ablehnung von Verbündeten in der Politik betrifft – die AMCU nicht die Teilnahme an der Politik ablehnen. In den 1980er Jahren haben die Gewerkschaften, die Teil der
Federation of South African Trade Unions waren, sich alle der Politik enthalten (eine Form von „Arbeiterismus"), wodurch sie ein
Vakuum geschaffen haben, das von den mit dem ANC verbundenen Gewerkschaften gefüllt wurde (eine Form von „Populismus").
Und so haben sie den Weg dafür geebnet, dass eine regierende Partei die Vorherrschaft unter der Arbeiter_innenschaft erlangt hat.
Die meisten Punkte, die beispielsweise vom Rustenburg-Komitee
aufgeworfen wurden, verlangen nach Engagement in der Politik;
wenn die AMCU dem nicht nachkommt, werden die Arbeiter_
innen leicht in eine andere Richtung gelenkt werden können, vielleicht sogar zurück zur NUM. Die Gewerkschaft kann sich nicht
um die Frage des Eigentums an den Minen herumdrücken, denn
diese hat direkt mit der Lebensqualität der Minenarbeiter_innen
und ihrer communities zu tun (etwa mit Schlüsselfragen wie dem
Existenzminimum, der Arbeitsintensität, Gesundheit und Sicherheit, Wohnen und Zugang zu Land). Angesichts der negativen
Erfahrungen, die Südafrikaner_innen in der nahen Vergangenheit

mit staatlich geführten Industrien gemacht haben, ist die Skepsis gegenüber Verstaatlichungen verständlich. Es könnten bloß einige wenige Leute davon profitieren, sie könnte jedoch auch anders als bisher umgesetzt werden; vielleicht, um nochmals aus der Resolution von 1987 zu zitieren, auf Basis einer „demokratischen, sozialistischen Gesellschaft, die von der Arbeiter_innenklasse kontrolliert wird".

Die Wünsche, die im Rustenburger Statement ausgedrückt werden, können nur auf Basis einer Organisierung erfüllt werden, die über die Minen hinausgeht – in andere Industrien, unter Student_innen, und in die communities. Der Grund dafür ist teilweise ein organisatorischer, aber auch ein politischer – die Notwendigkeit, den vorherrschenden, gesellschaftspolitischen Denkbildern und Konzepten etwas entgegen zu setzen, darunter auch jenen des ANC und der SACP. Unmittelbar nach dem Massaker stärkten die ANC-Jugendliga und ihr ehemaliger Präsident, Julius Malema[80], die Arbeiter_innen in Marikana durch wertvolle moralische und praktische Unterstützung; Malemas Reden bei verschiedenen anderen Minen trugen vermutlich zur Ausdehnung der Streikbewegung bei.[81] Dieser Einsatz konnte jedoch nicht aufrecht erhalten werden, vermutlich auf Grund der Wahlschlachten innerhalb des ANC und der Vorwürfe gegen Malema bezüglich Korruption und Steuerhinterziehung. Zwei sozialistische Organisationen haben sich ebenfalls hervorgetan. Eine ist die Demokratische Sozialistische Bewegung (DSM); ihr gehört Mametlwe Sebei an, der eine Zeitlang als Sprecher der Arbeiter_innen bei Anglopat agiert hat. Die andere ist die Demokratische Linke Front (DLF), unter ihnen auch Rehad Desai, Koordinator der „Marikana Unterstützungskampagne". Während die DSM eine sozialis-

---

80   AdH: Siehe: „Marikana ein Jahr danach", Seite 206ff, sowie Anmerkung 8, Seite 114.

81   Der folgende Gedankenaustausch auf der Rückbank unseres Autos zeigt eine Einschätzung des Verhältnisses zwischen Malema und den Streikenden. Feldforscher: „Meinst du, Malema hätte euch unterstützt, wenn er immer noch Präsident der Jugendliga wäre?" Arbeiter: „Nein." Feldforscher: „Also war er ein Opportunist?" Arbeiter: „Ja." Feldforscher: „Warum habt ihr dann zugelassen, dass er euch benutzt?" Arbeiter: „Weil wir ihn benutzt haben."

tische Gruppe alten Stils ist, stellt die DLF, die größere der beiden, einen „Punkt der Konvergenz" dar, der community-Vereinigungen ebenso umfasst wie einzelne Aktivist_innen und kleinere politische Gruppierungen. Das Auftreten dieser Organisationen ist ein weiterer Beweis dafür, dass die ANC/SACP-Hegemonie nun von der Linken herausgefordert wird.

Ein Schlusswort

Das Massaker von Marikana war grauenhaft. In anderen Situationen hätte es zur Zerschlagung einer Bewegung geführt oder zumindest zu ihrer Zurückdrängung. Aber genau das ist hier nicht geschehen. Im Gegenteil: der Streik ist noch stärker geworden. Die Arbeiter_innen waren mehrfach traumatisiert: sie mussten ihre Toten an weit entfernten Orten begraben, waren von Entlassung bedroht, hatten kein Geld, um Lebensmittel zu besorgen und wurden von Gewerkschaften und Polizei gleichermaßen bedroht. Jedoch: Am 7. September 2012 berichtete das Unternehmen, dass die Anwesenheit am Arbeitsplatz auf unter zwei Prozent gefallen sei; danach hörte es schlicht damit auf, weitere Statistiken zu veröffentlichen. Es gab einen nicht deklarierten Ausnahmezustand; ein Vorsitzender der community wurde umgebracht. Aber die Arbeiter_innen kämpften weiter, bis sie am 18. September einem Abkommen zustimmten, das ihren Sieg sicherstellte. Wäre der Streik in sich zusammengebrochen, so wären die Menschen im ganzen Land, die gegen Armut und Ungerechtigkeit kämpfen, eingeschüchtert worden. Das Gegenteil aber geschah. Vom Standpunkt des Staates und der Minenbosse aus waren die Morde eine entsetzliche Fehlkalkulation, ein enormer Rückschlag. Irgendwie, obwohl 34 ihrer Kollegen umgebracht und noch viel mehr verletzt und verhaftet wurden, fanden die Arbeiter_innen die Kraft, zusammenzuhalten und sicherzustellen, dass dieser Streik weitergehen würde. Das war eine der bemerkenswertesten und mutigsten Taten innerhalb der bisherigen, globalen Arbeiter_innengeschichte.

7. Die Menschen, die in Marikana getötet wurden

Andries Motlapula Ntshenyeho+ [N]

Anele Mdizeni+

Babalo Mtshazi+

Bongani Mdze+

Bongani Nqongophele+

Bonginkosi Yona+ [N]

Cebisile Yawa+

Fezile David Saphendu+

Hassan Duncan Fundi [S] [N]

Hendrick Tsietsi Monene [P]

Isaiah Twala [N]

Jackson Lehupa+

Janeveke Raphael Liau+

John Kutlwano ‚Papi‘ Ledingoane+

Julius Langa

Julius Tokoti Mancotywa+

Khanare Elias Monesa+

Mafolisi Mabiya+

Makhosandile Mkhonjwa+

Matlhomola Mabelane [S]

Mgcineni ‚Mambush‘ Noki+

Michael Ngweyi+

Modisaotsile Van Wyk Sagalala+ [N]

Molefi Osiel Ntsoele+ [N]

Mongezeleli Ntenetya+ [N]

Mphangeli Thukuza+

Mpumzeni Ngxande+

Mvuyisi Henry Pato+ [N]

Mzukisi Sompeta+

Nkosiyabo Xalabile+

Ntandazo Nokamba+ [N]

Patrick Akhona Jijase+

Pumzile Sokanyile

Sello Lepaaku [P]

Semi Jokanisi

Stelega Gadlela+

Telang Vitalis Mohai+

Thapelo Eric Mabebe [N]

Thobile Mpumza+

Thabiso Johannes Thelejane+

Thabiso Mosebetsane+ [N]

Thembinkosi Gwelani+

Thembalakhe Sabelo Mati [N]

Thobisile Zibambele

+ = starb am 16 August; [N] = NUM-Mitglied; [P] = Polizist; [S] = Sicherheitsdienst;
Quellen: Lonmin Plc; South African Funeral Practitioners Association;
The Star, 23. August 2012; New Age, 8. November 2012; Eyewitness News, 16. August 2012; Mail & Guardian, 7. September 2012, City Press Face of Marikana Project.

8. Marikana ein Jahr danach – ein Wendepunkt und anhaltende Ungerechtigkeit

Peter Alexander

Das Massaker führte zu bedeutenden Stimmungsänderungen in der südafrikanischen Arbeiter_innenklasse, aber kaum zu Reaktionen bei der Regierung, was wiederum Raum für die Entwicklung neuer oppositioneller Politik öffnete.

Arbeiter_innen, Finanzen und zivilgesellschaftliche Reaktionen

Weniger als zwei Wochen nach dem Massaker und noch ehe der Konflikt in Marikana gelöst war, schwappte eine massive Streikwelle durch die Bergbauindustrie. Es waren auch allesamt ungeschützte Streiks, die von der NUM abgelehnt wurden; und doch, auch ohne den Rückhalt der damals noch größten Minen-Gewerkschaft, der NUM, erreichte der Protest insgesamt in etwa die Stärke des Streiks von 1987.[1] Am 29. August streikten rund 12.000 Arbeiter_innen der Goldfields KDC East-Minen mit der Forderung nach 12.500 Rand Lohn (dieselbe Höhe wie bei Lonmin). Am 9. September schlossen sich ihnen 15.000 Arbeiter_innen in KDC West an. Als zwischen Ende September und Anfang Oktober 32.000 Arbeiter_innen bei AngloGold Ashanti streikten, forderten sie ebenfalls 12.500 Rand. Bei Amplat, wo Arbeiter_innen zu unterschiedlichen Zeitpunkten zwischen dem 12. September und Anfang Oktober streikten, lautete die Forderung 16.000 Rand. Goldfields ist der weltgrößte Goldproduzent, AngloGold Ashanti der drittgrößte, und Amplat produziert mehr Platin als jedes andere Unternehmen auf der Welt. Ab 3. Oktober tra-

---

1   Meine Berechnung beinhaltet auch den Streik bei Impala, der von Ende Jänner bis Anfang März 2012 dauerte, und den Ausstand bei Lonmin.

ten rund 300 Arbeiter_innen der Kumba Iron Ore's Sishen-Mine in den Streik und forderten 15.000 Rand. Das überraschte viele Beobachter_innen, da diese Arbeiter_innen 2011 von einem fünf-jährigen Bonus-Programm profitierten, das rund 570.000 Rand pro beschäftigter Person wert ist.[2] Es gab auch Arbeiter_innenun-ruhen in kleineren Minen, darunter ein Sit-in unter Tage in der Samancor Chrom-Mine. Dauer wie Ergebnisse der Streiks vari-ierten. Jedoch: Alle Ausstände waren ungeschützt und von Komi-tees außerhalb der Gewerkschaften organisiert; auch forderten alle genau angegebene Löhne statt prozentueller Lohnerhöhungen. In diesem Jahr [2013] erlebte Amplat Streiks gegen Einsparungen im Februar und dann noch einmal im Mai; die Arbeiter_innen bei Lonmin streikten im Mai zwei Tage lang, nachdem ein populärer lokaler Führer der AMCU ermordet worden war; und bei Implats, wo ein impulsgebender, sechswöchiger, ungeschützter Streik dem Ausstand bei Lonmin vorausgegangen war, traten Arbeiter_innen im Juni 2013 in den Streik, diesmal als Antwort auf unfaire Kün-digungen.[3]

Im Verlauf dieser Arbeitskämpfe wechselten Arbeiter_innen massenhaft von der NUM zur AMCU. Die AMCU löste die NUM in der Rolle der führenden Gewerkschaft in der Platinindustrie ab und rekrutierte darüberhinaus eine Mehrheit an Arbeiter_innen in drei der reichsten und größten Goldminen. Die Veränderung kam plötzlich, aber Korruption, Karrierismus und Loyalität gegenüber der Regierungspartei hatten bereits eine Kluft zwischen shop ste-wards und den Führer_innen der NUM und ihren Mitgliedern

---

2 AdÜ: Das entspricht, aufgeteilt auf jeweils 12 Monatsgehälter pro Jahr, unglaublichen 9.500 Rand Bonuszahlung pro Person monatlich. Auf Nachfrage teilte Peter Alexander mit: „Das ist verblüffend, aber es stimmt. Kumba ist unglaublich profitabel. Der Generalsekretär der NUM sagte einmal: ‚Peter, wir haben ein neues Problem – einige unserer Mitglieder werden zu gut entlohnt'."

3 Dieser Bericht bezieht sich auf Monde Maoto, „Chamber of Mines wil-ling to engage with Cosatu to end strikes", *Business Day*, 1. Oktober 2012; Irvine Makuyana, „Mining crisis deepens", *New Age*, 4. Oktober 2012; David McKay, „Amplats dismisses 12.000 workers", *City Press*, 7. Oktober 2012; Bernard Sathekge, „R15bn lost in strike actions", *New Age*, 8. Okto-ber 2012; Sherilee Lakmidas, „Amcu wants Amplats to double under-ground pay", *Business Day*, 2. Juli 2013.

„Don't let the Police/the Politicans get away with Murder." [AdH: Lasst die Polizei/die Politiker_innen mit den Morden nicht ungestraft davonkommen.] Demonstration der Marikana Support Campaign am 18. September 2013. (www.marikana.info)

geschaffen.[4] Die AMCU wurde durch eine breite Rekrutierung gestärkt, darunter das Sicherheitspersonal in den Minen, Beschäftigten auf höheren Posten und Mitarbeiter_innen von Subunternehmen. In einigen Minen gibt es auch Basiskomitees, die im Zuge der Streiks entstanden sind und nun die Mitglieder zwecks Unterstützung von militanten Aktionen wachrütteln. Eine Folge der Krise der NUM war, dass sie als größte Gewerkschaft innerhalb des Congress of South African Trade Unions (COSATU) von der National Union of Metalworkers of South Africa (NUMSA) abgelöst wurde. Obwohl die AMCU ihre Mitgliederzahl noch nicht offengelegt hat, ist sie vermutlich von rund 20.000 Mitgliedern Anfang 2012 auf heute über 150.000 Mitglieder angewachsen. Weil der AMCU nicht erlaubt worden war, COSATU

---

4 Zur Diskussion um die langfristigen Versäumnisse der NUM siehe Sakhela Buhhungu, *Comrades, entrepreneurs and career trade untionists: organizational modernization and new cleavages among COSATU union officials* (Friedrich Ebert Stiftung, Johannesburg, 2002), und Devan Pillay, „Between Social Movement and Political Unionism: COSATU and Democratic Politics in South Africa", *Rethinking Development and Inequality 2* (2012), S. 10 – 27.

beizutreten, hat sie sich dem National Council of Trade Unions (NACTU) angeschlossen, das damit auch gewachsen ist.

Bereits im September 2012 breiteten sich militante Streiks über den Bergbau hinaus aus. Es gab ungeschützte Ausstände in der Autoindustrie und einen zuweilen gewalttätigen Streik von LKW-Fahrer_innen, der von der South African Transport and Allied Workers' Union angeführt wurde.[5] Im November brach in den landwirtschaftlichen Gebieten des Western Cape, wo die Arbeiter_innen starker Unterdrückung ausgesetzt sind und sehr schlecht entlohnt werden, ein Streik um höhere Löhne aus. Die Arbeiter_innen wollten, dass ihr Lohn von 69 Rand täglich auf 150 Rand erhöht wird (das ist rund ein Drittel dessen, was die Minenarbeiter_innen mit ihrer Forderung nach 12.500 Rand monatlich verlangt haben). Ein COSATU-Sprecher erklärte: „Marikana ist bei den Farmen angekommen!" Anfang 2013 wurde schließlich der Mindestlohn auf 105 Rand pro Tag erhöht; immer noch ein mickriger Betrag, aber eine Grundsatzentscheidung, mit der die Löhne um mehr als 50 Prozent erhöht wurden.[6]

„Marikana" ist zu einem Synonym für militanten Widerstand geworden. Im November 2012 bemerkte Neil Coleman, ein Berater von COSATU-Chef Zwelinzima Vavi: „Ich sage euch, Arbeiter_innen in einigen Sektoren sind bereit, dem Beispiel von Marikana zu folgen, einer Rebellion von unten, und zwar wegen der absoluten Frustration über die Bedingungen in diesen Sektoren."[7] Anfang Mai sprach ich mit Führer_innen von zwei linken Gewerkschaften, die beide, ohne aufstacheln zu wollen, sagten, dass sie nun unter Druck seitens ihrer Mitglieder stünden. Sie verurteilten das nicht, aber sie waren ein wenig besorgt

---

5   COSATU, „COSATU backs truck drivers", *Cosatu Today*, 25. September 2012; COSATU, „Violence in truckers' strike", *Cosatu Today*, 12. Oktober 2012; Kingdom Mabuza, „There is an injustice against workers in SA", *Sowetan Online*, 2. Oktober 2012.

6   COSATU, „Western Cape Agriculture take a formal decision to come out in support of Du Doorns strike", *Cosatu Today*, 12. November 2012; COSATU, „Threatening country wide Protest in Agriculture on 4 December 2012", *Cosatu Today*, 30. November 2012.

7   Centre for Development and Enterprise, *Marikana and the future of South Africa's labour market* (CDE, Johannesburg, 2013), S. 15.

wegen der neuen Stimmung. In einem Fall hatten bei einer landesweiten Lohnkonferenz Arbeiter_innen offen darüber gesprochen, ein „Marikana zu unternehmen". In Johannesburg und Umgebung wurden riesige Graffities auf Wände gemalt, die verkündeten: „Wir alle sind Marikana". Wir haben von vier neuen informellen Siedlungen gehört, die sie sich nach dem Massaker benannt haben – vermutlich gibt es mehr. Boitumelo Maruping interviewte Bewohner_innen der Marikana-Siedlung in Potchefstroom. Dort erklärte ihm jemand, wie es zu dieser Namenswahl gekommen war: „Wir werden es genau so machen wie in Marikana; wir werden das bekommen, was uns gehört."

Die Marikana-Stimmung hat schrittweise ihren Weg in die jährlichen Lohnverhandlungen gefunden, die in eine Reihe von großen Streiks Anfang September 2013 mündeten. Nach einem dreiwöchigen Ausstand setzten 30.000 Automobilarbeiter_innen, organisiert in der NUMSA, eine 11,5prozentige Lohnerhöhung durch. Angesichts einer Inflationsrate von 6 Prozent wurde das von den Arbeiter_innen als annehmbarer Abschluss erachtet. Zur Zeit, da ich diesen Text schreibe, am 15. September, sind 70.000 NUMSA-Mitglieder, die als Tankwart_innen und Automechaniker_innen arbeiten, immer noch im Streik, nachdem sie ein Angebot über sieben Prozent abgelehnt haben. Nach drei Wochen Streik haben 90.000 Bauarbeiter_innen, Mitglieder der NUM, eine zwölfprozentige Lohnerhöhung durchgesetzt. 80.000 NUM-Mitglieder in Goldbergbau haben nach einem dreitägigen Streik acht Prozent mehr erhalten. Weil aber Gold in Dollars verkauft wird, und der Dollar gegenüber dem Rand im letzten Jahr rund 20 Prozent gestiegen ist, ist das aus Perspektive der Arbeiter_innen ein weniger gutes Übereinkommen. AMCU hat das Angebot zurückgewiesen. Bei Gold und Platin kämpft die AMCU um ein „Existenzminimum" von 12.500 Rand monatlich, und nicht um prozentuelle Erhöhungen. Als Widerhall der Parolen, die in den Streiks 2012 aufgetaucht sind, ist das eine populäre Forderung; die Wahrscheinlichkeit von Streiks in Minen, in denen die AMCU vorherrscht, ist hoch.[8]

8   Industriall, „Back to back strikes continue in South Africa", 12. September 2013, unter: www.industriall-union.org (14. September 2013); Reuters,

Marikana und die folgenden Streiks hatten auch Auswirkungen auf den Kurs des Rand. Ende September 2012 stufte Moody's das Rating für seine südafrikanischen Regierungsanleihen um einen Grad von A3 auf B1 herunter, womit die Kosten für die Ausgabe von Anleihen stiegen. Es ist leicht möglich, dass weiter heruntergestuft wird. Der Wert des Rand fiel von etwas über 1 Euro = 10,10 Rand am 16. August 2012 auf 1 Euro = 13,43 Rand ein Jahr später, ein Verlust von 33 Prozent. Der Verbraucher_innenpreisindex stieg von 5,5 Prozent im Juli 2012 auf 6,3 Prozent im Juli 2013 (der höchste Wert der letzten Jahre), die offizielle Arbeitslosenrate verschlechterte sich von 24,9 Prozent im zweiten Quartal 2012 auf 25,6 Prozent ein Jahr danach (letzte verfügbare Zahl).[9] Einige andere wirtschaftliche Bereiche hatten ebenfalls ökonomische Probleme; es wäre jedoch nicht angemessen, all diese Rückgänge auf Marikana zurückzuführen, aber das Massaker war sicherlich ein Auslöser. Ein Hinweis, der diesem Trend widerspricht, ist der Aktienindex von Johannesburg, der im letzten Jahr um mehr als zwanzig Prozent gestiegen ist. Das spiegelt die Tatsache wider, dass viele südafrikanische Unternehmen immer noch erhebliche Gewinne verzeichnen, indem sie die Ausbeutungsraten steigern, was wiederum zu weiterer politischer Instabilität beitragen könnte.

Obwohl die politische Auswirkung begrenzt ist, haben sich die Zivilgesellschaft, die Kirchen und Universitäten sowohl an Initiativen beteiligt als auch Analysen erarbeitet. NGOs für Rechtshilfe haben besonders rasch reagiert. Das Marikana Support Committee/Campaign (MSC) hat die Solidaritätsaktivitäten koordiniert. Sozialwissenschafter_innen haben eine breit unterstützte Erklärung verfasst, die das Massaker verurteilte, den Zusammenhang mit den Kontinuitäten der Vergangenheit hervorgehoben und zahlreiche praktische Schritte als unmittelbare Antwort auf die Krise vorgeschlagen hat.[10] Inzwischen gibt es eine

---

„South Africa union ends building strike with 12 percent wage deal", 12. September, unter: www.reuters.com (14. September 2013).

9   Daten von Statstics South Africa.

10   Marikana: Statement by South African Social Scientists, unter: http://marikanastatement.blogspot.com/2012/09/title-goes-here.html am 14. September 2013.

Menge Literatur, die viele Aspekte des Massakers abdeckt, obwohl
sie meist mehr analytisch als politisch orientiert ist. Leider kann
hier aus Platzgründen kein Überblick darüber gegeben werden,
aber ich habe eine Fußnote angefügt, in der ich einige der interes-
santesten Beiträge versammelt habe.[11] Meine eigene Einschätzung
– die ich gänzlich unbescheiden hinzufüge – arbeitet drei Aspekte
heraus. Erstens sind die strukturellen Probleme, die in Marikana
zutage getreten sind, vor allem sozioökonomischen Charakters. Im
Gegensatz zur Situation nach der Revolte 1922 und dem Aufstand
1976 – die an anderer Stelle in diesem Buch erwähnt werden –
wird ihnen mit Mitteln der Verbesserung in der Arbeitsgesetzgebung nicht effektiv begegnet werden können. Zweitens habe ich
auf den größeren Zusammenhang einer anhaltenden Rebellion der
Armen und auf das weltweit höchste Niveau von Streikaktionen

11   Literatur zu Marikana: Samanatha Ashman und Ben Fine, „South Africa:
the meaning of Marikana", *Global Labour Column,* ohne Zeitangabe,
unter: column.global-labour-university.org (3. September 2013); Asanda
Benya, „Absent from the frontline but not absent from the struggle:
Women in mining", *Femina Politica,* 01/2013, 2013, S. 144-47; Patrick
Bond, „Debt, uneven development and capitalist crisis in South Africa:
from Moody's macroeconomic monitoring to Marikana microfinance
mashonisas", *Third World Quarterly* 34(4), 2013, S. 569-92; Keith Breckenridge, „Revenge of the commons: the crisis in the South African
mining industry", *History Workshop Online,* 5. November 2012; Crispin
Chinguno, *Marikana and the post-apartheid workplace order.* Johannesburg: Sociology, Work and Development Institute, University of
the Witwatersrand, Johannesburg, 2013; Jane Duncan, „Marikana and the
paradox of press transformation", vorgelegt beim Wednesday Seminar,
University of Johannesburg, 6. März 2013; Kally Forrest, „Marikana was
not just about migrant labour", *Mail & Guardian, 13.* September 2013;
Philip Frankel, *Between the Rainbows and the Rain: Marikana, Migration,
Mining and the Crisis of Modern South Africa* (Agency for Social Reconst-
ruction, Bryanston, 2013); Devan Pillay, „Between Social Movement and
Political Unionism: COSATU and Democratic Politics in South Africa",
Rethinking Development and Inequality 2, 2013, S. 10-27; Vishwas Satgar,
„Beyond Marikana: the Post-apartheid South African State", *African Spec-
trum* 47(2&3), 2013, S. 33-62; Paul Stewart, „'Kings of the mine': Rock
drill operators and the 2012 strike wave on South African mines", *South
African Review of Sociology* 44(3), 2013, S. 42-63; Thanduxolo Jika, Lucas
Ledwaba, Sebabatso Mosamo and Athandiwe Saba, *We are Going to Kill
Each Other Today* (Tafelberg, Cape Town, 2013).

verwiesen. Schließlich schlage ich angesichts der Notwendigkeit radikaler Veränderungen in der politischen Ökonomie als Beginn die Nationalisierung der Platin-Industrie vor.[12]

Untersuchung und Dementi

Im Gegensatz zu öffentlicher Meinung, sozialer Mobilisierung und akademischem Engagement war die Antwort der Regierung auf Marikana gekennzeichnet von Leugnungen und Lethargie.

Ihre wichtigste Antwort war, dass sie die *Judicial Commission of Inquiry* (richterliche Untersuchungskommission) einrichtete. Für alle, die gehofft hatten, dass die Verantwortlichen für das Massaker ausfindig gemacht würden, war diese Untersuchung äußerst enttäuschend. Der zweite Teil des Untertitels unseres Buches lautet „ein Fall, der nach Antworten sucht" [AdÜ: im englischen Original lautet der Untertitel ‚A view from the mountain and a case to answer']. Wir haben vorweggenommen, dass die Untersuchung das meiste von dem, was wir beschrieben haben, widerlegen, berichtigen und erweitern würde, aber tatsächlich hat sie wenig mehr erreicht, als Details hinzuzufügen. Ein Überblick des Geländes des Massakers vom Flugzeug aus wäre hilfreich gewesen, um die Positionen und Aktionen der verschiedenen Parteien abzuklären, aber die Polizei hat kein Filmmaterial (oder hält es unter Verschluss), obwohl sie dazu verpflichtet ist, solche Vorfälle aufzuzeichnen. Aber es sind Details aufgetaucht, die zweifellos unsere, im Buch vorliegende, Sichtweise stützen. Obwohl die Autopsieergebnisse immer noch nicht präsentiert wurden, ist klar, dass 14 der 34 getöteten Männer von hinten erschossen worden sind, in den Rücken oder in den Kopf. Außerdem ist evident, dass viele von ihnen mit mehr als 10 Schüssen getötet wurden. Viele der Überlebenden haben mehrere Schussverletzungen abbekommen. Die TV-Kameras zeigen verletzte Männer, die am Hauptschau-

---

12   Peter Alexander, „Marikana Massacre: A Turning Point in South African History?" *CODESRIA Bulletin* 1&2, 2013, S. 36-40; Peter Alexander und Peter Pfaffe, „Social Relationships to the Means and Ends of Protest in South Africa's Ongoing Rebellion of the Poor: the Balfour Insurrections", *Social Movement Studies,* DOI: 10.1080/14742837.2013.8209 (elektronischer Vorabdruck), 2013. Siehe auch Kapitel 8 in diesem Buch.

platz des Mordens (Platz 1) unnötig starben, weil die Polizei sich geweigert hat, sich um ihre Verletzungen zu kümmern, und weil sie die Rettung nicht an den Ort des Massakers gelassen hat. Unser Bericht dessen, was am „Killing Koppie" (Platz 2) geschah, wurde bestätigt – fliehende Arbeiter wurden abgeschlachtet, exekutiert. Expert_innen für öffentliche Ordnung und Sicherheit aus anderen Ländern haben bereits zu bedenken gegeben, dass die Streikenden vom Berg einfach vertrieben hätten werden können, ohne dass es Tote geben hätte müssen – Geduld und konventionelle Mittel, wäre alles gewesen, was es dazu gebraucht hätte.

Offensichtlich gibt es Beweise, um einige Polizist_innen für manche der Morde zur Verantwortung zu ziehen, und um zum Schluss zu kommen, dass die Operation schlecht durchdacht war, aber reicht das? War das Massaker ein „cock up" [AdÜ: in etwa eine „Sauerei"], bei der unzureichend ausgebildete niedere Beamte die Panik erfasst hat? Wir glauben das nicht. Rehad Desai arbeitet derzeit gerade an einem Dokumentarfilm über das Massaker mit dem Titel *Miners Shot Down*. Das dabei verwendete Bildmaterial zeigt, dass die Arbeiter, als sie den Berg verlassen haben (nachdem der NATO-Drahtzaun ausgelegt worden war), sich eindeutig in Richtung der informellen Siedlung Nkaneng bewegen. Sie rannten nicht. Sie stellten keine Bedrohung für die Polizist_innen dar. Genau in diesem Moment eröffnete die Polizei das Feuer. Erst da begannen die Männer zu laufen. Sie liefen aber, weil sie Angst hatten, nicht weil sie die Polizei angriffen. Irgendwann sagt ein mittlerer Polizeioffizier zu seinen Männern, sie sollen schießen, wenn sie sich bedroht fühlen. In Zusammenhang mit den Morden an der Eisenbahnlinie (Kapitel 2) und der Doktrin der „maximum force", die von der Polizei angewandt wurde, vor allem von den Einsatzteams, sollte das als Erlaubnis zum Töten begriffen werden. Anders gesagt, es gab überhaupt keinen Anlass zur Panik [AdÜ: bei den Beamten].[13]

---

13   Zum Gebrauch „maximaler Gewalt" siehe David Bruce, *Marikana and the doctrine of maximum force* (MampoerShorts, n.p. 2013). In Südafrika verlangt das Gesetz, wie anderswo in der Welt auch, dass, wenn Menschen bedroht werden, sie sich eher zurückziehen sollten als zu schießen; die Doktrin der „maximalen Gewalt" wird, obwohl das von den Minis-

Gehen wir einen Schritt zurück. Die Kommandant_innen vor Ort und die verantwortlichen Generäl_innen für die Operationen am Tag des Massakers hatten beschlossen, paramilitärische Einsatzgruppen an vorderster Front zu platzieren. Hätten sie keine tödliche Lösung anvisiert, dann hätten sie andere Einheiten an dieser Stelle eingesetzt – vermutlich die für die öffentliche Ordnung und Sicherheit zuständigen Polizeieinheiten. Ein Experte für internationale öffentliche Ordnung und Sicherheit hat mir gesagt, dass die Standardpraxis vorsieht, paramilitärische Einheiten zu defensiven Sicherungszwecken einzusetzen. Die „task teams" waren ausschließlich mit automatischen Waffen ausgerüstet, was unvermeidlich zu einem Blutbad führen musste.

Bewegen wir uns in der Befehlskette weiter nach oben. Es ist schlicht nicht vorstellbar, dass Generalin Phiyega für die Entscheidung, die Versammlung der Streikenden mittels paramilitärischer Einheiten aufzulösen, selbst verantwortlich war. Abgesehen von anderen Erwägungen wissen wir, dass Phiyega ihren Job eben erst angetreten hatte, und dass der Polizeiminister sich für die Situation interessierte. Vor allem aber haben wir als Beweise die e-mails von Cyril Ramaphosa. Ich habe diese in Kapitel 6 beschrieben, aber das aussagekräftigste wurde erst nach Fertigstellung dieses Kapitels vor der Untersuchungskommission verlesen. In einer Mitteilung, als e-mail Nr. 6 aufgenommen, schreibt Ramaphosa am 15. August (dem Tag vor dem Massaker) an fünf Topmanager von Lonmin. Er informiert sie darin:

„Liebe Alle, soeben traf ich Susan Shabangu (Bergbauministerin) in Kapstadt. Erstens, sie stimmt überein, dass ihr es nicht mit einem Arbeitskonflikt zu tun habt, sondern mit einem kriminellen Akt. Sie wird ihre Darstellung dessen, mit was wir es da zu tun haben, korrigieren. Zweitens, sie geht ins Kabinett, unterrichtet auch den Präsidenten und bringt den Polizeiminister, Nathi Mthethwa, dazu, schärfer vorzugehen."[14]

---

ter_innen und den obersten Polizist_innen stillschweigend übergangen wird, von Expert_innen als illegal betrachtet.

14 Marikana Commission of Inquiry, *Transcription*, Day 43, 5 February 2013, p. 4732. Im Original lautet die e-mail so: „*number 6 reads as follows, it is at 2:58 pm, the 15th August 2012, from Cyril Ramaphosa to Albert Jameson, Bernard Mokoena, Tandigai Ncube, Roger Philemon and Ian Farmer. The*

Dieser e-Mail wurde von Ramaphosa nicht widersprochen; auch Shabangu hat weder bestritten, dass sie am Treffen des Kabinetts teilgenommen hat, noch dass sie dort den Präsidenten unterrichtet, und dass sie Mthethwa beeinflusst hat.[15] Am nächsten Tag, dem 16. August, gab es einen abrupten Stimmungswechsel: die Polizeipräsenz in Marikana wuchs erheblich an, die Einsatzeinheiten trafen ein, Joseph Mathunjwas Treffen mit Lonmin wurde abgesagt, und der Polizeisprecher sagte, es sei „D-Day".

Die Frauen der verstorbenen Arbeiter, die südafrikanische wie internationale Öffentlichkeit haben ein Recht, so rasch wie möglich zu erfahren, ob Shabangu ihren Verpflichtungen nachgekommen ist, und welche Entscheidungen dabei getroffen wurden. Es scheint zumindest sehr wahrscheinlich, dass aufgrund der Intervention von Ramaphosa und Shabangu die Versammlung der Streikenden in Marikana als „kriminell" eingestuft wurde. Im April 2008 hatte Shabangu, damals stellvertretende Polizeiministerin, bei einem Treffen zur Verbrechensbekämpfung in Pretoria erklärt: „Ihr müsst die Bastarde (Kriminellen) umbringen, wenn sie euch oder die community bedrohen. Ihr dürft euch nicht um die Regeln scheren. Ich möchte keine Warnschüsse. Ihr habt einen Schuss, und das muss ein tödlicher Schuss sein."[16] So sieht eine klassische Umschreibung für „maximale Härte" aus. Am 16. August 2012 waren die Streikenden „Kriminelle"; Mitglieder der Einsatzteams behaupteten, bedroht zu werden; wie instruiert kümmerten sie sich nicht um die Regeln; und innerhalb von Minuten waren 34 der so konstruierten „Bastarde" tot.

15 Meines Wissens nach finden die Kabinettstreffen jeweils mittwochs statt.

16 Zitiert in Bruce, *Marikana*, Pos. 263. Shabangu's Aussage, über die breit berichtet wurde, wurde von ihrem Minister oder dem Präsidenten nicht widersprochen.

Die Untersuchung hat ebenso Felder untersucht, die die Involvierung von Lonmin in das Massaker betreffen. Die Weigerung des Unternehmens, mit den Arbeiter_innen zu sprechen, und das Beharren von Lonmin auf Eingreifen der Polizei waren ebenso zentral, wie Ramaphosa's Intervention. Zusätzlich stellte das Unternehmen der Polizei Raum und logistische Unterstützung für deren logistisches Operationszentrum zur Verfügung. Es versorgte die Polizei mit Observationsberichten seines eigenen Sicherheitsdienstes, darunter Informationen von mehr als 200 Überwachungskameras (auf Wunsch in Echtzeit übertragen). Es versorgte die Polizei überdies mit Unterkünften, Lebensmitteln und Transportdiensten. Neben Rettungsfahrzeugen und einem Sammellager stellte Lonmin auch jene Hubschrauber zur Verfügung, die an diesem Tag eingesetzt wurden.

Die Form der Untersuchungskommission war und ist für die Suche nach Aufklärung und Gerechtigkeit ein Hindernis. Mit einem Richter, zwei Beisitzer_innen und einer Batterie Anwält_innen führt sie ihre Arbeit durch wie ein Gericht. Diese Methode ist der Polizei geläufig, nicht aber den Minenarbeiter_innen und ihren Familien. Zeug_innen werden verhört; werden von den kommissionellen und allen anderen Anwält_innen, die das wünschen, ins Kreuzverhör genommen, von Kommissionsmitgliedern unterbrochen und wiederum verhört. Das Verfahren ist langwierig. Die Untersuchung begann im Oktober 2012, und nach fast einem Jahr sind immer noch nicht alle Polizeizeug_innen gehört worden, alle verletzten und verhafteten Arbeiter_innen als Zeug_innen, oder irgendjemand von den Zeug_innen von Lonmin; und erst danach gibt es Raum für zusätzliche Expert_innen und Zeug_innen, die von den verschiedenen Parteien beantragt werden, sowie Beweisvorlagen. Die Verhandlung hätte Anfang 2013 beendet sein sollen, aber niemand erwartet mehr, dass sie vor 2014 fertig sein wird. Das ist nicht nur „verspätete Gerechtigkeit", sondern auch „Gerechtigkeit" zu untragbaren Kosten, zumindest für einige. Hauptkostenfaktor sind die Anwält_innenteams. Im gegenwärtigen System sollten sie zumindest aus einer_m erfahrenen und einer_m weiteren Anwält_in, zwei Jurist_innen und einer_m oder zwei Rechercheur_innen bestehen. Jedoch: die Polizei und Lonmin haben viel mehr als das, und die Teams, die die

Familien und die verletzten und verhafteten Minenarbeiter_innen vertreten, sollten größer sein, denn sie vertreten jeweils viele Klient_innen (270 im letzteren Fall). Üblicherweise liegt die Tagesgage für eine_n Anwält_in bei über 30.000 Rand pro Tag, also rund 600.000 pro Monat – das 48fache dessen, wofür die Arbeiter_innen gestreikt haben, und was sie nicht erhielten. Natürlich haben die Anwält_innen, die die Familien und die Minenarbeiter_innen vertreten, nichts in dieser Höhe erhalten.[17] Im Gegenteil: Nach den ersten drei Monaten der Untersuchungskommission weigerte sich der Staat, sie weiterhin zu finanzieren! (AdH: Spenden werden also dringend benötigt. Siehe dazu den Spendenaufruf auf der letzten Seite dieses Buches.)

Der Staat wird die Untersuchung und die Anwält_innen der Polizei bezahlen, solange es zweckdienlich ist, und Lonmin hat überhaupt keine Probleme, die eigenen Rechnungen zu begleichen. Aber das Team, das die Familien vertritt, hängt von der Kostenübernahme durch Mäzene und Sponsoren [AdÜ: im Original *benefactor*] ab, was den prekären Status dieser Familien nur noch verstärkt. Das Team, das die Minenarbeiter_innen vertritt, ist noch schlimmer dran – es hat keine Mittel. Der Staat hat sich standhaft geweigert, diese Anwält_innen zu unterstützen, obwohl viele ihrer Klient_innen – anders als die Polizeibeamt_innen – sich strafrechtlicher Anklagen, einige auf Mordversuch lautend, ausgesetzt sehen. Gleichzeitig wird das Team der Polizei, das größte innerhalb der Untersuchung, auf jede erdenkliche Art unterstützt. Letztendlich wurden Anwält_innen, die Arbeiter_innen vertraten, gezwungen ihr Mandat niederzulegen. In diesem Moment zog sich auch die AMCU aus der Kommission zurück; ebenso die Familien, die die Aussagen der Arbeiter_innen brauchten, um zu verstehen, was ihren Geliebten geschehen ist; ebenso das *Legal Resources Centre* (geleitet von Anwalt George Bizos, dem Anwalt und Vertrauten von Nelson Mandela). Während ich dies schreibe, schleppt sich die Untersuchung dahin. Die daran am meisten interessierten Parteien (AdÜ: d.h. die Vertreter_innen der Betroffenen) haben sich aus Protest dagegen, dass sie keine staatliche finanzielle Unterstüt-

---

17   Jackie Dugard, 'Marikana inquiry's mistakes call for a rethink', *Business Day Live*, 11 September 2013.

16. August 2013, Marikana: Gedenkveranstaltung zum ersten Jahrestag des Massakers. (Thapelo Lekgowa)

zung für ihre Anwält_innen erhalten, aus dem Verfahren zurück gezogen. Um für sie die Teilnahme wieder attraktiver zu machen, wurde ihren Anwält_innen inzwischen zugestanden, Kreuzverhöre durchführen zu können. Mensch muss sich fragen: „Wer profitiert von diesem Zustand?" Die Kommissionsmitglieder, die Beweisführer_innen und Anwält_innen von Lonmin und der Polizei verdienen sicherlich ausgezeichnet. Aber die wichtigsten Profiteur_innen sind die Schuldigen und die verantwortlichen Parteien: das heißt verschiedene Polizeibeamt_innen, vielleicht die Polizeichefin, und wenn wir mit unserer Annahme Recht haben, zumindest zwei Minister und vielleicht der Präsident. Aber zumindest sollte die Regierung es bis zu den nächsten Wahlen, die im Mai 2014 stattfinden werden, schaffen, ohne dass der Kommissionsbericht veröffentlicht wird.

Die Kommission wurde am 22. Oktober 2012 über die e-mails von Ramaphosa unterrichtet. Etwas weniger als zwei Monate später, am 18. Dezember, wurde Ramaphosa zum stellvertretenden Präsident des ANC gewählt, zuungunsten von Kgalema Motlanthe, der Zuma als Vorsitzenden der Partei herausgefordert hatte. Motlanthe wird vermutlich bis zu den kommenden Wahlen als Vizepräsident des Landes wieder auftauchen, aber dann wird er vermutlich von Ramaphosa abgelöst werden. Er, Ramaphosa, ist jedenfalls der Favorit, der sich gegen Zuma durchsetzen könnte. Bei der Konferenz erhielt Ramaphosa über 75 Prozent der Stimmen, der Rest verteilte sich auf drei Zuma-Figuren. Innerhalb des ANC war Ramaphosas Rolle bei dem Massaker kein Hindernis für die Entwicklung seiner politischen Karriere, vielleicht hat sie ihm sogar geholfen.

Die Regierung verweigert sich. Sie versteckt sich hinter der Untersuchung und weigert sich, die Vorgänge zu kommentieren. Sie weigert sich sogar, Marikana als „Massaker" zu bezeichnen, als könnte sie sich mit einer unheilbaren Krankheit anstecken, wenn sie das Wort in den Mund nimmt. Sie zieht es vor, über die „Tragödie" von Marikana zu sprechen, eine Bezeichnung, die Dinge nahelegt wie: Unfall, misslungener Vorfall, Unglück, Katastrophe, Missgeschick, Leid und so weiter. Aber Marikana war ein „Massaker"; das bedeutet: die Ermordung von Menschen innerhalb eines Kräfte-Ungleichgewichts und es bedeutet gleichzeitig die Ermordung einer großen Zahl von Menschen. Es gibt keinen Zweifel daran, dass die Polizei am 16. August 2012 definitiv 34 Arbeiter *massakriert* hat, so wie die Polizei Demonstrant_innen in Sharpeville 1960 und in Soweto 1976 massakriert hat. Das Problem für die Regierung ist: Während „Tragödie" etwas Naturgegebenes impliziert, ist ein „Massaker" das Ergebnis menschlicher Intervention. In diesem Fall waren die Menschen Polizeibeamt_innen. Selbst wenn es eine Rechtfertigung für das Massaker gäbe, würde allein schon der Begriff auf die Polizei verweisen, und Fragen bezüglich ministerieller Verwicklung aufwerfen. Die Regierung rennt vor dieser schrecklichen Wahrheit davon – sie leugnet.[18]

Weil sie die Bedeutung des Massakers nicht zugeben, nicht verantworten wollte, hat die Regierung keine Änderungen in ihrer Politik vorgenommen, die zu dem Konflikt beigetragen hat. Das wichtigste Dokument nach Marikana nennt sich „Rahmenübereinkommen für eine nachhaltige Bergbauindustrie". Es wurde am 3. Juli 2013 von Vizepräsident Motlanthe unterzeichnet und

18   Leider verwenden auch die NUM und die COSATU die Sprachregelung „Tragödie" und vermeiden den Begriff „Massaker".

und „eingeführt", wie im vollständigen Titel steht, „von organisierter Arbeit, organisiertem Geschäft und Regierung".[19] Während die NUM es unterzeichnete, verweigerte die AMCU ihre Zustimmung. Es gibt darin einen Verweis auf „zeitweilige Spannungen" (Abs. 1.6), aber keinen auf Marikana oder die Streikwelle von 2012, obwohl das der unmittelbare Kontext des Dokuments ist. Es gibt ein paar nette Phrasen wie : „Arbeits- und Lebensbedingungen vieler Minenarbeiter_innen sind nicht optimal (sic)" (1.4); „Die Regierung ist dazu verpflichtet, … die Kapazitäten zur effektiven Intervention und verbesserter Grundversorgung zu erhöhen" (3.2.10); und „Die Wirtschaft ist dazu verpflichtet, … Arbeiter_innen im Zuge ihrer Aus- und Weiterbildung finanziell sowie bei ihrer Finanzplanung zu unterstützen" (3.3.8). Probleme werden der globalen Ökonomie sowie der Geschichte angelastet anstatt fundamentalen Missständen. Darüber hinaus wird einmal mehr darauf verwiesen, sich an die Gesetze zu halten. Noch dazu ist das Dokument unverschämt pro-kapitalistisch. Jegliche Reform wird durch die Anerkennung behindert, „dass ökonomische Gegebenheiten unsere Entscheidungen einschränken" (2.1.7); und die Arbeiter_innen dienen dazu, „ mit der Regierung und dem business zusammen zu arbeiten sowie die Stimmung der Investoren zu verbessern" (3.4.6.). Es gibt keinen Hinweis darauf, dass Spannungen eine Folge der niedrigen Löhne sein könnten, der massiven Ungleichheit und der riesigen Profite der Unternehmen.

Fragmentierung und Opposition

Das Versagen der Regierung bei der Aufarbeitung von Marikana hat die Brüche in der ANC-Hegemonie verstärkt und neue Möglichkeiten für andere Parteien geschaffen. Die wichtigste Entwicklung war die Bildung der *Economic Freedom Fighters* (EFF). Diese Partei wurde von Julius Malema, dem ehemaligen Präsidenten der ANC-Jugendliga, dessen Parteiausschluss beim Kongress am 2. Dezember 2012 bestätigt wurde, gegründet. Malema ist ein

---

19 Presidency, 'Framework agreement for a Sustainable Mining Industry entered into by Organised Labour, Organised Business and Government', unterzeichnet am 3. Juli 2013. Unter: www.thepresidency.gov.za (16. September 2013)

populärer Redner, der sofort nach dem Massaker die Streikenden unterstützt und die folgende Streikbewegung ermutigt hat (siehe Kapitel 6). Die neue Partei beschreibt sich selbst als „radikale, linke, antikapitalistische und antiimperialistische Bewegung", die „von der breiten marxistisch-leninistischen Tradition und der Fanon'schen Denkschule inspiriert ist…" (Abs. 26 und 28).[20] Sie ruft zur „entschädigungslosen Enteignung von Südafrikas Land" sowie zur „entschädigungslosen Nationalisierung von Minen, Banken und anderen strategischen Sektoren der Wirtschaft" auf (Abs. 35); sie schlägt vor, dass „Gesetze erlassen werden, nach denen die Managementgehälter in einem bestimmten Verhältnis zu den Löhnen der am schlechtesten bezahlten Arbeiter_innen im jeweiligen Unternehmen zu stehen haben, um mit der obszön hohen Einkommensungleichheit zu Rande zu kommen" (Abs. 76). Neben dieser stark revolutionären Rhetorik entdeckt mensch eine populistische und radikal nationalistische Agenda. Ausländische und Monopolkapitalist_innen scheinen eher der Feind zu sein als der Kapitalismus selbst; die Rettung wird innerhalb der Grenzen des Nationalstaates gesehen; das ausführende Organ und die Mittel der Umgestaltung werden nicht benannt; und Malema verleiht sich selbst den Titel „Commander-in-Chief".[21] Wenn die EFF die unter 30jährigen mobilisieren können, unter denen die Arbeitslosigkeit extrem hoch ist und von denen der Großteil bis dato nicht zu Wahlen ging, könnten sie bei den kommenden Wahlen gut abschneiden. Dies könnte jedoch vom Mangel an (finanziellen) Mitteln sowie vom mangelnden Vertrauen in Malema, der sich mit Korruptionsvorwürfen konfrontiert sieht, beeinträchtigt werden.

Marikana hat den Konflikt innerhalb von COSATU verstärkt. Bei der Konferenz der Föderation im September 2012 konnte noch eine offene Spaltung verhindert werden, als Vavi mit einer die Regierung unterstützenden Resolution zu Marikana auftauchte und seine Position als Generalsekretär verteidigen

---

20   Dieses und die folgenden Zitate aus Economic Freedom Fighters, *Founding manifesto of the Economic Freedom Fighters*, 25. Juli 2012, unter: www. politicsweb.co.za am 29. August 2013.

21   Siehe ebenso Economic Freedom Fighters, *Constitution*, 6. August 2013. Unter economicfreedomfighters.org/constitution/ (16. September 2013)

konnte. Aber Vavi ist eng mit der NUMSA verbunden; es kann davon ausgegangen werden, dass er eigentlich mit den Angriffen dieser Gewerkschaft auf die Polizei (siehe Kapitel 6) identifiziert wird. Im August 2013 wurde er schließlich aus dem Zentralkomitee von COSATU ausgeschlossen, vordergründig deshalb, weil er die Organisation in Verruf gebracht hatte, indem er Sex mit einer Mitarbeiterin gehabt hatte, aber tatsächlich wegen seines zunehmend regierungsfeindlichen Standpunkts. Die NUMSA sagte öffentlich, dass sie den ANC bei den Wahlen nicht unterstützen wird. Wenn Vavi aus seinem Amt gedrängt werden sollte, werden wahrscheinlich er, NUMSA und andere Gewerkschaften damit beginnen, mit der COSATU zu brechen. NUMSA pflegt freundschaftliche Beziehungen mit der gegen die Regierung eingestellten NACTU. Vavis Regierungskritik wird zweifellos von einem Großteil der COSATU-Basis unterstützt. Eine Umfrage im Jahr 2012 unter den shop stewards der Föderation zeigte, dass 65 Prozent eine Arbeiterpartei gegen den ANC unterstützen würden, wenn so eine Partei von COSATU geschaffen würde, und die selbe Anzahl trat für die Nationalisierung der Schlüsselsektoren der Ökonomie ein.[22]

Die zunehmende Isolation der Regierung zeigte sich auch bei den Trauerfeierlichkeiten am ersten Jahrestag des Massakers. Dieses vom MSC und Angehörigen der lokalen communities koordinierte Treffen war das größte, das Marikana je erlebt hat. Über 15.000 Arbeiter_innen und ihre Familien und Unterstützer_innen kamen. Die Kirchen gaben der Veranstaltung ihren Segen und steuerten Trauerreden bei. Höchste Funktionär_innen aller politischen Parteien – quer durch das Spektrum, darunter die Demokratische Allianz und die Inkatha Freedom Party – schickten Unterstützungserklärungen. Sogar ein Vertreter von Lonmin war da, obwohl seiner Rede mit Skepsis begegnet wurde. Malema und Mathunjwa erhielten stürmischen Applaus. Aber die NUM, die Südafrikanische Kommunistische Partei, der ANC und die Regie-

22 Edward Webster, Moeletsi Mbeki, Mohamed Motala und Mark Orkin, „South Africa's Labour Market and FPD/CASE COSATU Shop Stewards Survey", Präsentation für das GIBS Business Forum, Johannesburg, 29. August 2013.

rung blieben fern. Sie wollten sich dem möglichen Zorn der Massen für das, was vor zwölf Monaten geschehen ist, nicht aussetzen.

Selbst wenn es zu früh ist, um das volle Ausmaß der Bedeutung zu erkennen, steht doch fest, dass Marikana ein Wendepunkt in der Geschichte Südafrikas war. Marikana zeigt eine Trennlinie auf. Auf der einen Seite stehen diejenigen, die „haben", und ihre Komplizen: die Mineneigentümer_innen (viele ausländische, vor allem *weiße* und wenige Schwarze), die Regierung und die herrschende Partei, die Polizei, und einige Gewerkschaftsführer_innen. Auf der anderen Seite stehen die „Besitzlosen" und ihre Verbündeten: einfache Arbeiter_innen, die Arbeitslosen, Demonstrant_innen der communities, die meisten Kirchen und die meisten politischen Parteien sowie lokale und internationale Unterstützer_innen. Es gibt immer noch einige Leute, die am Zaun [zwischen diesen beiden Positionen] sitzen, aber der Zaun wackelt. Es mag einige – vielleicht einige Politiker_innen – geben, die von einer Seite zur anderen wechseln. Der ANC kann diese Spaltung ignorieren, aber die zunehmende Ungleichheit und die sich dadurch verstärkenden Konflikte werden die Spaltung verstärken. Vielleicht werden die Partei und ihre Regierung in diesen Spalt fallen.

September 2013

9. Skizze zum historischen Hintergrund von Marikana

Peter Alexander

Ziel dieser kurzen Skizze ist es, den Leser_innen einige historische Kontexte zu erläutern, die zu einem besseren Verständnis des Massakers führen sollen (siehe dazu Karte 1, S. 20).

Die Diamantfunde in Kimberley im Jahr 1867 läuteten in Südafrika Bergbau in einem großen Umfang ein. Die Goldfunde am Witwatersrand nahe Johannesburg 1886 ließen den Bergbau noch schneller expandieren. Im Jahr 1888 kontrollierten *De Beers Consolidated Mines* alle Minen in Kimberley. Am Witwatersrand wurden kleinere Unternehmen ebenfalls rasch verdrängt; der Bergbau verblieb fortan in den Händen einiger weniger riesiger Unternehmen, von denen die vier wichtigsten 1889 die Bergbaukammer (*Chamber of Mines*) gründeten. Dem hauseigenen Historiker der Kammer folgend wurde diese Organisation geschaffen, um "die Kosten des Bergbaus einzudämmen, vor allem diejenigen, die aus den Aktivitäten oder Nichtaktivitäten der Regierung und aus der zügellosen Konkurrenz um Güter und Arbeit resultierten". Das, so steht es dort geschrieben, blieb ihre „wichtigste Tätigkeit".[1]

Die Geschichte der Bergbau-Industrie ist eng verflochten mit politischen Entwicklungen. 1890 wurde Cecil Rhodes, der größte Aktionär sowohl bei De Beers als auch bei Consolidated Gold Fields, einem der vier größten Goldunternehmen, Premierminister der Kap-Kolonie. In der Zwischenzeit expandierten die Briten ins Landesinnere, besiegten Anführer afrikanischer Gruppen und annektierten deren Land. Sie nahmen West-Griqualand, das große Territorium um Kimberley, im Jahr 1871; Zululand 1887; und schließlich Pondoland 1894. Pondoland, nun in der Provinz Eas-

---

[1] John Lang, *Bullion Johannesburg: Men, Mines and the Challenge of Conflict* (Jonathan Bull, Johannesburg, 1986), S. 42.

tern Cape, ist die Heimat eines großen Teils der Minenarbeiter_
innen von Marikana. 1899 verblieben nur noch die beiden Buren-
republiken – der Oranje-Freistaat und Transvaal – außerhalb der
britischen Kontrolle in der Region. Transvaal war vor allem wegen
der dort liegenden Goldminen von Witwatersrand von Interesse.
Die Imperialisten brauchten drei Jahre und einen blutigen Krieg,
um die Buren (siehe: Sprachen in Südafrika*) zu besiegen und
danach mit der Errichtung des modernen südafrikanischen Staates zu beginnen.

Von dessen Anfängen im Jahr 1902 an basierte dieses neue
Südafrika auf einer Allianz britischer und burischer Interessen –
einer Allianz, die zuweilen auch als eine zwischen „Gold und Mais"
bezeichnet wurde. Die Schwarze Mehrheit des Landes wurde dabei
gänzlich exkludiert. Teile der politischen Ökonomie des Landes
waren bereits vorhanden. Beispielsweise wurden Eisenbahnlinien,
die das Meer mit Johannesburg und Pretoria (der Hauptstadt von
Transvaal und Südafrika) verbinden, zwischen 1892 und 1895
eröffnet. Das System migrantischer Arbeit (migrant labour system) nahm erste Formen an. 1902 errichtete die Kammer die *Witwatersrand Native Labour Association* (bekannt als *Wenela*). Damit
verschaffte sie sich das alleinige Recht, in den südlichen Provinzen
von Mosambik (Portugiesisch Ost-Afrika) Arbeiter_innen zu rek-
rutieren – dort bedeutete Zwangsarbeit für die Betroffenen, dass
die Arbeit in den Goldminen üblicherweise das kleinere zweier
Übel darstellte. Wenela dehnte später sein Rekrutierungsnetzwerk
auf andere Länder im Süden Afrikas aus. 1912 wurde die *Native
Recruiting Company* (NRC) gegründet, die eine ähnliche Rolle in
Südafrika und den drei britischen Protektoraten in der Region
(Lesotho, Swaziland und Botswana) spielte. Überall wurden die
Menschen zur Arbeit in den Minen bewogen bzw. gezwungen:
wegen Armut, Krankheit, Steuern und schlicht aufgrund der
finanziellen Notwendigkeit, um *lobola* (Mitgift bei Heiraten),
Waffen, Vieh, landwirtschaftliche Geräte und Kleidung bezahlen
zu können. 1908 verbot die Regierung den Minen, dass in ihren
Schwarzen Belegschaften mehr als drei Prozent der Arbeitskräfte
verheiratet sein dürfen; damit blockierte sie die Entwicklung einer
vor Ort ansässigen und geschlossenen Schwarzen Arbeiter_innen-
klasse. Fast alle Arbeiter_innen waren pendelnde Migrant_innen,

die erst nach Beendigung des Arbeitsvertrages nach Hause zurückkehren konnten, was für Mosambikaner_innen über ein Jahr dauerte; für Südafrikaner_innen meist kürzer.

Die Entwicklung systematischer Wanderarbeit ermöglichte es, Schwarze Arbeiter_innen als „billige Arbeitskraft" anzustellen, also billiger zu beschäftigen, als wären sie vollständig proletarisiert. Das Auskommen von Kindern, Frauen und älteren Familienangehörigen wurde viel eher über ländliche [Subsistenz-]Wirtschaft ermöglicht als über den kapitalistischen Teil der Produktion.

1910 kam es zur Unionsbildung und Südafrika errang das Recht auf ein eigenständiges Parlament unter der Führung zweier ehemaliger burischer Generäle, Louis Botha und Jan Smuts; beide sympathisierten mit den Interessen der Minenbesitzer, die die Wirtschaft dominierten. 1911 erließ die neue Regierung zwei Gesetze, die die Grundlage für die Beschäftigungspraktiken des größten Teils des 20. Jahrhunderts bildeten. Das eine war der *Native Labour Regulation Act*, der Mindeststandards hinsichtlich Verpflegung, Wohnen etc. festlegte, und so dazu beitrug, eine gleichmäßige Versorgung der Arbeiter_innen sicher zu stellen – womit die Konkurrenz zwischen den Minen begrenzt wurde. Gleichzeitig kriminalisierte das Gesetz Ungehorsam am Arbeitsplatz; in der Praxis hieß das die Weigerung, Anweisungen von *weißen* entgegen zu nehmen. Das andere war der *Mines and Works Act*, der Frauen und Kinder von der Arbeit unter Tage ausschloss, und wiederum bestimmte Mindeststandards festlegte, diesmal bezüglich Arbeitszeit und Sicherheit am Arbeitsplatz. *De facto* führte es auch, mittels Qualifikationskriterien für höhere Angestellte, darunter „Minenarbeiter_innen" (die ein Sprengzertifikat brauchten) eine Trennung nach fantasierten „Rassen" ein.[2] Das System migrantischer Arbeit und diese „Rassentrennung" verstärkten die sozialen und Bildungsunterschiede zwischen *weißen* und Schwarzen Arbeiter_innen; all diese Faktoren führten zu einem Lohnunterschied im Verhältnis von durchschnittlich 10:1.

---

2   V.L. Allen, *The History of Black Mineworkers in South Africa, Volume 1: The Techniques of Resistance 1871-1948* (The Moor Press, Keighley, 1992), S. 199-202.

Die Kluft zwischen *weißen* und Schwarzen Arbeiter_innen verhinderte die Entwicklung einer vereinigten Arbeiter_innenklasse (trotz gelegentlicher Versuche von Aktivist_innen, an dieser zu arbeiten). Die Spaltung drückte sich in den Arbeitskämpfen aus. 1913 beteiligten sich *weiße* Arbeiter_innen am Witwatersrand an einem gewalttätigen Streik, der 24 Menschenleben kostete (darunter 11 Minenarbeiter_innen). Im Verlauf dieser Aktion stellten Schwarze Minenarbeiter_innen in fünf Minen die Arbeit ein, und andere streikten, nachdem der Aufstand der *weißen* beendet worden war. Die *weißen* waren siegreich; es kam daraufhin zu einer Streikwelle, von als „coloured" klassifizierten, Schwarzen und *weißen* Arbeiter_innen in Natal sowie von Eisenbahnarbeiter_innen in Transvaal. Im Jänner 1914, als die *weiße* Arbeiter_innenföderation für einen Generalstreik stimmte, verhängte Smuts das Standrecht und unterdrückte die Bewegung.[3] Doch mit Ausbruch des 1. Weltkriegs konnte er diese Position nicht länger verteidigen und musste mit den *weißen* Gewerkschaften Kompromisse eingehen.[4]

1920 streikten Schwarze Minenarbeiter_innen elf Tage lang in 24 der 35 Goldminen. Nach Angaben der Bergbaukammer beteiligten sich über 70.000 Arbeiter_innen an dieser Aktion. Es gab keine Gewerkschaft, und obwohl einige kommunistische Militante dabei geholfen haben könnten, die Aktion in Gang zu bringen, scheint es, dass der Streik vor allem über ethnisch markierte Netzwerke mobilisiert wurde. Die Hauptforderung lautete zehn Schilling pro Tag, das war etwa fünfmal so viel, wie Schwarzen Arbeiter_innen bezahlt wurde.[5] Obwohl der Streik, teilweise durch Militäreinsatz, nieder-

---

3   Zur Bedeutung dieser Streiks und einer Kritik an der Theorie der Billigarbeit siehe Peter Alexander, 'Challenging cheap-labour theory: Natal and Transvaal coal miners, ca 1890-1950,' *Labor History* 49(2), 2008, S. 47-70.

4   Bei einer der ersten Aktionen des Krieges drang Südafrika in Südwestafrika ein und schlug die deutsche Kolonialmacht. Nach dem Krieg wurde Südwestafrika ein südafrikanisches Mandatsgebiet; unter der Apartheid wurde es de facto Südafrikas fünfte Provinz. Umbenannt in Namibia errang das Land 1990 die Unabhängigkeit.

5   Der beste Bericht über den Streik bleibt derjenige von Philip Bonner 'The 1920 Black Mine Workers Strike: a Preliminary Account', in: Belinda Bozzoli (Hrsg.), *Labour, Townships and Protest: Studies in the Social History of the Witwatersrand* (Ravan Press, Johannesburg, 1979)..

geschlagen wurde, wurde diese Forderung nach einheitlichem Lohn in den Minen immer wieder aufgegriffen.[6]

Am Streik von 1920 beteiligten sich keine *weißen* Arbeiter_innen, sie fungierten vielmehr als Streikbrecher_innen; als im Jahr 1922 über 22.000 *weiße* mehr als neun Wochen lang in den Streik traten, wurden sie von Schwarzen Arbeiter_innen nicht unterstützt.[7] Der Streik von 1922 war eine Reaktion auf den Umstand, dass die Unternehmer die Löhne senkten und damit drohten, hunderte von *weißen* Minenarbeiter_innen durch billigere Schwarze Arbeit zu ersetzen. Die Kammer wollte, wie immer, „die Kosten des Bergbaus eindämmen". Der Streik war äußerst kontroversiell – und wird immer noch kontroversiell verhandelt – zumal die Arbeiter_innen die Parole „Arbeiter_innen der Welt vereinigt Euch für ein Weißes Südafrika" ausgaben, und in der vorletzten Phase der Aktion einige von ihnen unbewaffnete Schwarze angriffen und ermordeten. Trotzdem war es in erster Linie ein Kampf gegen das Kapital. In der Schlussphase begannen die Streikenden einen Aufstand, die Rand Revolte*, der fünf Tage dauerte, ehe er von Smuts, der das Kriegsrecht ausrufen ließ, niedergeschlagen wurde. Über 200 Menschen wurden während des Streiks ermordet, die meisten von ihnen im abschließenden, bewaffneten Konflikt.[8]

1924, im Sog der Rand Revolte, beschloss die Regierung den *Industrial Conciliation Act* (ICA), den Grundstein der südafrikani-

---

6   Nach meinem Wissen wurde die Forderung erstmals während einem Streik bei Tweefontein Colliery 1919 erhoben. Alexander, Challenging cheap-labour theory, S. 59.

7   Die Arbeiter_innen von Witbank's colliery legten am 2. Jänner die Arbeit nieder, acht Tage vor dem Witwatersrand-Streik, und führten wie dort ihre Aktion bis zum 17. März durch.

8   Laut einer Schätzung betrug die Anzahl der Toten 216, sie beinhaltete 76 „Regierungskräfte", 78 „Rote" und 62 „Zivilist_innen". Vier Männer wurden hingerichtet. Nach dieser Schätzung wurden mehr als 40 Schwarze umgebracht. Der beste Bericht über die Rebellion ist bis dato jener von Jeremy Krikler, der schreibt: „Ich habe den Eindruck, dass die *weißen* communities der Arbeiter_innenklasse des Witwatersrand 1922 sich nicht wesentlich von den Schwarzen communities unterschieden, die in den 1980er-Jahren an den Anti-Apartheid-Aufständen teilnahmen." Siehe Krikler, *The Rand Revolt: The 1922 Insurrection and Racial Killing in South Africa* (Jonathan Ball, Jeppestown, 2005), vor allem S. ix-x, 130, 384 n1.

schen Arbeitsgesetzgebung. Er sah Kollektivvertragsverhandlungen vor Schiedsgerichten (*industrial council*) vor, und ein Schiedsgericht oder der Arbeitsminister sollte Konflikte durch Schlichtung, Mediation oder einen Schiedsspruch klären. Streiks waren erlaubt, aber erst 30 Tage nachdem die Verhandlungen endgültig gescheitert waren. Die Arbeitgeber waren im allgemeinen damit einverstanden, dass sie die Gewerkschaftsbeiträge von den Löhnen einbehielten, und das führte, gemeinsam mit der Entmutigung bei den Streiks, zur Bürokratisierung der Gewerkschaften und zur Passivität bei den Gewerkschaftsmitgliedern. Trotzdem galt dieses Gesetz nur für „Beschäftigte", die so definiert waren, dass die meisten Schwarzen Arbeiter_innen ausgeschlossen blieben.

Die 1920er und 1930er-Jahre waren von einem Wachstum in jenem Teil der Produktion gekennzeichnet, in dem die Kluft zwischen *weißen* und Schwarzen Arbeiter_innen bedeutend kleiner war als in den Minen. In dieser Periode kam es nur zu wenigen Streikaktivitäten. Während des 2. Weltkriegs aber, in dem die industrielle Produktion stark expandierte, *weiße* Frauen und Schwarze in großer Anzahl in Beschäftigungsverhältnisse gezogen wurden, die Arbeiter_innen in einer besseren Lohnverhandlungsposition waren, und die Inflation stieg, stieg das Niveau von Arbeiter_innenunruhen wieder stark an. Einige Schwarze Arbeiter_innen traten gemischten Gewerkschaften bei, andere neuen Gewerkschaften für Schwarze. Unter letzteren befand sich die *African Mine Workers' Union* (AMWU), gegründet 1941, die von J. B. Marks, einem Kommunisten, geleitet wurde. Die Schwarze Gewerkschaftsbewegung, darunter die AMWU, erreichte ihren Höhepunkt 1944. In diesem Jahr hielt die Gewerkschaft Minenarbeiter_innen davon ab zu streiken, höchst wahrscheinlich deshalb, weil Südafrika und die Sowjetunion im Krieg auf derselben Seite standen. 1946, nach dem Krieg, trat die Gewerkschaft dann in den Streik. Er dauerte fünf Tage und endete am 16. August, genau 66 Jahre vor dem Massaker von Marikana. Wiederum lautete die Hauptforderung zehn Schillinge pro Tag. Laut der Kammer beteiligten sich an dem Ausstand 76.000 Arbeiter_innen und es waren 21 der 45 Goldminen davon betroffen. Bedenkt mensch, dass dieser Streik illegalisiert wurde, und dass mindestens 12 Arbeiter_innen ermordet wurden, war das durchaus ein Erfolg. Trotzdem wurde letztendlich der Streik nieder- und die Gewerkschaft zerschlagen.[9]

Als 1948 die erste Apartheid-Regierung gewählt wurde, waren die *weißen* Arbeiter_innen gespalten – die Gewerkschaft der Minenarbeiter_innen unterstützte das Regime, aber die meisten Gewerkschaften opponierten. Die neue Regierung setzte auf die Verstärkung der rassistischen Spaltung und darauf, die Opposition zu unterdrücken. 1950 wurden die *Population Registration* und der *Group Areas Act* beschlossen, die Menschen aufgrund vermeintlicher „Rasse" strikt voneinander separierten; im selben Jahr wurde der *Suppression of Communism Act* verabschiedet, womit anti-rassistische Gewerkschaftsführer_innen aus ihren Ämtern entfernt wurden; 1952 führte die Regierung ein umfassendes Pass-System ein, das die Anzahl von Schwarzen, die in städtischen Gebieten wohnten, beschränkte, ihre Bewegungen im Land kontrollierte und es der Polizei ermöglichte, sie nach Gutdünken zu schikanieren. 1960 massakrierte die Polizei in Sharpeville*, südlich von Johannesburg, 69 Menschen, die gegen die Passgesetze demonstrierten. Das führte zu einem von der Regierung ausgerufenen Ausnahmezustand, dem Verbot des *African National Congress** und einem Jahrzehnt, in dem die Schwarze Opposition innerhalb des Landes fast gänzlich eliminiert wurde.[10]

Nach einer Streikwelle in Durban 1973* kam es zu einem Wiedererstarken der gewerkschaftlichen Organisationen unter Schwarzen Arbeiter_innen. In den Minen führte die Verringerung von Arbeitsplätzen und eine wachsende Anzahl von Protestaktionen zu einem starken Lohnanstieg – die zehn Schilling-Barriere wurde durchbrochen; 1974 wurde der Mindestlohn um 122,2

---

9   Bezüglich der 1940er-Jahre siehe Peter Alexander, *Workers, War and the Origins of Apartheid: Labour and Politics in South Africa 1939-48* (James Currey, Oxford, 2000). 1946 und 1947 gab es zwei große Streiks von *weißen* Minenarbeiter_innen. Diese hingen mit Kämpfen gegen Korruption und Fraktionsstreitigkeiten innerhalb ihrer Gewerkschaft zusammen bei denen 1939 einer der obersten Führer der Gewerkschaft ermordet worden war. Zur Sozialgeschichte der Arbeit in den Goldminen und einem Bericht zum Streik 1946 siehe T. Dunbar Moodie, *Going for Gold: Men, Mines and Migration* (Witwatersrand University Press, Johannesburg, 1994).

10   1960 kam es ebenso zu einer bewaffneten Revolte in Pondoland.

Prozent angehoben.[11] Ab 1975 begannen die Minen, angefangen bei Anglo-American, das Patterson-Job-Evaluierungssystem einzuführen, nach dem die Gehaltseinstufungen ausschließlich aufgrund der Entscheidungsbefugnisse [im jeweiligen Job] abhingen, und so die Apartheid-Hierarchien verstärkt wurden.[12] Dieses Patterson-System wird auch heute noch angewandt; es unterbewertet jedoch das Risiko, dem die Arbeiter_innen ausgesetzt sind, die physische Anstrengung der Arbeit und nicht zuletzt das informelle Wissen von Unter-Tage-Arbeiter_innen; dergestalt trägt es zu den Klagen von Arbeiter_innen bei Marikana und anderswo bei.

1976 massakrierte die Polizei im Verlauf eines großteils friedlichen Aufstands in Soweto*, der größten Schwarzen township von Johannesburg, über 450 Menschen, die meisten von ihnen Schüler_innen und Student_innen. Die Proteste sprangen auf das ganze Land über. Nach einem anfangs brutalen Durchgreifen, schwenkte die Regierung auf einen weicheren Kurs ein und führte verschiedene Reformen durch. 1979 änderte sie den ICA, um Schwarze Südafrikaner_innen als „Beschäftigte" anzuerkennen. Ausgeschlossen davon waren anfangs viele migrantische Minenarbeiter_innen; im darauffolgenden Jahr dehnte die Regierung die Definition jedoch weiter aus, um Arbeiter_innen aus dem Ausland mit einzubeziehen. Diese Änderungen bedeuteten für Schwarze Arbeiter_innen einen wichtigen Durchbruch und eine entscheidende Änderung im Charakter des Regimes der Arbeitsbeziehungen.

Nach einem Rückgang von Streiks gegen Ende der 1970er-Jahre kam es 1980 zu einem Anstieg beim Niveau der Arbeiter_

11   1974 wurde die Kürzung verschlimmert durch den Rückzug von rund 80.000 Malawier_innen nach einem Flugzeugunfall 1974, bei dem Minenarbeiter_innen aus diesem Land ums Leben gekommen waren.

12   V.L. Allen, *The History of Black Mineworkers in South Africa, Volume 2: Dissent and Repression in the Mine Compounds 1948-1982* (The Moor Press, Keighley, 2003), S. 327-34, 353, 388-99. Allen gibt die folgenden Zahlen für Ermordete während Demonstrationen/Streiks an: 1973 – 23, 1974 – 81, 1975 – 74, 1976 – 35. Einige Arbeiter_innen wurden von der Polizei umgebracht; andere Arbeiter_innen wiederum auf Grund ethnischer Konflikte. Zu Einzelheiten zum Konflikt in dieser Periode siehe Dudley Horner und Alide Kooy, *Conflict on South African Mines, 1972-1979* (SALDRU, Cape Town, 1980).

innenunruhen in den Minen.[13] Einflussreiche Manager bei Anglo
und in der Kammer erkannten, dass die Arbeitsbeziehungen sich
zu ihren Gunsten verbessern würden, wenn mit einer Gewerkschaft verhandelt wird anstatt sich mit nicht vorhersehbarer Mili-
tanz konfrontiert zu sehen. Die Streiks und Proteste trieben auch
einige der Arbeiter_innen dazu an, die Gründung der *National Union of Mineworkers* (NUM)* voranzutreiben. Die NUM
wurde im Rahmen einer Versammlung im August 1982 gegründet. Offenbar hatten die Teilnehmer_innen keine Ahnung von der
AMWU; sie beschlossen, ihrer Gewerkschaft den selben Namen
zu geben wie der unter den Arbeiter_innen äußerst geachteten
British National Union of Mineworkers. Im Oktober 1982 unterzeichnete die NUM ein Zugangsabkommen mit der Kammer,
was es ihr erleichterte, Mitglieder zu werben; im Dezember wurde
beim Eröffnungskongress Cyril Ramaphosa zum Generalsekretär
gewählt.[14] Die Mitgliederzahl stieg rasch an, und 1985, als der
Congress of South African Trade Unions (COSATU)* gegründet
wurde, hatte die NUM bereits 230.000 Mitglieder und war damit
die größte Teilgewerkschaft der Föderation. Ramaphosa kam aus
einem *black consciousness**-Hintergrund, stand aber bereits damals
dem *African National Congress* (ANC) nahe; dies war hinsichtlich der politischen Standortbestimmung von COSATU entscheidend. Der NUM-Kongress 1987 wurde von Winnie Mandela
eröffnet, der Frau der inhaftierten Gallionsfigur, und unterstützte
die *Freedom Charter (siehe: Black Economic Empowerment*)* des
ANC; weiters rief er zur Bildung einer „demokratischen, sozialistischen Gesellschaft, die von der Arbeiter_innenklasse kontrolliert
wird", auf.

Minenarbeiter_innen beteiligten sich an zahllosen Streiks, vor
allem 1986, dem Jahr, in dem es eine starke Unterstützung für die

13 Bei einer Schlacht in der Deelkraal Mine 1980 wurden an die 20 Sothos von
    Pondo-Arbeitern ermordet. Anfang Juli 1982 gab es einen Streik wegen der
    Löhne von 40.000 Arbeiter_innen in acht Minen; das war der längste Aus-
    stand seit 1946. Allen, ibid, S. 449; V.L Allen, *The History of Black Mine-
    workers in South Africa, Band 3: The Rise and Struggles of the National Union
    of Mineworkers 1882-1994* (The Moor Press, Keighley, 2003), S. 80.

14 Allen, *Band 3*, S. 92-93, 100. Zu Cyril Ramaphosa siehe Anmerkung 39,
    Seite 183

verbotene COSATU und mehr als 100 wilde Streiks gab, und in dem mindestens 250.000 Arbeiter_innen für einen Tag die Arbeit niederlegten, nachdem 177 Minenarbeiter_innen bei einem Feuer unter Tage in der Kinross Mine ums Leben gekommen waren. Im Rahmen des Streiks der Minenarbeiter_innen von 1987* kämpften die NUM und die Kammer im längsten Streik der südafrikanischen Geschichte miteinander. Formal ging es um Lohnforderungen; beide Seiten erkannten jedoch, dass es ebenso um „Kontrolle" generell ging. Der Streik dauerte 21 Tage; laut letztem Forschungsstand beteiligten sich daran 334.000 Arbeiter_innen, mehr als die Gewerkschaft Mitglieder hatte. Schließlich begannen die Unternehmer damit, Streikende zu entlassen; die Gewerkschaft lenkte ein, vermutlich unnötigerweise. Aber es war nicht 1946. Die Gewerkschaft wurde nicht besiegt, die Mitgliedschaft und die Organisation konnten sich bald darauf konsolidieren.

Ramaphosa war einer der wichtigsten Führer des *Mass Democratic Movement*, welches die COSATU und die Unterstützer_innen der *United Democratic Front* in der Zeit zwischen 1988 und 1990 vereinte. 1991 wurde er Generalsekretär des ANC, diesen Posten bekleidete er bis 1997, als er sich aus der Politik zurückzog (nachdem er bei der Wahl zum stellvertretenden Präsidenten der Organisation gescheitert war). Er wurde als Generalsekretär der NUM von Kgalema Motlanthe abgelöst, der danach Ramaphosa auch als Generalsekretär des ANC ablöste. Motlanthe behielt letzteren Posten bis 2007, als er stellvertretender Präsident des ANC wurde. Von 2008 bis 2009 war er Präsident von Südafrika (während eines Interregnums zwischen den Präsidenten Mbeki und Zuma); danach wurde er Vizepräsident des Landes. Der nächste NUM-Generalsekretär war Gwede Mantashe, der, dem etablierten Schema folgend, Motlanthes Nachfolger als ANC-Generalsekretär wurde, was er immer noch ist. Der vierte und aktuelle Generalsekretär der NUM ist Frans Baleni.

Minenarbeiter_innen spielten im Kampf, der zur Überwindung der Apartheid führte, eine wichtige Rolle. Bei den ersten demokratischen Wahlen 1994* – und auch bei folgenden – forderte die NUM ihre Mitglieder auf, für den ANC zu stimmen, der fortan die Regierung stellte.

Die Post-Apartheid-Ordnung basiert auf einem impliziten sozialen Vertrag: *weißes* Kapital kann weiterhin reichlich Profit aus Schwarzer Arbeit ziehen, wenn aufstrebenden Schwarzen Kapitalist_innen die teilweise Miteigentümer_innenschaft sowie ein Anteil an diesen Profiten ermöglicht werden. Die Regierung kümmerte sich um die Interessen des *weißen* Kapitals, indem sie beispielsweise großen Unternehmen erlaubte, ihre Gewinne und ihre Aktiennotierungen ins Ausland zu transferieren. Der *Mining and Petroleum Resources Development Act* (2002), verstärkt durch die *Mining Charter* (2004) verpflichtete Unternehmen, black economic empowerment (BEE)* auszudehnen, das heißt Schwarze Miteigentümer_innenschaft auszuweiten. An dieser Front gab es einige Fortschritte, und einige Individuen, nicht zuletzt Ramaphosa, haben erheblich davon profitiert; jedoch: 2009 befanden sich nur 8,9 Prozent der Minenindustrie des Landes in Schwarzem Eigentum.[15] Beabsichtigt war auch, dass das Gesetz zu einer Verbesserung der Lebensumstände von communities in der Umgebung der Minen führen sollte, wie die, die in Baracken um Marikana leben (müssen). Es gibt jedoch weitgehende Übereinstimmung in der Ansicht, dass die Verbesserungen in dieser Gegend bestenfalls vernachlässigbar waren. Nach einem Gesetzesbeschluss im Jahr 1996, der Frauen die Arbeit unter Tage erlaubt (AdH: der jedoch erst 2004 in die Praxis umgesetzt wurde), setzte die Minenkammer das Ziel, dass bis 2009 mindestens 10 Prozent der Beschäftigten in den Minen Frauen sein sollen; dieses Ziel wurde auch 2013 noch nicht erreicht.

Seit 1994 gab es zahlreiche weitere Veränderungen, die wichtig für das Verständnis der Vorfälle in Marikana sind. Die *Bill of Rights* in der Verfassung (1996) garantiert die Versammlungsfreiheit und das Streikrecht. Erstere müssen friedlich und unbewaffnet durchgeführt werden. In Marikana trugen einige Arbeiter „traditionelle Waffen"*; diese werden, wie im Buch ausgeführt wird, jedoch nicht notwendigerweise als „Waffen" angesehen, das hängt vielmehr mit der Einschätzung zusammen, ob damit gedroht wird oder nicht. Hinsichtlich des Streikrechts unterscheidet der Labour

---

15   South African Government, 'Mineral Resources', unter: www.info.gov.za am 3. September 2013.

Relations Act (1995) zwischen „geschützten" und „ungeschützten" Streiks. Keiner der beiden ist illegal. Wenn Arbeiter_innen bestimmte Schritte setzen, ist ihr Streik „geschützt", das heißt, dass ihr Arbeitgeber sie nicht entlassen darf.[16] Der Streik in Marikana war ein ungeschützter.

1970 wurden in Südafrika über zwei Drittel des weltweiten Goldes produziert. Seither ist der südafrikanische Anteil, während die Weltproduktion sich fast verdreifacht hat, ständig gesunken und betrug 2011 nur noch 7 Prozent (womit das Land auf Platz fünf in der Weltrangliste liegt). Trotzdem verschwindet diese Industrie nicht. Südafrika hat mehr Reserven an Gold als jedes andere Land – fast 13 Prozent der weltweiten Ressourcen; es ist weiterhin möglich, erhebliche Profite damit zu erzielen, selbst wenn die Förderung fast vier Kilometer unter der Erdoberfläche durchgeführt werden muss.[17] Der sinkende Ausstoß an Gold wurde durch die Ausdehnung der Produktion bei den Metallen der Platingruppe (PGM) ausgeglichen, die gewichtsmäßig 2011 rund sechsmal so hoch war wie 1970. In Rand umgerechnet haben die PGM die Einkünfte aus dem Gold seit dem Jahr 2000 überholt. 2009 wurde geschätzt, dass Südafrika fast 88 Prozent der Welt-PGM-Reserven besitzt, und 2011 war das Land verantwort-

16 Der Name ICA wurde 1981 in *Labour Relations Act* geändert. Das Gesetz von 1995 setzte andere Arbeitsgesetzgebung außer Kraft, aber es behielt einige Charakteristika des alten ICA bei. Wenn Arbeiter_innen bei der *Commission for Conciliation, Mediation and Arbitration* (CCMA) einen Disput vorbringen, den die CCMA nicht innerhalb von 30 Tagen klären kann, und wenn die Arbeiter_innen ihren Arbeitgeber 48 Stunden zuvor darüber informieren, dass sie planen zu streiken, dann ist ihre Aktion „geschützt".

17 World Gold Council, 'Gold Facts', unter: www.goldfacts.org/eneconomic_impact/countries/south_africa am 13. August 2013; Chamber of Mines, *Facts and Figures* (Chamber of Mines, Johannesburg, 2012), S. 8. Siehe auch Goldsheet, 'Gold Production History', unter: www.goldsheet-links.com/production.htm am 3. September 2013. Das World Gold Council sagt, dass 1970 die Produktion 79% der weltweiten Produktion ausmachte; Goldsheet setzt diesen Wert bei 67,7% an. Es wird geschätzt, dass Südafrika seit Beginn der Aufzeichnungen über Goldförderung zirka ein Drittel der weltweiten Förderung durchgeführt hat. Die Tau Tona Mine, die tiefste der Welt, arbeitet nun 3,9 Kilometer unter Tage (in dieser Tiefe beträgt die Temperatur des Gesteins ungefähr 60 Grad Celsius).

lich für 75 Prozent der weltweiten Platinproduktion.[18] Das Platin kommt überwiegend aus der Gegend um Rustenburg. Nur drei Unternehmen sind für fast den gesamten südafrikanischen Platin-Ausstoß verantwortlich: Anglo-American Platinum (Amplat), Impala Platinum (Implats) und Lonmin. Amplat produziert rund 40 Prozent des weltweiten Platins; Implats ist für rund 25 Prozent verantwortlich.[19] Südafrika produziert eine breite Palette an Mineralien, aber es sind vor allem Kohle und Eisen, die hohe Gewinne versprechen. Das zeigt die folgende Tabelle:

Überblick über die südafrikanische Minenproduktion (2011)[20]

Produkt	Umsatz in Millionen Rand	Beschäftigte insgesamt
PGM	83.853	194.979
Gold	68.891	145.561
Kohle	87.834	78.580
Eisenerz	62.652	22.343
Andere	67.410	71.748
Gesamt	370.640	513.211

Seit Mitte der 1970er-Jahre gab es eine qualitative Verschiebung im Charakter der Arbeitskraft in den Minen. Obwohl TEBA, das 1977 aus der Fusion von Wenela und NRC entstand, immer noch rund 230.000 Arbeiter_innen jährlich rekrutiert, ist der Rückgang angesichts der 530.000 Mitte der 1980er Jahre eklatant. Der Anteil ausländischer Arbeiter_innen in den Minen ist von rund 60 Prozent vor 15 Jahren auf heute rund 40 Prozent zurückge-

18 Jade Davenport, manuscript of book on the history of mining, Chapter 17; Gavin Capps, 'Victim of its own success? The platinum mining industry and the apartheid mineral property system in South Africa's political transition', *Review of Political Economy* 39(131), 2012, S. 79; Chamber of Mines, ibid, S. 8, 32.

19 AngloAmerican, 'Platinum', unter: www.angloamerican.co.za am 8. September 2013; Terence Bell. 'Company Profile: Impala Platinum Holdings Ltd.', unter: metals.about.com am 8. September 2013.

20 Chamber of Mines, ebda, S. 3, 12. Beim Durchschnittseinkommen pro beschäftigter Person lautet das Ranking: 1 - Eisenerz, 2 – Kohle, 3 – Platin und 4 – Gold.

gangen.[21] Viele TEBA-Rekrutierte kommen nun aus der direkten Umgebung der Minen, aber die größte Anzahl der Arbeiter_innen kommt weiterhin aus Eastern Cape (jener Provinz aus der 26 der 34 am 16. August Ermordeten stammen).[22] TEBA gehörte früher der Kammer, heute gehört es James Motlatsi, dem ersten Präsident der NUM. Heute fahren die Arbeiter_innen selbst zu den Minen; viele der entmenschlichenden Praktiken, die einmal die Vorgangsweisen von TEBA gekennzeichnet haben, sind verschwunden; auch sind die Arbeiter_innen im Allgemeinen besser (aus)gebildet. In den 1990er Jahren (in der Nachfolge des Streiks von 1987) gab es eine Bewegung weg von der Unterbringung der Minenarbeiter in *single-sex hostels**, in denen sie typischerweise in dreistöckigen, betongefertigten Stockbetten schliefen, zuweilen bis zu 24 in einem Raum. Es wurden verstärkt Quartiere für Ehepaare gebaut; Anfang der 1990er-Jahre kamen die NUM und die Kammer überein, einen Zuschlag für außerhalb der hostels Wohnende zu zahlen, was wiederum dazu führte, dass die Menschen zunehmend in Barackensiedlungen leben.[23] Unter Minenarbeitern ist es üblich, eine Ehefrau in ihren ländlichen Herkunftsgebieten zu haben, und eine weitere an ihrem Arbeitsort; dies verstärkt den Druck nach höheren Löhnen. Während migrantische Arbeiter_innen immer noch einen wichtigen Faktor in den südafrikanischen Minen darstellen, macht es kei-

---

21 Diese Zahlen und einige andere Daten in diesem Absatz sind aus Kally Forrest, 'Migrant labour: discarded but not discontinued', Vorlesung am Ruth First memorial colloquium. University of the Witwatersrand, 29. August 2013. Ich beziehe mich weiters auf ein Interview mit einem TEBA-Beschäftigten und Ruth First, *Black Gold: The Mozambican Miner, Proletarian and Peasant* (Harvester Press, Brighton, 1983). Demnach kamen 1973 79,5% der Beschäftigten in den Minen aus dem Ausland.

22 Eine charakteristische Erscheinung bei der Belegschaft von Lonmin ist, dass 83% der Arbeiter_innen nicht aus der näheren Umgebung der Minen kommen. Siehe Crispin Chinguno (2013), *Marikana and the post-apartheid workplace order* (Sociology, Work and Development Institute, University of the Witwatersrand, Johannesburg 2013), der aus dem Jahresbericht von Lonmin für 2010 zitiert.

23 Zur Bedeutung der *living out allowance* siehe Keith Breckenridge, 'Revenge of the Commons: the Crisis in the South African Mining Industry', *History Workshop Online*, 5. November 2012. Nach Chinguno (ebda, S. 10), lebten nur 10% der Beschäftigten in Unterkünften des Unternehmens.

nen Sinn mehr, weiter von einem *System* migrantischer Arbeit zu sprechen, so wie dieses die „Billigarbeit" während des größten Teils des 20. Jahrhunderts geprägt hat.[24] Stattdessen diszipliniert nun die wachsende Anzahl von Arbeiter_innen, die zu niedrigeren Löhnen von sogenannten „Vermittlern" beschäftigt werden, die Arbeit in den Minen, zwingt Minenarbeiter_innen, unsichere Arbeitsbedingungen zu tolerieren und behindert somit auch mögliche Lohnforderungen. In Rustenburg ist rund ein Drittel der Arbeiter_innen bei Arbeitsvermittlern angestellt; bei Lonmin liegt die Zahl vermutlich bei über 40 Prozent.[25]

Abschließend: es ist wichtig, den größeren Zusammenhang zu begreifen, in dem das Massaker von Marikana geschah. Seit 2005 sind in Südafrika, pro Kopf gerechnet, sehr wahrscheinlich mehr Tage wegen Streiks und community-Protesten verloren gegangen als in jedem anderen Land.[26] Diese Bewegung ist ein Produkt des Erbes der Apartheid, kombiniert mit der neoliberalen Politik, die zu verstärkter Ungleichheit geführt hat. Marikana ist ein Wendepunkt in der südafrikanischen Geschichte, der die Art und Weise aufgezeigt hat, in der die Minen weiterhin die Gegenwart des Landes prägen.

24   Obwohl die Minenarbeiter_innen im Vergleich zu Fachleuten in den Minen und anderswo immer noch schlecht entlohnt werden, ist ihr Mindestlohn nun höher als in den meisten anderen Branchen. Labour Research Service (LRS), *Bargaining Monitor* 27(179), März 2013, S. 7.

25   Forrest, Migrant Labour; LRS, ebda, S. 4. Beschäftigte der Arbeitsvermittler wurden nicht von der NUM rekrutiert; vielleicht ein Fehler.

26   Peter Alexander, 'Barricades, Ballots and Experimentation: Making Sense of the 2011 Local Government Elections with a Social Movement Lens', in Marcelle C. Dawson and Luke Sinwell (Hrsg), *Contesting Transformation: Popular Resistance on Twenty-first-century South Africa* (Pluto Press, London, 2012), S. 63. Ein großer Anteil der community-Proteste kam aus informellen Siedlungen*, in denen es kaum eine Versorgung mit grundlegenden Dienstleistungen gibt. Es ist vermutlich bezeichnend, dass die Provinz mit der höchsten Anzahl an Protesten pro Kopf Nordwest ist (wo auch Rustenburg liegt), wo es in den letzten 10 Jahren den höchsten Zuwachs an Einwohner_innen, die in informellen Siedlungen leben, gab. Siehe TNA reporter, 'More people living in informal settlements, survey shows', *New Age,* 23. August 2013.

Glossar

1994

Am 26. April 1994 kam es zu den ersten freien und demokratischen Wahlen in Südafrika. Zum ersten Mal in der Geschichte Südafrikas konnte die Schwarze Mehrheit zur Wahl gehen. Das Wahlergebnis besiegelte eine Wende: Der ANC*, bis vor kurzem noch von der National Party gebannt und für illegal erklärt, ging mit rund 63 Prozent aller Stimmen als eindeutiger Sieger hervor. Die National Party, Erfinderin der Apartheid und seit 1948 durchgehend an der Macht, kam nur auf rund 20 Prozent. Nelson Mandela, 27 Jahre lang als Terrorist vom Apartheidregime in Haft gesperrt (Robben Island*), legte am 10. Mai den umjubelten Amtseid zum Staatspräsident ab. Vorausgegangen war dem ein Prozess von Übergangsverhandlungen innerhalb der Convention for a Democratic South Africa (CODESA). Sie bildete den Rahmen für die Verhandlungen zwischen der Apartheid-Regierung und den Organisationen der Befreiungsbewegung. In einem zähen, mehrfach durch bürgerkriegsähnliche Szenarien unterbrochenen Prozess wurde von 1991 bis 1993 die zukünftige politische und gesellschaftliche Ordnung des Landes ausgehandelt. Eine interimistische Verfassung wurde ausgearbeitet und ein Datum für Wahlen bestimmt. Die Wahlen selbst, von Bewegungen beider Spektren lange Zeit boykottiert und bekämpft, verliefen friedlich. Die Luftbilder langer Menschenschlangen vor den Wahllokalen wurden zum Icon des neuen, demokratischen Südafrikas, der „Regenbogennation". In diesem Begriff kulminierte die Hoffnung auf die Überwindung des Erbes der Apartheid. Doch so profund die politische und verfassungsrechtliche Transformation auch war, die soziale und ökonomische war es nicht. Viele der einstigen Hoffnungen, die mit dem Jahr 1994 assoziiert wurden, sind bis heute, fast 20 Jahre danach, für eine Mehrheit der Bevölkerung nicht Realität geworden. Die Ereignisse rund um das Massaker von Marikana sowie seine Folgewirkungen sind dafür sichtbares Zeichen.

African National Congress (ANC)

Der ANC wurde am 8. Januar 1912 unter dem später verkürzten Namen South African Native National Congress (SANNC) in Bloemfontein, Südafrika, gegründet. Die Gründung der Partei war nicht zuletzt eine Reaktion auf den zunehmenden Entzug von Rechten für Schwarze Menschen. Sichtbarster Ausdruck dessen war der Native Land Act von 1913, der mehr als 90 Prozent des Landes in *weißen* Besitz überschrieb, und der die restlichen Territorien des Landes in Bereiche aufteilte, die jeweils den als „tribes" konstruierten Schwarzen Bevölkerungsgruppen zugewiesen wurde. Diese Zuweisung bestimmter Territorien an erfundene, essentialisierte „afrikanische Ethnien" war – ganz nach dem „Teile-und-Herrsche-Prinzip" – eine (leider oft gelingende) Strategie, Widerstandsbewegungen gegen die Kolonialmacht zu spalten. Die Emphase des „Nationalen" innerhalb des African National Congress galt dem gemeinsamen Kampf gegen diese koloniale Tribalisierung. Doch war der ANC in seinen Anfangsjahrzehnten alles andere als eine breite Massenbewegung, sondern vielmehr eine Partei von und für eine kleine, elitäre Schicht christlich-westlich geprägter, Schwarzer Südafrikaner_innen. Der ANC kämpfte eher für eine Inklusion seiner Klientel in das koloniale System, als dass er ihr fundamentaler Kritiker gewesen wäre.

Im Laufe der 1940er-Jahre wurde der interne Widerstand gegen diese Ausrichtung immer stärker. Eine junge Generation, die sich in der 1944 gegründeten ANC-Jugendliga und in der 1948 gegründeten Frauenliga organisierte, zwang den ANC zu einer Verlagerung und Ausdehnung seiner Agenda. Fort Hare, die einzige Universität für Schwarze Studierende in dieser Zeit, war das Ausbildungszentrum für diese Generation, die in den kommenden Jahrzehnten der Widerstandsbewegung gegen die Apartheid ihre Stimme verlieh. Der ANC konnte sukzessive seine Reichweite ausdehnen und wurde zu einer Organisation, die Kritik an der Apartheid unterschiedlichster politischer Lager und Motivation zunehmend in sich aufnehmen konnte. Im erweiterten Verbund mit der Kommunistischen Partei Südafrikas, dem Indian Congress und vielen weiteren Bewegungen führte er zahlreiche Massendemonstrationen durch. Die sogenannte „Defiance Campaign" (Missachtungskampagne) von 1952/53, bei der bewusst und öffentlich gegen Apartheid-Gesetze verstoßen wurde, zählte zu ihren ersten, vielbeachteten Erfolgen. Zu diesen ist sicherlich auch die Organisation der „Freedom Charta" von 1955, dem berühmtesten Gegenentwurf zur Gesellschaftsordnung der Apartheid, zu rechnen. 1956 wurden ranghohe ANC-Politiker_innen und weitere Apartheidgegner_innen, die an der Unterzeichnung dieser Charta beteiligt gewesen waren, festgenommen. Das anschließende „Treason Trial" dauerte bis 1961 und endete mit dem Freispruch aller 156 Angeklagten; auch dies wurde als Erfolg gefeiert.

In der Folge von Sharpeville 1960* wurde der ANC verboten und damit seine Mitglieder in die Illegalität und/oder ins Exil gedrängt. Die Gründung des militanten Flügels des ANC, Umkhonto weSizwe (Speer der Nation) war die unmittelbare Reaktion darauf. Der ANC verübte in den folgenden Jahrzehnten zahlreiche Anschläge und Sabotageakte, meist auf strategische Ziele (wie etwa Stromversorgungsnetze). Als erfolgreicheres Mittel im Kampf gegen die Apartheid stellten sich seine Bemühungen um den Ausbau eines internationalen Solidaritäts-Netzwerks heraus. 1964 wurde fast die gesamte Führungsriege des ANC zu lebenslanger Haft verurteilt. Dem ANC wurde dadurch die Organisationsbasis für Operationen innerhalb Südafrikas weitgehend entzogen. Seine Mitglieder verlagerten fortan den Widerstandskampf hauptsächlich auf internationales Terrain. Das internationale Netzwerk unterstützte den ANC auf organisatorischer, finanzieller und diplomatischer Ebene. Der Kampf gegen die Apartheid globalisierte sich und erhielt massenmediale Aufmerksamkeit durch die Bilder, die vom „Aufstand der Schüler_innen" in Soweto 1976* weltweit zu sehen waren. Der ANC schaffte es wiederum, diese „Soweto-Generation" in sich zu integrieren.

Dieses Integrationsvermögen, das zuweilen in Vereinnahmungen umschlug, setzte sich auch in den 1980er-Jahren fort. Dem ANC gelang es, die Gewerkschaften und Vertreter_innen der „United Democratic Front", die den Widerstand gegen das Apartheidregime in diesem Jahrzehnt trugen, unter seine Dominanz in die Drei-Parteien-Allianz zu leiten (siehe: COSATU*). So war es auch der ANC unter der Führung der international zur Lichtgestalt emporgehobenen Person von Nelson Mandela, der die Übergangsgespräche mit der Apartheid-Regierung Anfang der 1990er-Jahre für die Widerstandbewegungen anführte. Der ANC ging siegreich aus den ersten demokratischen Wahlen von 1994* hervor. Die anschließend übernommene Führungsrolle konnte er bis heute für sich behaupten. Er sieht sich – so seine Kritiker_innen – vielfach in der Position, den Alleinvertretungsanspruch für alle (in der Kolonialzeit und unter der Apartheid) diskriminierten Gruppen, wenn nicht gar für die ganze Nation inne zu haben. Für viele folgt der ANC einer Dekolonisierungs-Mechanik der nationalen Bourgeoisie, die von Frantz Fanon schon 1961 analysiert wurde: Demnach fungiert diese in der Rolle eines „Geschäftsführers in Unternehmen des Westens" als „Transmissionsriemen", also als Weichensteller für den Kapitalismus und dessen exklusive Profiteure, anstatt sich um eine profunde Dekolonisierung und radikale Überwindung der Apartheid zu bemühen. (Frantz Fanon, *Die Verdammten dieser Erde* (Suhrkamp 1981), S. 130f.)

Afrikaans: siehe Sprachen in Südafrika

Association of Mineworkers and Construction Union (AMCU)

Die Association of Mineworkers and Construction Union (AMCU) hat sich 1998 als unabhängige Gewerkschaft von der National Union of Mineworkers (NUM)* abgespalten und ist seit 2001 als solche offiziell anerkannt. Im Gegensatz zur NUM ist die AMCU kein Mitglied der COSATU*, dem größten Dachverband südafrikanischer Gewerkschaften, der mit dem ANC* und der kommunistischen Partei die sogenannte Dreiparteien-Allianz bildet. Diese Distanz zur Regierung wie auch der Vertrauensverlust gegenüber der NUM führten in den letzten Jahren zu einem rapiden Anwachsen der Mitgliederzahlen. Die Ereignisse rund um das Massaker von Marikana verstärkten diese Tendenz. Ein Jahr nach dem Massaker hat die AMCU etwa 120.000 Mitglieder und stellt die Mehrheit in allen großen Platin-Minen Südafrikas. Gründer und Vorsitzender der AMCU ist Joseph Mathunjwa.

B(h)isho 1992

Am 7. September 1992 versammelten sich etwa 80.000 Menschen in Bisho (kürzlich in Bhisho unbenannt), der Hauptstadt des Homelands Ciskei im heutigen Eastern Cape. Die Versammlung, mehrheitlich aus ANC*-Mitgliedern bestehend, demonstrierte für die sofortige Wiedereingliederung des formell unabhängigen Homelands in südafrikanisches Staatsterritorium. Die Demonstration stand in Zusammenhang mit den 1991 eingesetzten Übergangsgesprächen zwischen der Apartheidregierung und den Organisationen der Widerstandsbewegung. Die bisherigen Gesprächsergebnisse ließen auf eine erste, gesamtstaatliche und demokratische Wahl in naher Zukunft hoffen. Der ANC wollte daher, dass die Ciskei rasch ihren Homeland-Status verliert, um daran anschließend ihre dortigen Unterstützer_innen für die bevorstehenden Wahlen mobilisieren zu können. Genau dies hatte der Präsident der Ciskei, Oupa Gqozo, mit allen Mitteln zu verhindern versucht. Er und das unter seiner Leitung stehende Militär des Homelands, die Ciskei Defence Force, wollten auf ihre von der Apartheid zugestandenen Privilegien nicht verzichten und den Machtanspruch über die „unabhängige" Ciskei nicht abgeben.

Soldaten der Ciskei Defence Force beendeten die Demonstration mit Gewalt. Sie erschossen 28 Menschen, mehr als 200 Demonstrant_innen wurden verletzt. Die „Goldstone Kommission", beauftragt, die Ereignisse zu untersuchen, verurteilte Gqozo, politische Aktivitäten für eine bevorstehende Wahl verunmöglicht zu haben, und machte seine Truppen für das Massaker verantwortlich.

Dies war nicht das erste Massaker in diesem Jahr. Schon am 17. Juni kam es in Boipatong, einer riesigen informellen Siedlung im Süden von Johannesburg, zu Auseinandersetzungen, bei denen rund 40 Personen getötet wurden (ein genaue Zahl konnte nie ermittelt werden). Frederik de Klerk, Präsident der Apartheid-Regierung, stattete Boipatong einen Besuch ab, um Wahlwerbung zu machen. Doch seine Präsenz, begleitet von einem großen, bewaffneten Polizeiaufgebot, wurde als Provokation empfunden. Es kam zu gewalttätigen Ausschreitungen. Mitglieder der Inkatha Freedom Party griffen zu den Waffen. Diese Partei, von de Klerk heimlich unterstützt und mit der Polizei im Bunde, verfolgte für das Homeland KwaZulu dieselbe Politik wie Gqozo und die Militärs für die Ciskei. Mandela machte de Klerk persönlich für das Massaker verantwortlich, die Übergangsgespräche wurden zwischenzeitlich suspendiert. Das Massaker in Bisho zwang jedoch förmlich beide Parteien zurück an den Verhandlungstisch. Letztlich konnten die beiden „unabhängigen" Homelands zur Eingliederung gezwungen werden.

Black-Consciousness-Bewegung: siehe Soweto 1976

Black Economic Empowerment

Der Reichtum der Nation soll geteilt werden und allen, die in diesem Land leben, zu Gute kommen – so heißt es sinngemäß in der „Freedom Charta" von 1955, dem bekanntesten Gegenentwurf zur rassistisch-kolonialen Gesellschaftsordnung der Apartheid. Die Freedom Charta war prominenter Bezugspunkt bei der Ausarbeitung der Verfassung Mitte der 1990er-Jahre. In ihr bekennt sich Südafrika zu dem Grundsatz, dass alle Südafrikaner_innen, unabhängig von Hautfarbe, Geschlecht und vielen weiteren Kriterien bisheriger Diskriminierungen, denselben Regeln und Gesetzen unterworfen sind. Um ein Minimum an sozialer Gerechtigkeit zu erreichen, besteht nun aber das Paradox darin, dass die Post-Apartheid-Politik den über Jahrhunderte benachteiligten Gruppen, die mit fast 90 Prozent die große Mehrheit des Landes stellen, notwendigerweise einen Vorrang einräumen muss.

Black Economic Empowerment (BEE) heißt seit 2003 die übergeordnete und in zahlreichen Gesetzen manifestierte Strategie, die für mehr Verteilungsgerechtigkeit und Chancengleichheit sorgen soll. Die mehrfach adaptierten Gesetze formulieren unterschiedliche Kriterien (Besitz und Verwaltung des Eigentums, Anstellungsverhältnisse, Ausbildungsprogramme etc.) mit dem grundlegenden Ziel, dass die (vormals) systematisch diskriminierten Gruppen gemäß ihres demographischen Anteils in allen Positionen der Betriebe repräsentiert sein sollen. Diese Kriterien sind für alle staatlichen Unternehmen wie auch für Unternehmen mit einem Umsatz von mehr als 5 Millionen Rand*/Jahr bindend. Alle Unternehmen, die an öffentlichen Ausschreibungen teilnehmen, müssen ebenfalls BEE-Kriterien nachweisen. Doch habe BEE, so heißt es in immer lauter werdender Kritik, versagt: BEE habe lediglich dafür gesorgt, dass eine kleine Schicht von Funktionär_innen ihren Weg nach oben fand; das erhoffte Ziel, die Etablierung eines breiten, fundiert (aus)gebildeten Schwarzen Mittelstandes wurde nicht erreicht, ganz im Gegenteil: Zwei Jahrzehnte nach dem Ende der Apartheid sind doppelt so viele Schwarze Südafrikaner_innen gezwungen, ihr Leben in Slums zu verbringen, als zu Zeiten der Apartheid. Die offizielle Arbeitslosenrate stieg von 20 Prozent im „Wendejahr" 1994* zu heute mehr als 25 Prozent (und mehr als 40 Prozent unter der Schwarzen Bevölkerung); das Volkseinkommen ist stärker zugunsten der Konzerne, die zu den gewinnträchtigsten der Welt zählen, verteilt als am Ende der Apartheid. Die Freedom Charta bleibt Vision.

Bohrhauer (rock drill operator)

„Hauer_in" ist die Bezeichnung für alle unter-Tag-Arbeitenden; Aufgabe der Bohrhauer_innen ist es, tiefe Löcher für Sprengladungen in den Fels zu bohren. In Südafrika ist dies die einzige Profession innerhalb des Bergbaus, die weiterhin nur von Männern ausgeübt wird; so auch in Marikana, weswegen bei ihrer Nennung nur die männliche Form verwendet wird. In Südafrika ist es erst seit 2004 gesetzlich erlaubt, dass Frauen auch unter-Tag arbeiten; mittlerweile sind knapp 10 Prozent aller im Bergbau Beschäftigten Frauen.

Boipatong: siehe B(h)isho 1992

Congress of South African Trade Unions (COSATU)

Der gewerkschaftliche Dachverband Congress of South African Trade Unions (COSATU) wurde 1985 gegründet. Gleich darauf ging die COSATU mit dem ANC* und der kommunistischen Partei Südafrikas die sogenannte Drei-Parteien-Allianz ein, die bis heute anhält. In diesem anfangs wenig formalisierten Bündnis spielte die COSATU vor allem bis 1990 als einzige Organisation, die nicht verboten war, eine wichtige Rolle innerhalb der Befreiungsbewegung. Heute wird die Drei-Parteien-Allianz vom ANC dominiert und kommt vor allem diesem zu Gute, da alle unter seinem Namen zur Wahl antreten. In den letzten Jahren geriet vor allem die enge personelle Verzahnung innerhalb dieser Allianz unter Kritik.

Repräsentierte die COSATU in ihrem Gründungsjahr noch 33 Gewerkschaften und rund eine halbe Million Mitglieder, verschob sich die Verhältnis auf heute rund 2 Millionen Mitglieder aus 21 Gewerkschaften, darunter auch die National Union of Mineworkers (NUM)*.

Durban 1973

Am 9. Jänner 1973 verweigerten rund 2.000 Arbeiter_innen einer Ziegelfabrik in Durban die Arbeit, versammelten sich im nahe gelegenen Fußballstadion und verlangten von ihrem Arbeitgeber das doppelte Gehalt. Eine Woche später akzeptierten sie das Angebot einer Erhöhung ihres Lohnes um 20 Prozent und gingen wieder an die Arbeit. Das war der Beginn einer gut zwei Monate anhaltenden, branchenübergreifenden Streikwelle, die in Durban ein Viertel aller arbeitenden Menschen mobilisierte und auch Arbeiter_innen in der Region um Johannesburg zu groß angelegten Streiks bewegte. Die von Durban ausgehende Schwarze Streikbewegung war die größte seit Mitte der 1940er-Jahre. Im Unterschied zu dieser war sie erfolgreich; in 118 Betrieben und Firmen konnten die Streikenden Lohnerhöhungen durchsetzen. Die erfolgreiche Streikwelle wie auch die wirtschaftliche Lage der Betriebe, die nach mehr gut ausgebildeten Arbeiter_innen verlangte, trug generell zur Stärkung der Position von Schwarzen Arbeiter_innen innerhalb von Betrieben bei.

Fanakalo: siehe Sprachen in Südafrika

Farlam-Kommission

Die „Marikana Untersuchungskommission" (Marikana Commission of Inquiry), die meist nach ihrem Vorsitzenden, dem pensionierten Verfassungsrichter Ian Farlam, benannt wird, wurde am 23. August 2012 von Staatspräsident Jacob Zuma eingesetzt. Die Kommission nahm am 1. Oktober ihre Ermittlungen zu den, wie es offiziell heißt, „tragischen Vorfällen, die sich in etwa zwischen 11. und 16. August bei der Lonmin-Mine in Marikana ereignet hatten" und die von „nationalem wie internationalem öffentlichen Interesse" seien, auf. Neben dem Vorsitzenden Farlam, dessen beiden Beisitzenden und einem

Sekretär besteht die Kommission aus weiteren drei Anwält_innen des Obersten Gerichtshofes, die gemeinsam mit je zu nominierenden Expert_innen für die Beweisaufnahme und -führung zuständig sind. Verletzte und verhaftete Minenarbeiter_innen ebenso wie die Familien der Getöteten werden von Anwält_innen vertreten. Diesen, ohnehin schon wenigen Anwälten wurde jedoch die staatliche Finanzierung nach den ersten drei Monaten entzogen. Sie sehen sich einer gut finanzierten Legion von juristischen Vertretungen der Polizei und des Minenmanagements gegenüber.

Die Hearings, zu denen Vertreter_innen aller involvierten Gruppen geladen werden, haben öffentlich statt zu finden und wurden anfangs in Rustenburg und nun in Centurion, beide unweit von Marikana, abgehalten.

Die Kommission, die mit Budgetrestriktionen und immer wieder mit Terminverzögerungen bei den Hearings zu kämpfen hat, sollte ihre Ergebnisse bis Jänner 2013 vorgelegt haben. Doch selbst ein Jahr nach dem Massaker wartet die, im Auftrag an die Kommission angesprochene, „nationale wie internationale Öffentlichkeit" noch immer auf einen Befund der Kommission. Die Hearings werden wohl bis Ende 2013 andauern. Es ist somit nicht gesichert, dass ein Urteil und die Gesamteinschätzung der Kommission vor den nächsten Parlamentswahlen in Südafrika im Mai 2014 veröffentlicht werden. Die bisherigen Untersuchungsergebnisse und Transkripte der Hearings sind auf der Website der Kommission, www.marikanacomm.org.za, zu finden. Kritisch kommentiert wird die Untersuchungskommission von der Marikana Support Campaign: www.marikana.info

Hippo

Schützenpanzerwagen, gepanzerte (Polizei-)Fahrzeuge mit Waffengeschützen, auch Nyala genannt.

Hostels

Grundsätzlich ist zwischen „single-(sex)-hostels" und hostels für Verheiratete zu unterscheiden; beide Formen gibt es seit den frühen 1920er-Jahren in Südafrika, wobei es erst nach dem Streik von 1987 zu einer Verlagerung hin zu jenen Massenquartieren für Verheiratete kam. Davor führten die Aufenthalts- und Arbeitsgesetze des Apartheidregimes (siehe: Sharpeville 1960*) dazu, dass es vor allem Schwarzen Frauen verunmöglicht wurde, an dem Ort zu leben, wo (ihre) Männer arbeiteten und viele von ihnen selbst arbeiten wollten; dies machte „single-sex-hostels" für Schwarze Männer zur Regel. Hunderte solcher hostels aller Industriesektoren in ganz Südafrika waren sichtbares Zeichen des kolonialen und später vom Apartheidregime noch restriktiver gestalteten „migrant labour systems". Dieses war im Kern darauf ausgerichtet, dass sich Schwarze Menschen in urbanen Zentren nur solange aufhalten, so lange ihre (billige) Arbeitskraft von Nutzen schien. War dies nicht der Fall, mussten sie in die dafür vorgesehenen unterfinanzierten Reservate – genannt „Homelands" oder

„Bantustans" – zurück. Gingen sie nicht freiwillig oder konnten nicht untertauchen, wurden sie abgeschoben.

Die hostels waren Areale von Betonblöcken, in denen Männer und Frauen unter widrigsten sanitären Bedingungen und ständiger Kontrolle der Arbeitgeber und/oder des Staates, die Eigentümer der hostels waren, lebten. Ohne fließend Wasser, ohne Strom hausten sie auf engstem Raum auf zwei- bis dreilagigen Stockbetten aus Beton. Diese Lebensbedingungen, wie auch die ständige Bedrohung, illegalisiert und abgeschoben zu werden, führten dazu, dass viele nur für kurze Zeit in den hostels wohnten. Sobald sich eine Chance dazu ergab, flüchteten viele in die townships* bzw. informellen Siedlungen, die rasch anwuchsen.

Nach 1994* wurden viele der verhassten single-sex-hostels in Einfamilienhäuser oder community-centres umgebaut. Weiterhin aber gibt es vor allem bei den Minen single-sex-hostels; diese stellen nun üblicherweise neben Wohnplätzen auch das Essen zur Verfügung, zumindest für nicht verheiratete Männer. Diese hostels sind nun zwar üblicherweise besser ausgestattet und verfügen über Einzelzimmer, aber immer noch gibt es hostels, in denen sich bis zu 12 Männer einen Raum teilen müssen. Viele Minenarbeiter_innen in Marikana ziehen es vor, nicht in hostels zu leben und sich die rund 1.800 Rand* monatlich, die für Miete und Essen vom Lohn abgezogen werden, zu sparen. In Nkaneng werden Baracken für rund 450 Rand monatlich vermietet.

Industrial Conciliation Act (ICA): siehe Rand Revolt

Informelle Siedlung: siehe Townships

Insignien medialer Kriminalisierungsstrategien

Knobkerries, Holzstöcke mit einem meist verzierten Knauf an einem Ende, wurden in südafrikanischen Befreiungskriegen im 18. und 19. Jahrhundert als Waffen benutzt; heute dienen sie – wie auch die Arbeiter_innen selbst darlegen – meist als Spazier- und Wanderstöcke; sie sind als solche fixer Bestandteil materieller Kultur in ganz Südafrika. Mit ihrer Symbolik, der Verbundenheit mit widerständigen Traditionen, wird heute spielerisch umgegangen, nicht zuletzt im popkulturellen Feld (vgl. etwa Inszenierungen des Musikers „iFani" in Musikvideos, insbesondere bei „Shake").

Muti ist Medizin, die üblicherweise aus Wurzeln und Kräutern hergestellt wird. Muti ist in Südafrika weit verbreitet, zumal es häufig billiger heilt, als europäisch-westliche Medizin dazu im Stande wäre. Meist wird Muti von Sangomas oder Inyangas hergestellt und vertrieben. Beide Berufsgruppen müssen sowohl diagnostizieren wie auch die Medizin herstellen können und dafür eine spezielle Ausbildung durchlaufen. Sangomas werden spirituelle Kräfte zugeschrieben, die Inyangas nicht vorweisen müssen. Knobkerrie, Muti, Sangoma und Inyanga sind im Wortschatz von Zulu, Xhosa und Afrikaans (siehe: Sprachen in Südafrika*) verankert und mittlerweile offizieller Bestandteil im South African English.

In der Medienberichterstattung über das Massaker von Marikana wurden diese Begriffe vor allem anfangs oft ins Treffen geführt, um die Streikenden zu kriminalisieren und zu entpolitisieren. Die Arbeiter_innen wurden als „Mob von Wilden" dargestellt, die sich „traditioneller Waffen" und der „spirituellen Kraft von Geisterheiler_innen" bedienten, durch die sie sich unschlagbar wähnten (wie im „Xhosa Cattle Killing" von 1857) – und deshalb zu „roher Gewalt" tendierten. Dergestalt wurde an koloniale Sprachhandlungen angeschlossen, die Schwarze Bevölkerungsgruppen als „statisch" im Gegensatz zur „dynamischen" europäischen Zivilisation beschrieben und beschreiben; als Gesellschaften, die die Tendenz haben, sich unbegrenzt in ihrem vermeintlichen (und barbarischen) Anfangszustand zu erhalten. So als würden sie als ein Überbleibsel aus der Vergangenheit in einer anderen Zeit als die zivilisierte Menschheit leben, und so, als wären sie nicht denselben politischen und ökonomischen Kräften unterworfen. In diesem Bild konnten die Streikenden von Marikana demnach per definitionem gar nicht gegen diese Kräfte revoltieren. So wurden sie ins Archaische verbannt und jenseits der „Moderne" angesiedelt.

Das Medienorgan der Apartheidregierung, *Vaderland*, konstruierte kurz nach dem Massaker von Sharpeville 1960 die Demonstrant_innen als „a bloodthirsty mob, each armed with a stone and a kierie [AdÜ: gemeint sind knobkerries]". Die Rede von „mit gefährlichen Waffen ausgerüsteten, zu allem entschlossenen Kriminellen" von Polizeiminister Mthethwa steht dem, 52 Jahre später, um nichts nach.

Knobkerrie: siehe Insignien medialer Kriminalisierungsstrategien

Kraal

Ein Ort, an dem Rinder gehalten werden, vor allem nachts; tagsüber wird er auch als Ort für Diskussion, Austausch und community-Versammlungen genutzt. Kraals sind annähernd rund und mit einem Zaun aus Dickicht umgeben. Der Begriff leitet sich wahrscheinlich aus dem portugiesischen „curral" (Viehpferch) ab.

Muti: siehe Insignien medialer Kriminalisierungsstrategien

National Union of Mineworkers (NUM)

Die südafrikanische Bergarbeiter_innengewerkschaft National Union of Mineworkers (NUM) wurde 1982 gegründet. Bereits 1987 konnte sie auf eine Mitgliederzahl von 500.000 Minenarbeiter_innen verweisen, die sie im selben Jahr in einen groß angelegten Streik* führte. Als Mitglied des 1985 gegründeten gewerkschaftlichen Dachverband COSATU*, der wiederum mit der kommunistischen Partei und dem ANC* die sogenannte Drei-Parteien-Allianz bildet, ist sie eng mit der Regierung im Bunde. Diese Nähe ging in den letzten Jahren mit einer wachsenden Distanz zu ihren Mitgliedern einher, die in der Folge zu Tausenden zur AMCU* übertraten. In vielen Platinminen, in denen die NUM vor dem Massaker von Marikana noch die Mehrheit unter den Arbeiter_innen inne hatte, verlor sie diese an die AMCU. Vorsitzender der NUM, die noch über schätzungsweise 180.000 Mitglieder verfügt, ist seit 2000 Senzeni Zokwana.

Nyala: siehe Hippo

Rand

Zur Zeit des Massakers von Marikana entsprachen 10 Rand etwa einem Euro. Seitdem fiel der Kurs, nicht zuletzt als Folge des Massakers, auf rund 13,5 Rand für einen Euro. Die geforderten 12.500 Rand Mindestlohn entsprechen demnach einem Betrag zwischen 1.250 und 925 Euro. Der Volkszählung in Südafrika von 2011 ist zu entnehmen, dass das Durchschnittseinkommen Schwarzer Haushalte bei 5.051 Rand pro Monat und das *weißer* Haushalte bei 30.427 Rand pro Monat liegt.

Rand Revolte

Nach zahlreichen Streiks vorwiegend Schwarzer Minenarbeiter_innen Ende der 1910er-Jahre traten zu Beginn des Jahres 1922 mehr als 20.000 *weiße* Minenarbeiter_innen in und rund um Johannesburg (Witwatersrand) gegen Lohnsenkungen in einen Streik, der später als „Rand Revolte" bekannt wurde. Die Wirtschaftskrise der Nachkriegszeit zog für Minenunternehmen erhöhte Ausgaben bei gleichzeitig sinkendem Goldpreis nach sich. Um ihre Profite zu stabilisieren und längerfristig zu maximieren, war die Antwort der Minenmanagements auf diese Krise eine zweifache: Die Kürzung der Gehälter von *weißen* Arbeiter_innen und die Erhöhung des Anteils der viel geringer entlohnten Schwarzen Arbeiter_innen in den Minen – im statistischen Mittelmaß belief sich der Einkommensunterschied damals auf 15:1. Die *weiße* Arbeiter_innenklasse befürchtete, dass sie durch Schwarze Arbeiter_innen weitgehend ersetzt werden könnte – für eine Klassen-Solidarität, die Rassismus überschritt, war von *weißer* Seite wenig, meist kein Platz. Im Gegenteil: Im Zuge der Rand Revolte kam es vielmehr zu rassistischen Exzessen; zahlreiche Schwarze Menschen wurden gezielt attackiert und getötet – wenige von ihnen waren dabei Minenarbeiter_innen oder direkt in den Konflikt involviert.

Der Streik, unterstützt von der Kommunistischen Partei Südafrikas (South African Communist Party) und der Arbeiterpartei (South African Labour Party) wurde von der Regierungspartei, der South African Party unter der Führung von Jan Smuts, mit Militärgewalt brutal niedergeschlagen. Die Minenbesitzer gingen gestärkt aus der Niederschlagung des Streiks hervor. Jan Smuts Partei verlor daraufhin die (für *weiße* vorbehaltenen) Wahlen; die Labour Party und die National Party, ein Auffanglager für „poor whites", führten fortan als

Koalition die Regierung. Noch vor ihrem Regierungsantritt wurde im „Industrial Conciliation Act" von 1924 das Streikrecht massiv eingegrenzt und Lohnverhandlungsmechanismen zwischen Arbeitnehmer_innen und Arbeitgeber_innen strikt reguliert (innerhalb von Schiedsgerichten, „industrial councils"). Das Gesetz schwächte die Gewerkschaften und stärkte gleichzeitig die Position *weißer* Arbeiter_innen in Betrieben; es sah „job reservations" für *weiße* vor, schloss Schwarze von Gewerkschaften aus und verbot die Gründung eigener, Schwarzer Gewerkschaften. Schwarze wurden de facto aus der Definition des_r Arbeitnehmer_in ausgeschlossen und hatten demnach fortan kein Recht, ihre eigenen Arbeitsbedingungen mit den Arbeitgeber_innen zu verhandeln. Die neue Regierung setzte diesen Kurs der Restriktion, Segregation und Repression nach rassifizierten Kategorien aber auch auf Ebene von sex/gender fort: Die stärksten Restriktionen gab es gegenüber Schwarzen Frauen.

Robben Island

Die Insel vor Cape Town diente bereits am Ende des 17. Jahrhunderts als Sträflingskolonie; Siedler_innen und die britische Kolonialmacht hielten hier vor allem politische Gefangene in Haft. Zwischen 1846-1931 war auf der Insel auch eine Leprakolonie stationiert, danach stand die Insel kurze Zeit sogar zum Verkauf, verblieb aber in Staatseigentum. Während des Zweiten Weltkriegs diente die Insel als Militärbasis. Weltweite Berühmtheit erlangte die Insel jedoch auf Grund des Hochsicherheitsgefängnisses für (männliche) politische Gefangene zwischen 1961 bis 1991. Nach dem Massaker von Sharpeville 1960* forcierte das Apartheidregime seine repressiven Maßnahmen und inhaftierte auf der Insel jährlich hunderte politische Opponenten aller Bewegungen und Parteien, und dies ganz nach rassistischer Logik: Es gab keine Schwarzen Wärter und keine *weißen* Gefangenen. Ironischerweise wurden das Gefängnis und seine Zwangsarbeitsstätten, wie etwa der berühmte Kalksteinbruch, zu einer wichtigen Kommunikationsschnittstelle von Protagonisten des Widerstands, nicht nur gegen die willkürliche und brutale Gefängnisführung, sondern auch für die Koordination nationaler wie internationaler Anti-Apartheidsbewegungen.

Nach der Auflösung des Gefängnisses für politische Häftlinge im Jahr 1991entstanden heftige geschichtspolitische Debatten über die zukünftige Widmung, Nutzung und Ausrichtung, die schlussendlich 1997 zur Eröffnung des „Robben Island Museum" führten. Schwergewicht der Erzählungen, die über die Insel und durch das Gefängnis führen, liegt dabei weniger auf dem harten Gefängnisalltag, sondern vielmehr auf dem erfolgreichen Kampf für Demokratie und gegen Rassismus, für den Robben Island monumenthaft stehen soll. Als solches ist Robben Island, 1999 zum Weltkulturerbe erklärt, die populärste Postapartheid-Gedenkstätte, mit rund 300.000 Tourist_innen jährlich. Hauptattraktion ist die 4m2 große Einzelzelle von Nelson Mandela, in der er 18 seiner 27 Jahre in Haft verbringen musste.

Sangoma: siehe Insignien medialer Kriminalisierungsstrategien

Sharpeville 1960

Schon seit den 1920er Jahren war die Bewegungsfreiheit Schwarzer Personen in Südafrika gesetzlich stark restringiert. Mit Beginn der Apartheid wurde in zahlreichen Gesetzen geradezu akribisch geregelt, wer sich wann, wo und für wie lange aufhalten durfte. Hauptintention der Gesetze war es, billige Schwarze Arbeitskräfte möglichst effizient für die von *weißen* dominierte Wirtschaft bereit zu stellen, ohne diese an dem dabei entstehenden (urbanen, infrastrukturellen) Reichtum teilhaben zu lassen. Das sogenannte „Pass-Gesetz" von 1952 schrieb vor, dass jede Schwarze Person stets ein „reference book" bei sich haben musste, ansonsten könne sie sofort verhaftet werden. Neben Name, Fingerabdruck, Foto, Lebensmittelpunkt und bisherigen Beschäftigungsverhältnissen enthielt dieser Pass auch die Information, ob sich die Person gerade „legal" am jeweiligen Ort aufhielt. So durfte etwa keine Schwarze Person eine ländliche Region ohne eine im Passdokument verzeichnete Genehmigung Richtung urbanem Areal verlassen. Im städtischen Gebiet musste innerhalb von 72 Stunden um eine weitere Aufenthaltsgenehmigung angesucht werden. Dergestalt wurde das „Pass-Gesetz" zu einem Kulminationspunkt von Protesten gegen das Apartheidregime – so marschierten etwa im Rahmen einer von der dezidiert antirassistischen „Federation of South African Women" organisierten Demonstration am 9. August 1956 20.000 Frauen zum Regierungssitz in Pretoria. Landesweit wurden öffentlich Pässe verbrannt, tausende wurden jährlich wegen Nicht-Beachtung des Pass-Gesetzes inhaftiert.

Als „symbol of slavery" war dieser Pass und das damit einhergehende Gesetz auch Ziel einer landesweiten Protestaktion des Pan African Congress (PAC), einer Partei, die sich 1959 vom ANC* abgespalten hatte. Am 21. März 1960 marschierte Robert Sobukwe, Vorsitzender des PAC, mit einigen Anhängern ohne Pässe zu einer Polizeistation, um sich aus Protest verhaften zu lassen. Tausende sollten es ihm an diesem Tag gleich machen, so die verhasste Polizeiadministration lahm legen und national wie international den Druck auf das Apartheidregime erhöhen. Rund 5.000 Menschen versammelten sich auch vor der Polizei-Station in Sharpeville, südlich von Johannesburg, wo sie ihre Pässe verbrannten und sich drohenden Verhaftungen stellten. Obwohl Robert Sobukwe die Polizei in Schreiben mehrmals auf dieses Ereignis vorbereitet und eindringlich um friedliche Abwicklung gebeten hatte, griff die Polizei zu den Waffen. Sie schoss mit Maschinengewehren in die nicht vorgewarnte Menge und tötete 69 Menschen – darunter 8 Frauen und 10 Kinder; die meisten von ihnen wurden durch Schüsse in den Rücken getötet. 180 Menschen wurden verletzt.

Das Massaker von Sharpeville war eine Zäsur. Der Apartheidstaat reagierte repressiv. Er rief den Ausnahmezustand aus, ließ landesweit mehr als 18.000 Protestierende inhaftieren. Im April 1960 wurden der ANC und der PAC verboten und ihre Mitglieder damit ins Exil und/oder in den Untergrund gedrängt. Nach langen Diskussionen wurde beschlossen, zum bewaffneten Widerstand über zu gehen und die militärischen Flügel Umkhonto weSizwe (ANC) und Poqo (PAC) zu gründen. Trotz internationaler Verurteilung des Massakers (samt UNO-Resolution) und anfangs militanter werdendem nationalen Widerstand konnte sich der Apartheidstaat in den 1960er-Jahren konsolidieren. Sharpeville markiert den Beginn einer Periode systematischer Apartheid-Repression, die für drei Jahrzehnte andauerte.

1966 wurde der 21. März zum „Internationalen Tag gegen Rassismus" erklärt und seit 1995 ist er als „Tag der Menschenrechte" nationaler Gedenktag in Südafrika.

Shop Stewards

„Shops stewards" sind Arbeiter_innenvertreter_innen mit spezifischer Position und spezifischen Aufgabengebieten. Historisch wurden sie auf der Grundlage von „einer_einem Vertreter_in pro shop" (d.h. Arbeitsstätte, der als sozialer Ort definiert wird) gewählt. Im Idealfall sollte ein_e shop steward ca. 15 Arbeiter_innen vertreten, damit die stewards leicht und oft Kontakt zu den von ihnen Vertretenen haben können. In Südafrika gibt es – sogar in den Minen – einen hohen Grad an Demokratie auf dieser Ebene von Organisierung, obwohl in manchen Branchen ein Abrutschen zu Wahlen, die nur alle zwei Jahre oder in noch längeren Abständen durchgeführt werden, zu bemerken ist.

In der Praxis macht es zuweilen Sinn, mehr als 15 Vertretene in einer Gruppe zu vereinigen; beispielsweise sind in einem Team, das unter Tage arbeitet, meist um die 20 Arbeiter_innen in einer Gruppe zusammengefasst; in diesem Fall ist „shop steward" gleichbedeutend mit „shaft steward". Von stewards wird erwartet, dass sie ihre Mitglieder nicht nur „nach oben" hin vertreten, sondern dass sie auch „nach unten" hin die Gewerkschaft vertreten. Im Positiven geht es hierbei schlicht um die Weitergabe von Informationen. Im Negativen kann es sich aber auch um Anweisungen handeln, dass beispielsweise nicht gestreikt wird, obwohl die meisten Mitglieder für einen Streik sind.

Einfache shop stewards behalten ihre Jobs und arbeiten gemeinsam mit den anderen Arbeiter_innen – außer sie müssen an einem Treffen teilnehmen – und lernen deshalb die meisten Probleme am Arbeitsplatz selbst kennen. Sie sind idealiter jederzeit abwählbar und bleiben deshalb basisnah. Sie erhalten jedoch von den Bossen oft eine leichtere Arbeit zugewiesen, um sie gefügiger zu machen. Außerdem sind sie oft diejenigen, die zuerst befördert werden, sei es in der Gewerkschaft oder im Betrieb – und das hat Auswirkungen, wie in den Interviews deutlich wird.

Bei shop stewards höherer Position gestaltet sich dies anders: Sie sind Vollzeit-Gewerkschafter_innen und werden in den Minen von den Unternehmen direkt bezahlt (auf Basis des Gehalts einer_s einfachen Verwaltungsangestellten).

Zu beachten ist, dass das südafrikanische Modell der Arbeiter_innenvertretung dem britischen ähnelt, wodurch sich Differenzen zum österreichischen/deutschen Modell von Betriebsrät_innen etc. ergeben, bei dem die Distanz zwischen den Arbeitenden und ihren gewerkschaftlichen/betriebsrätlichen Vertreter_innen weitaus größer ist.

Soweto 1976

„Wer ist schon dazu im Stande nicht den Respekt vor seiner eigenen Geschichte zu verlieren, wenn ihm in der Schule beständig vermittelt wird, dass sich sein kultureller Hintergrund in einem Wort zusammen fassen lässt: Barbarei? (...) Die Logik *weißer* Herrschaft basiert darauf, Schwarze Menschen von Beginn an für eine unterwürfige und dienende Position abzurichten. (...) Die mächtigste Waffe in Händen der Herrschenden ist der Geist und die Psyche der Unterdrückten. (...) Deshalb muss in einem ersten Schritt der Schwarze Mensch zu sich selbst kommen, Leben muss in seine leere Hülle gepumpt werden; er muss mit Stolz und Würde ausgefüllt und gleichzeitig an seine Komplizenschaft mit dem Verbrechen erinnert werden, dass er sich dafür missbrauchen ließ, das Böse sein eigenes Land regieren zu lassen. Wir müssen uns auf uns selbst besinnen. Das meinen wir mit ,Black Consciousness'." (Steve Biko, *I write what I like* (Picador, Johannesburg 2011), S. 76f.; Original: 1978) So bringen Mamphela Ramphele und Steve Biko ein Anliegen des Black Consciousness Movements auf den Punkt. Für sie ist „Schwarz" keine Angelegenheit von Hautfarbe, sondern eine antikoloniale, widerständige Haltung, die es zu erarbeiten gilt. Das Black Consciousness Movement ist Ausdruck einer neuen, jungen Generation, die sich Anfang der 1970er-Jahre immer lautstärker artikuliert. Die Parteien der älteren Generation (z.B. der ANC*) wurden in den 1960er-Jahren verboten und gebannt, ihre Führungsriege in Haft genommen oder ins Exil gedrängt. Das so entstandene Vakuum wurde von dieser Generation, die vor allem in den urbanen Räumen rasch anwuchs, zunehmend gefüllt.

Mit diesem, auch generell stattfindenden Bevölkerungszuwachs konnte die Bildungsinfrastruktur nicht mehr Schritt halten; so meldeten sich im Jänner 1976 in Soweto (South West Township von Johannesburg) mehr als 250.000 Schüler_innen für Mittelschulen an, die regulär nur Platz für 38.000 zur Verfügung stellen konnten. Zunehmend demoralisierte Lehrer_innen unterrichteten im Schichtbetrieb. In diese ohnehin schon angespannte Situation hinein schrieb die National Party nun auch noch verbindlicher vor, dass gewisse Unterrichtsfächer (wie etwa Mathematik) nur mehr in Afrikaans* unterrichtet werden durften. Dies war vor allem insofern widersinnig, als es ohnehin schon zu wenige Lehrende gab – und noch viel weniger, die in Afrikaans unterrichten konnten. Das Dekret löste eine Schüler_innenrevolte aus, die bald das ganze Land anstecken sollte.

Am 16. Juni 1976 zogen 15.000 Schüler_innen und Student_innen, die weitestgehend von der älteren Generation in ihrem Protest unterstützt wurden, Richtung Orlando West Junior School in Soweto, wo sie von der Polizei mit Tränengas gestoppt wurden; die Polizei schoss in die Menge. Das dort gemachte Foto, das den von einem Freund getragenen 12jährigen, tödlich verletzten Hector Pieterson zeigt, kursierte global, schockte die Welt und wurde zu einer Ikone der Brutalität des Apartheidregimes. In den folgenden Wochen und Monaten kam es zu Protestaktionen in zahlreichen Teilen des Landes, die v.a. in Städten die Form offener Rebellionen gegen das Regime annahmen. Bis zu 200.000 Schüler_innen boykottierten gleichzeitig die Schulen und organisierten Protestmärsche; mehr als 500 Lehrende kündigten; Schüler_innen- und Studierendenorganisationen verbanden sich mit Gewerkschaften und riefen zu Streiktagen auf. Die Polizei reagierte harsch: Etwa 580 Menschen wurden getötet, viele von ihnen durch Schüsse in den Rücken, 2.400 verwundet, mehr als 6.000 verhaftet; die meisten davon wurden auf Robben Island* inhaftiert. Um die 7.000 Schüler_innen und Student_innen flüchteten ins Exil; viele von ihnen schlossen sich den exilierten ANC-communities an, was wiederum zu deren Erstarken beitrug.

Soweto 1976 gilt als Wendepunkt in der Geschichte der Apartheid. Internationale Sanktionen führten zu einer profunderen Legitimitätskrise als dies nach Sharpeville 1960* der Fall gewesen war, zumal das Land in eine Wirtschaftskrise schlitterte, die die Sicht auf die vollkommen verfehlte Bildungspolitik des Landes nur noch klarer werden ließ. Die interne Opposition erstarkte, Zweifel am Parteikurs der National Party wurden erstmals offen ausgesprochen. Der lautstarke Protest der Jugend, aber auch der Gewerkschaften zwang den Apartheidstaat nicht nur zu Konzessionen, sondern ließ generell den Optimismus wachsen, ihn gänzlich brechen zu können.

Der 16. Juni ist heute als „Tag der Jugend" nationaler Feiertag in Südafrika.

Sprachen in Südafrika

In Südafrika gibt es 11 verfassungsrechtlich verankerte Amtssprachen: Zulu, Xhosa, Afrikaans, Englisch, Sepedi, Setswana, Sesotho, Xitsonga, Swati, Tshivenda und Ndebele. Der Reihenfolge ihrer Nennung entspricht der Verbreitungsgrad als Erst- oder Muttersprache: Rund 22 Prozent der Bevölkerung haben Zulu als Muttersprache, 16 Prozent Xhosa, 14 Prozent Afrikaans, 10 Prozent Englisch bis hin zu 2 Prozent, die Ndebele als Muttersprache angeben. In Amtsverfahren muss gewährleistet sein, dass jede dieser Sprachen gesprochen (und verstanden) werden kann. Auch wenn in der Praxis meist Englisch als lingua franca verwendet wird, ist diese Maßnahme zur Erhaltung der Sprachenvielfalt als Reaktion auf die Sprachpolitik der Apartheid zu verstehen: Hier waren überwiegend nur Englisch und Afrikaans als Amtssprachen zugelassen. Afrikaans, das sich aus dem Niederländischen Ende des 18. Jahrhundert bei Siedler_innen in Südafrika und Namibia etablierte, war dabei besonders verhasst. Es wurde mit der *weißen* Regierungspartei und der Mehrheit ihrer Wähler_innen, den Afrikaaner (oder auch „Buren", pejorativ als Fremdbezeichnung aber auch als positive Selbstbezeichnung benutzt) assoziiert. Heute wird Afrikaans jedoch mehrheitlich von Nicht-*weißen* gesprochen.

Unter den Minenarbeiter_innen ist Xhosa und Zulu am weitesten verbreitet, da diese in der Mehrzahl aus dem Eastern Cape und KwaZulu-Natal migrieren, wo diese beiden Sprachen, die eng miteinander verwandt sind, vorherrschend sind. Fanakalo hat sich in den Minen im 20. Jahrhundert als klassische „Kontaktsprache" zwischen den Arbeiter_innen (und ihren Vorgesetzten) etabliert. Fanakalo baut auf Zulu und Xhosa auf und ist mit Wörtern aus anderen afrikanischen Sprachen, darunter Setswana (die wichtigste lokale Sprache), sowie Englisch und Afrikaans durchsetzt.

Streik der Minenarbeiter_innen 1987

Die National Union of Mineworkers (NUM)* war um 1987 die am schnellsten wachsende Gewerkschaft, mit einer Mitgliederzahl um die 500.00. 1987 rief sie das Jahr aus, in dem „die Minenarbeiter_innen die Macht übernehmen". Am 9. August traten unter der Führung der NUM 334.000 Minenarbeiter_innen in den Streik für Lohnerhöhungen und verbesserte Arbeitsbedingungen. Der Streik war gleichzeitig eine Kundgebung gegen das weiterhin bestehende Apartheid-System, von dem die Minenunternehmen stark profitierten. Letztere reagierten harsch auf den Streik und entließen zwischenzeitlich bis zu 500.000 Arbeiter_innen. Im Zuge des Streiks wurden 11 Arbeiter getötet, 500 verwundet und 400 der Arbeiter_innen verhaftet. Nach dreiwöchigen Protesten konnte die NUM eine Übereinkunft bezüglich verbesserter Arbeitsbedingungen und leichten Lohnerhöhungen, die jedoch weit von den ursprünglichen Forderungen entfernt waren, mit der Bergbaukammer (Chamber of Mines) erzielen. Der Chefverhandler der NUM, Cyril Ramaphosa, fasste das Ergebnis so zusammen: „Sie haben nicht gewonnen, und wir nicht verloren."

Townships

Im südafrikanischen Kontext bezeichnen „townships" die Orte am Rand der Städte, die der Schwarzen Bevölkerung vor und während der Apartheid zugewiesen wurden. Damit sollte die Anwesenheit von notwendigen Arbeitskräften in urbanen Räumen sichergestellt und gleichzeitig die ‚gefährlichen Klassen' von den Wohnorten der *weißen* ferngehalten werden.

Schwarze Menschen durften sich nur dann in den Städten aufhalten, wenn ihre Arbeitskraft von Nutzen war. Dieser temporäre Charakter des Aufenthaltsrechts wurde durch die Wohnverhältnisse unterstrichen, die an vielen Orten nur einen provisorischen Charakter haben durften und deren soziale Grundversorgung rudimentär blieb. Dessen ungeachtet wurden die rassistischen Bestimmungen unterlaufen. Viele Frauen hielten sich illegal in den hostels*, townships und Städten auf; informelle Siedlungen entstanden ohne Genehmigung in relativer Stadtnähe am Rande der townships.

Diese Entwicklung verstärkte sich nach dem Wegfall der Gesetze zur Einschränkung der Bewegungsfreiheit (siehe: Sharpeville 1960*) Anfang der 1990er-Jahre und der Zunahme der Migration in die Städte. Auf diese Weise entstanden Millionen von meist aus Wellblech und Holz gefertigten Baracken, die bis heute das Bild am Rande der urbanen Zentren prägen. Diese Siedlungen sind zumeist illegal errichtet und selten an die soziale Infrastruktur der Städte angeschlossen. [Dieser Eintrag wurde mit leichten Änderungen übernommen aus: Jens Erik Ambacher / Romin Khan (Hrsg.), *Südafrika. Die Grenzen der Befreiung* (Assoziation A, Berlin/Hamburg 2010). S. 258f.]

Traditionelle Waffen: siehe Insignien medialer Kriminalisierungsstrategien

Veld

Meist von Gras und Dornenbüschen bewachsenes, landwirtschaftlich nicht
genutztes Land, das entweder als Weide dient oder brach liegt. Charakteristisch
für Landschaften in trockenen Gegenden Südafrikas. Üblicherweise ist es dort
in Gemein(de)besitz. Um Marikana besteht das veld meist aus Gras, gelegent-
lich ist es mit Büschen bewachsen.

Xhosa: siehe Sprachen in Südafrika

Zulu: siehe Sprachen in Südafrika

Die Autoren

Peter Alexander ist Professor für Soziologie an der Universität von Johannesburg (South African Research Chair in Social Change). In Großbritannien machte er Abschlüsse an der Universität London, war als Akademiker an der Universität Oxford tätig und war in führenden Positionen der South African Solidarity Campaign, der Anti-Nazi-League, der Miners' Defence League und der Socialist Workers Party. 1998 übersiedelte er dauerhaft nach Südafrika. Zu seinen Forschungsinteressen zählen die Arbeiter_innengeschichte, vor allem die der Minenarbeiter_innen in Witbank, sowie community-Proteste. Er ist Co-Autor von Class in Soweto (University of KwaZulu-Natal Press, 2013).

Thapelo Lekgowa ist freischaffender Feldforscher und arbeitet mit dem South African Research Chair in Social Change zusammen. Nach der Schule arbeitete er für eine Platinmine. Er ist politischer Vollzeit-Aktivist, der auf der Straße lernt und lehrt. Als Mitbegründer des Che Guevara Film Club und Mitglied des Qinamsebemzi Collective ist er Teil der Marikana Support Campaign.

Botsang Mmope ist Kräuterheiler innerhalb von Green World Africa. In den letzten sieben Jahren hat er in verschiedenen Projekten der Universität von Johannesburg mitgearbeitet, darunter an Forschungen zu Klasse, Streiks und unlängst bei dem Forschungsprojekt des South African Research Chair in Social Change „Rebellion of the Poor". Er ist aktives Mitglied des Soweto Electricity Crisis Committee.

Luke Sinwell ist Leiter von Forschungsgruppen des Research Chair in Social Change an der Universität von Johannesburg. Seit

2009 PhD in Entwicklungsstudien an der Universität von Witwatersrand. Seine Forschungsinteressen gelten u.a. den Politiken und Konzeptionalisierungsmöglichkeiten von „teilnehmender Entwicklung" und Governance, direkter Aktion und Aktionsforschung. Er ist Mitherausgeber von Contesting Transformation: Popular Resistance in Twenty-First-Century South Africa, veröffentlicht bei Pluto Press 2012.

Bongani Xezwi ist freischaffender Feldforscher, der zu Müllsammler_innen, Lebensmittelproduktion, Polizeibrutalität und Protesten wegen mangelnder grundlegender Dienstleistungen gearbeitet hat. Unlängst führte er Interviews zu Lebensgeschichten für das Buch Mining Faces (Johannesburg 2013) durch. Er war Organisator des Landless People's Movement in Gauteng und ist gegenwärtig Organisator für die Right to Know-Kampagne.

Zur deutschen Ausgabe

Jakob Krameritsch (Herausgeber), Historiker an der Akademie der bildenden Künste Wien.

Werner Gilits (Übersetzer), freischaffender Arbeitsloser, Wien.

JUSTICE NOW FOR THE SLAIN MINERS OF MARIKANA

Andries Msenyeno
Anele Mdizeni
Babalo Mtshazi
Bongani Mdze
Bongani Ndongophele
Bonginkosi Yona
Cebisile Yana
Fezile Saphendu
Henry Pato
Jackson Lehura
Janeveke Liau
John Ledingoane
Julius Mancotywa
Khawanare Elias Monesa
Mafolisi Mabiya
Makhosandile Mkhonjwa
Mguneni Noki
Micheal Ngweyi
Mianduli Hendry Saba
Modisaotsile Sagalala
Molefi Ntsoele
Mongezeleli Ntenetya
Mpangeli Lukusa
Mphumzeni Ngxande
Mzukisi Sompeta
Ngxande
Ntandazo Nokamba
Patrick Akhona Jijase
Pumzile Sokanyile
Sandi Toyise
Sitelega Gadlela
Teleng Mohai
Tembelakhe Mati
Thabiso Mosebetsane
Thabiso Thelejane
Thapelo Eric Mabebe
Thembinkosi Gwelani
And one additional miner who
remains unidentified

MARIKANA SOLIDARITY CAMPAIGN

* Support for R12,500 living wage
* Drop the Charges
* Full reinstatement of all strikers

Issued by the Marikana Support Campaign Liason Committee

Die Marikana Solidarity/Support Campaign setzt sich für die Familien der getöteten Arbeiter, für die vielen Verletzten und die hunderten Verhafteten ein. Sie finanziert deren juristische Vertretungen bei der staatlich eingerichteten Farlam-Kommission. Sie unterstützt die Arbeiter_innen in ihrem Kampf für bessere Arbeits- und Lebensbedingungen und darin, Gehör für ihre Anliegen zu finden. All das kostet Geld.

Überweisungen bitte an das dafür eingerichtete, österreichische Spendenkonto, lautend auf: Dr. Jakob Krameritsch, Bank Austria
IBAN: AT161200010004742457   BIC: BKAUATWW
Verwendungszweck: „Marikana Support Campaign"

Weitere Informationen:
www.marikana.info und marikanabuch.wordpress.com